はじめて学ぶ 健康・スポーツ科学シリーズ 12

スポーツ・運動・パフォーマンスの心理学

髙見 和至 編

葦原摩耶子
小笠原正志
島本 好平
杉山 哲司
瀧元 誠樹
武田 大輔
土屋 裕睦
豊田 則成
蓑内 豊 著

化学同人

● シリーズ刊行にあたって ●

「はじめて学ぶ 健康・スポーツ科学シリーズ」は，健康・スポーツ科学，体育系の大学や専門学校で学ぶ1，2年生が，その後に続く専門課程（コース）に進むために身につけておくべき知識をわかりやすくまとめた「教科書シリーズ」である．

スポーツが好きで大学や専門学校に入学しても，高等学校までの知識が不足していると入学後の講義が難しく感じられ，「夢」を諦めてしまう学生も少なくない．大学や専門学校での専門的な講義は，高校で学んだ保健体育の知識だけでなく，生物や物理といった人間の生命活動に関わる，幅広い基礎的知識が必要とされる．本シリーズでは，健康・スポーツ科学，体育系の大学や専門学校に入学した学生が「夢」を諦めることなく，意欲的に勉学に打ち込めるように，広範な基礎的知識を学びやすく構成し，基礎づくりのための教科書をそろえることをめざした．

わが国は世界でもまれな「長寿国」として知られている．健康で生き生きした生活をサポートする専門家としては，科学的な事実に基づく知識や経験を有することが必要条件である．健康・スポーツ科学，体育系で学ぶ学生の皆さんは，将来その分野の専門家として，国民の健康の維持・増進に大いに貢献していくことが期待される．

また，オリンピック・パラリンピック競技大会やワールドカップにおける選手の活躍は，私たちに夢と希望，感動を与えてくれる．世界で活躍する選手を指導するコーチは，競技力向上のために，健康・スポーツ科学の最新の知識に触れておくことが求められる．科学・技術の進歩によって，これまで知られていない驚くべき事実が明らかにされ，指導法やトレーニング法が一変されることも少なくないからである．

健康・スポーツ科学，体育系の専門課程は，人文社会科学，自然科学におけるさまざまな学問分野を複合的に学ぶ履修体系であるが，このシリーズは自然科学分野に絞って構成した．各巻の編集は，本シリーズの刊行に賛同いただき，それぞれの専門分野で中心的役割を担う先生方にお願いし，実際にその分野で活躍中の先生方に執筆していただくことができた．また学ぶ楽しさが味わえる写真や図表を豊富に取り入れ，各章ごとに学ぶポイントや役立つ知識，復習問題を掲載した．巻末には専門用語の解説や推薦図書を紹介しているので，ぜひ役立ててほしい．

この「教科書シリーズ」は，中学校や高等学校の保健体育教員，健康運動指導士，トレーニング指導士，アスレティック・トレーナー，障害者スポーツ指導者等の資格取得を目指す学生や一般の方々においても幅広く活用してもらえると信じる．本シリーズで学んだ知識を礎に，質の高い「専門家」として健康・スポーツ，体育系分野のさまざまな立場で活躍してくれることを期待している．

「はじめて学ぶ 健康・スポーツ科学シリーズ」
シリーズ編集委員一同

シリーズ編集委員

中谷　敏昭	天理大学体育学部教授	博士（医学）
鵤木　秀夫	兵庫県立大学経済学部教授	博士（学術）
宮西　智久	仙台大学体育学部教授	博士（体育科学）

執筆者

葦原摩耶子	神戸親和大学教育学部 スポーツ教育学科教授 博士（人間科学）	8章
小笠原正志	上武大学ビジネス情報学部 スポーツ健康マネジメント学科教授 体育学修士	9章
島本　好平	法政大学スポーツ健康学部准教授 博士（学術）	4章
杉山　哲司	日本女子大学家政学部児童学科准教授 教育学修士	3章
◎髙見　和至	神戸大学大学院人間発達環境学研究科 教授 博士（学術）	1章，6章，7章，10章
瀧元　誠樹	札幌大学地域共創学群教授 体育科学博士	15章
武田　大輔	東海大学体育学部教授 博士（体育科学）	11章，12章
土屋　裕睦	大阪体育大学大学院スポーツ科学研究科 教授 博士（体育科学）	14章
豊田　則成	びわこ成蹊スポーツ大学教授 博士（体育科学）	5章
蓑内　豊	北星学園大学文学部心理・応用コミュニケーション学科教授 体育学修士	2章，13章

（五十音順．◎印は編者）

はじめに

　ようこそ，『スポーツ・運動・パフォーマンスの心理学』の世界へ．

　約 100 年前，1 人の心理学者が大学の運動選手を研究対象にしたことから始まったスポーツ心理学は，競技スポーツの世界的な広がりとともに研究対象は多様になり，さまざまな領域に発展し，現在の**スポーツ心理学**の基盤を形成してきました．

　近年の文明の発達と生活環境の変化は，私たちに運動不足という健康問題を突きつけています．スポーツ競技者だけではなく一般の人たちの心身の健康に関する心理学的研究も不可欠となり，健康のためのスポーツ心理学である**運動心理学**が台頭してきました．また競技スポーツの高度化は，個々のパフォーマンスを最大限に発揮するための援助をスポーツ心理学に強く要請しています．その傾向はスポーツだけでなく身体技能を必要とする他分野にも広がり，近年，**パフォーマンス心理学**の領域が生み出されつつあります．このように，時代背景を反映した変遷もスポーツ心理学の面白いところです．

　そこで，この領域を初めて学ぶ人たちの多様な興味・関心に対応できるように本書は 3 部構成になっています．まず，競技スポーツに関わる全般的課題の探求を「スポーツ心理学」と位置づけ，健康のための運動に関する心理的諸課題の解明を「運動心理学」と，さらには競技スポーツや身体的技能の卓越した能力発揮に特化した領域を「パフォーマンス心理学」に分けて，それぞれに伝統的および新規的なトピックスを配しました．一つの章を読み終えたら，ほかの章も読みたくなるでしょう．なぜなら，本書で説かれたスポーツの心理は，読者自身の心の動きを代弁したものであり，実感しながら学べるのがスポーツ心理学だからです．

　執筆者は，全員が研究と実践を重視する学究の徒であり，余人を以って代えがたい陣容になったと自負しています．また，化学同人の山本富士子氏の見事な編集により，とても魅力的な装本になりました．執筆者を代表して御礼申し上げます．

　本書が，運動やスポーツというユニークな人間行動の心理を理解して，さらには私たち自身の心のあり方を洞察してゆく指針となれば幸いです．

2016 年 2 月

編者　髙見　和至

目次

第Ⅰ部　スポーツ心理学

1章　スポーツ心理学への招待　3
1. スポーツ心理学の領域 …………… 4
2. スポーツ心理学の歴史 …………… 5
3. スポーツ心理学の定義 …………… 11
4. スポーツ・運動・パフォーマンス心理学の構成 …………… 12
復習トレーニング ……………………… 14

2章　スポーツと動機づけ　15
1. 動機づけとは …………………… 16
2. 動機づけの役割 ………………… 17
3. 動機づけの種類 ………………… 17
4. スポーツに関連する動機づけ理論 …………………………… 19
5. 動機づけの測定 ………………… 23
6. スポーツの指導者が考慮すべき動機づけ ………………………… 25
7. 動機づけを高める方法 ………… 27
復習トレーニング ……………………… 28

3章　スポーツとパーソナリティ，攻撃性　29
1. パーソナリティの理解 ………… 30
2. スポーツとパーソナリティ …… 35
復習トレーニング ……………………… 44

4章　スポーツの教育的効果　45
1. はじめに ………………………… 46
2. スポーツによる教育的効果を探る ……………………………… 46
3. スポーツによる教育的効果の真の姿とは …………………… 49
4. スポーツによる教育的効果を高めるために ……………………… 51
5. ライフスキル教育の展開に向けて ……………………………… 54
復習トレーニング ……………………… 56

5章 アスリートの青年心理　57

1. アスリートのキャリア形成 …… 58
2. バーンアウトのメカニズム …… 65
3. イップスという心の病 …… 68

復習トレーニング …… 72

第II部　運動心理学

6章 運動とメンタルヘルス　75

1. 運動のメンタルヘルスへの影響 …… 76
2. 運動によるストレスの解消 …… 80
3. メンタルヘルスの維持増進のための実践的指針 …… 82
4. 運動が引き起こす否定的な心理状態 …… 84

復習トレーニング …… 86

7章 運動の行動理論　89

1. 運動行動の理論とモデル：行動を理解する重要性 …… 90
2. 計画的行動理論 …… 91
3. 汎理論的モデル …… 92
4. 健康行動プロセスアプローチ …… 93
5. 運動の習慣強度 …… 94
6. 運動習慣を形成する方策 …… 97

復習トレーニング …… 101

8章 運動とダイエットの心理　103

1. はじめに …… 104
2. 日本人の体型の現状 …… 104
3. 若い女性のやせと摂食障害 …… 105
4. スポーツと摂食障害 …… 106
5. 肥満と運動・スポーツ …… 108
6. 健康的なダイエットにおける運動・スポーツの役割 …… 110
7. ダイエットの行動科学 …… 111

復習トレーニング …… 114

9章　身体活動のヘルスプロモーション　　115

- ❶ ヘルスプロモーションと身体活動 …………… 116
- ❷ 身体活動量を高める，おもな行動科学的手法 ………………… 120
- ❸ 身体活動のヘルスプロモーションの実践例 …………… 125
- 復習トレーニング …………………… 128

10章　運動の個人的含意の探求：作家・ランナー村上春樹の事例から　　129

- ❶ 運動の個人的含意 …………… 130
- ❷ 作家・村上春樹の走ることの個人的含意 ……………… 132
- ❸ 「運動の個人的含意」の意義 …… 143
- 復習トレーニング …………………… 144

第III部　パフォーマンス心理学

11章　競技力の向上に寄与する心理学　　147

- ❶ はじめに …………… 148
- ❷ 競技力をどのように考えるか …… 149
- ❸ アスリート心性 …………… 151
- ❹ タレント発掘と発達課題 ………… 154
- ❺ 競技力向上に心へのアプローチが必要とされる背景 …………… 156
- 復習トレーニング …………………… 158

12章　アスリートへの心理サポート　　159

- ❶ はじめに …………… 160
- ❷ スポーツメンタルトレーニング：基礎的流れ …………… 160
- ❸ スポーツカウンセリング ………… 167
- ❹ SMTとSpCの連携を目指して …………… 170
- 復習トレーニング …………………… 171

13章 心理的コンディショニング　173

1. はじめに……………………… 174
2. よい心の状態とは……………… 174
3. 覚醒水準とパフォーマンスの関係…………………………… 176
4. 心の状態の把握（モニタリング）………………… 179
5. IZOF 理論に基づく心理的コンディショニングの事例……………… 182

復習トレーニング ………………………186

14章 チームビルディング　187

1. はじめに……………………… 188
2. 強いチームをつくるために……… 188
3. チームビルディングの理論……… 191
4. 実践例の紹介………………… 193
5. 強いチームの条件……………… 195
6. 今後の展望…………………… 198

復習トレーニング ………………………200

15章 武術の心理学的叡智：忍術における心身のあり方　201

1. 頑張るしかない？……………… 202
2. 第一は敵に近づけ……………… 203
3. 胆が錬られる………………… 205
4. 敵に成る，敵の心を取る，敵に離るる………………… 207
5. 勝負は応用の跡なり…………… 209
6. 無意識が働き始める…………… 210
7. 「無敵」になる………………… 211
8. 「手を出す」と「手が出る」……… 212

復習トレーニング ………………………213

参考文献・参考情報………………………………………… 215

推薦図書……………………………………………………… 220

用語解説……………………………………………………… 221

索　引………………………………………………………… 225

第Ⅰ部

スポーツ心理学

1章から5章では，競技スポーツに関わる全般的課題を探求する．

1章　スポーツ心理学への招待
2章　スポーツと動機づけ
3章　スポーツとパーソナリティ，攻撃性
4章　スポーツの教育的効果
5章　アスリートの青年心理

スポーツ心理学への招待

1章のPOINT

◆ 欧米におけるスポーツ心理学の歴史を概観します．
◆ 日本におけるスポーツ心理学の歴史を概観します．
◆ 現在のスポーツ心理学の研究領域と定義について，学びます．

1 スポーツ心理学の領域

スポーツ心理学の誕生から現在までの変遷をまとめたものが，図1.1である．1890年代に端を発したスポーツ心理学が発展し研究領域を多様化させる中で，研究や実践の内容が特化された領域を生み出しながら発展している現在の状況を表している．本書「第1部　スポーツ心理学」で扱うテーマは，図1.1の中心部分を成している伝統的な**スポーツ心理学**の領域である．しかしながら，図中の「応用スポーツ心理学」「パフォーマンス心理学」「運動心理学」もスポーツ心理学の発展過程において研究内容が特化された領域であり，決して分裂し独立した領域にはなっていない．

運動心理学は1980年代後半からの一般市民における健康問題への興味関心や問題解決の必要性が背景となり，特化された領域である．また**パフォーマンス心理学**も，スポーツの実践現場への応用を重視した「応用スポーツ心理学」が進化し，身体的技能の向上と発揮に焦点化した一領域として位置づけられる．つまり，「運動心理学（第2部）」，「パフォーマンス心理学（第3部）」も，広義にはスポーツ心理学に含まれることになる．

このようなスポーツ心理学の歴史的変遷と現状，さらには本書における各領域の扱いを理解するため，スポーツ心理学の歴史を概観することから始める．

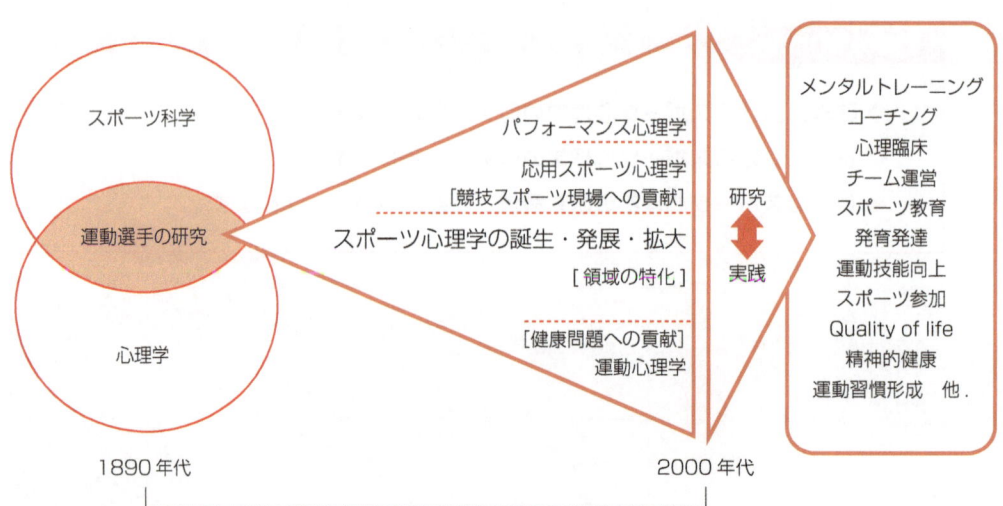

図1.1　スポーツ心理学の発展と領域の特化

2　スポーツ心理学の歴史

（1）スポーツ心理学の世界小史

　スポーツ心理学は，今世紀になって急速に発展し，認識されるようになったと思われがちであるが，学問領域としてのスポーツ心理学は，図1.1の左側にあるようにスポーツが科学の研究対象になり，心理学の領域において，運動選手を対象とした研究がなされたことが，その萌芽となっている．その歴史は1890年代までさか上る．さらには1879年に世界初の心理学研究室を開設した近代心理学の祖ヴント（W. Wundt）も，刺激に対する反応時間や心拍数などの身体的測定を導入している．つまり，近代心理学の源流には，すでにスポーツ心理学の要素も含まれており，その後の心理学の発展と歩みを同じくして，また現在に至るスポーツの全世界的な拡大にも後押しされて今日の隆盛を形成している．

　スポーツ心理学の歴史を詳細にまとめた複数の文献を参照して，現在に至るまでの歴史を概観する（図1.2）．

① **第1期：スポーツ心理学の萌芽（1890〜1950年代）**

　1890年代から始まったスポーツ心理学の歴史で最初に登場するのが，ノーマン・トリップレット（N. Triplett）とスクリプチャー（E. Scripture）である．アメリカ，インディアナ大学の心理学者トリップレットは，1898年に自転車競技者を対象に，複数名でのレースにおいて単独で行うよりもよいタイムが出る現象を研究した．また，スクリプチャーは1893年に運動選手を対象に実験室での反応時間の測定を行っている．彼の実験には，当時の体育教師の先駆けとなった人物も密接に

1879	ヴント（W. Wundt）が，ドイツ，ライプツィヒ大学において世界初の心理学研究室を開設した．
1898	トリップレット（N. Triplett）がアメリカ，インディアナ大学において自転車競技者を対象にした社会心理学の実験を実施した．
1925	グリフィス（C. Griffith）がアメリカ，イリノイ大学においてスポーツ競技研究室を開設し，スポーツ心理学の講義も行った．
1965	国際スポーツ心理学会（International Society of Sport Psychology）の設立とローマでの第1回国際会議が開催された．
1986	アメリカにおいて，応用スポーツ心理学会が創設された（1991年より認定資格の制度化）
1986	アメリカ心理学会において，運動・スポーツ心理学（Exercise & Sport Psychology）が，47番目の部門として承認された．
1988	北アメリカスポーツ心理学会が機関紙に「運動」を追加し，「Journal of Sport and Exercise Psychology」に改名された．
2012	アメリカ心理学会，運動・スポーツ心理学部門が，機関紙「スポーツ・運動・パフォーマンス心理学（Sport, Exercise, Performance Psychology）」を刊行した．

図1.2　スポーツ心理学の世界小史

関与しており，体育と心理学の出会いがスポーツ心理学の礎（いしずえ）になったとも考えられる．

1920年代になると，ドイツ，日本，ロシアでもスポーツ心理学の研究室が設立されている．アメリカにおいてはグリフィス（C. Griffith）が1925年にイリノイ大学においてスポーツ競技研究室を開設し，スポーツ心理学の講義も行っている（図1.3，左）．また，プロ野球チーム（シカゴカブス）でも選手の分析を行うなど，現代のスポーツ心理学の原型となる業績を残した．そこから彼を「スポーツ心理学の父」と称することも多いが，彼には弟子がおらず，米国内で研究が継続されることはなかった．

その後，1960年代に至るまで，旧ソビエト連邦や東欧において研究やスポーツ競技への応用がなされていたが，欧米を含め世界的に大きな変遷は見られなかった（図1.3，右）．

② 第2期：スポーツ心理学の発展と拡大（1960～1980年代）

今日に繋（つな）がるスポーツ心理学の発展は，1965年の**国際スポーツ心理学会**（International Society of Sport Psychology）の設立と同年ローマにおいて第1回国際会議が開催されたことが契機となっている．背景にあるのは，世界規模で進む多様なスポーツ人口の増大と競技スポーツの高度化である．これを追い風に世界各地でスポーツ心理学が注目され，1967年には北米スポーツ心理学会，1969年にヨーロッパスポーツ心理学会が設立され，研究活動が促進された．その流れは心理学分野にも波及し，1986年にアメリカ心理学会，1993年にはイギリス心理学会が学会を構成する部門として運動・スポーツ心理学分野を設立している．

スポーツ心理学が学問領域として確立され拡大する一方で，研究課題，

図1.3　スポーツ心理学の萌芽
左　競技心理学（1931）（グリフィス「Psychology and Athletics(1928)」の邦訳）．
右　スポーツマンの心理学（1960）（貴重な旧ソビエト連邦の心理学者チェルニコワの著書の邦訳）．

研究対象の多様化が進むことになる．子どもから高齢者まで，運動嫌いの者から愛好家，オリンピック代表やプロスポーツ選手までが研究対象となり，研究内容も多岐に渡る状況が生まれた．その中で，スポーツ心理学に属しながらも，特定の研究内容に特化した下位領域が形成されるようになった．

③ **第3期：スポーツ心理学の特化（1980年代以降）**

80年代のアメリカにおいて，スポーツ心理学の知見を運動やスポーツの実践に役立てようとする傾向が強くなった．たとえばスポーツ心理学をエリートスポーツ競技者のパフォーマンス向上に応用するという，実践場面への応用に特化した領域が**応用スポーツ心理学**（applied sport psychology）である．1986年には応用スポーツ心理学会が設立され，1991年からは学会が認定するコンサルタント資格を付与するようになった．それ以後もパフォーマンス向上に関する興味や実践は増大し，現在ではオリンピックや国際大会にスポーツ心理学者を帯同することも増えてきている．

さらに近年では，スポーツ心理学のメンタルトレーニングなどの手法を，ビジネスや舞台芸術，軍隊などの他領域におけるパフォーマンス向上に応用する活動も増えてきており，スポーツ心理学がスポーツに限らず，人間のパフォーマンス向上に貢献する領域，**パフォーマンス心理学**（performance psychology）が形成されている．2012年に刊行されたアメリカ心理学会運動・スポーツ心理学部門の機関紙は，**スポーツ・運動・パフォーマンス心理学**（sport, exercise, performance psychology）という名称となり，従来の領域に加えて人間の能力発揮に関する研究発表を奨励している（図1.4）．

図1.4　アメリカ心理学会，スポーツ・運動・パフォーマンス心理学分科会の機関誌

1章 スポーツ心理学への招待

日本におけるスポーツ心理学の歴史
下記を参考とした．
日本スポーツ心理学会 編，『スポーツ心理学事典』，大修館書店（2008）．
日本スポーツ心理学会 編，『最新スポーツ心理学－その奇跡と展望－』，大修館書店（2004）．

もう一つの潮流は，**運動心理学**（exercise psychology）の台頭である．1980年代後半，スポーツ心理学の領域において，競技スポーツではない幅広い層で行われる身体活動の心理的効果の研究が散見されるようになった．この背景には，先進諸国において国民の多くが運動不足に陥り，その結果生活習慣病による医療費の増大が顕著になってきたこと，また人口に占める高齢者の割合が増え，高齢化社会への対応が望まれること，子どもの体力低下や肥満の増加など健康や体力に関することが社会問題化した背景がある．この時期，多くのスポーツ心理学者が運動行動の心理的要因や身体活動増進の方策，メンタルヘルスへの効果に注目した．その結果，拡大するこの領域を「運動心理学」として特化することで，従来のスポーツ心理学との混同が軽減された．代表的なものが，北米スポーツ心理学会の学会誌名や米国心理学会における部門名称で，いずれも**スポーツと運動**（sport and exercise）が併記されており，運動心理学が健康のための運動に関連したスポーツ心理学の領域として位置づけられている．

（2）スポーツ心理学の日本小史

日本におけるスポーツ心理学の歴史を，黎明期（1900～1930年代），成長期（～1970年代），発展期（1980年代以降）の三つの時期に分けて振り返る（図1.5）．

① 黎明期：1900～1930年代

日本におけるスポーツ心理学の源流は，ヴント（W. Wundt）により設立されたライプツィヒ大学の心理学研究室に留学した松本亦太郎が，1903年に東京帝国大学で開設した精神動作学研究室にあると考えられ

知っておくと役に立つ！
国立体育研究所
1924年（大正13）に，体育やスポーツに関する研究，調査および教授，指導を担う旧文部省所轄の研究所として創設された．第一次世界大戦後のスポーツ科学への世界的隆盛に対応し，日本のスポーツ科学の基礎を固める役割を果たした．1941年（昭和16）に廃止され，東京高等体育学校に改組された．

1903	松本亦太郎が，ライプツィヒ大学より帰国．東京帝国大学（1903），京都帝国大学（1908）に精神動作学研究室が開設された．
1924	松井三雄が，文部省により開設された国立体育研究所の心理学部門に着任した．
1930	松井三雄が，当時の研究体系をまとめた『体育心理学』を刊行した．
1960	日本体育学会に体育心理学専門分化会が設置された．
1960	日本オリンピック委員会の選手強化を担うスポーツ科学研究委員会に，心理部門が設置された．
1964	東京オリンピックの国際スポーツ科学会議で，スポーツ心理学シンポジウム「スポーツマンの性格特性」が開催された．
1973	日本スポーツ心理学会が創立された．
1994	日本心理学会でスポーツ心理学の部門（スポーツ・健康）が設置された．
2014	アジア南太平洋スポーツ心理学会第7回大会が，日本スポーツ心理学会の主幹による初の国際学会大会として，東京で開催された．

図1.5 スポーツ心理学の日本小史

る．彼の元で学んだ田中寛一（のちに田中教育研究所を創設）は，人間の動作や運動にも関心が高く1940年に「体育の心理学的研究」を発刊し，統計的研究手法の導入に寄与している．また，松本の弟子であった松井三雄は1924年に当時の文部省により開設された国立体育研究所の心理学部門に着任し，体育・スポーツの心理学的研究が本格的に開始された．松井は1930年に当時の学問体系をまとめた，『体育心理学』を刊行した（図1.6）．松井は，体育を競技スポーツや学校体育，運動などを含む広範な用語として用いており，本書の刊行を日本のスポーツ心理学の起点と捉えることができる．

ほかにも，松井の『体育心理学』（1930年）に先んじて，大河内秦著『運動心理』（1923年），江上秀雄著『体育運動心理』（1923年）（図1.7），佐々木等著『運動心理』（1924年）の著作が大正期に出版されている．おそらく日本で最初のスポーツ心理学の著作者の一人である大河内は，第6回極東オリンピック大阪大会（1923年）の成功の背後で体育・スポーツ分野のさまざまな問題が表面化したことに言及し，序文の中で「根本的解決を求めるには，心理学なかんずく直接関係のある運動心理上より合理的な研究を行い，厳正なる批判と指示と，周密なる教導とを受けなければならぬ」と述べているが，これら3冊の著書の内容は総じて心理学的研究の推進を啓蒙するものである．この時期は，文字どおり運動・スポーツの心理学的発展の基盤が形成された時代であった．

② 成長期：1940～1970年代

1949年の新制大学発足により，大学教員による体育・スポーツ研究が盛んになり1950年に**日本体育学会**が設立され，1960年には学会内に体育心理学専門分化会が発足し研究が促進された．当時は学校体育や子

> **知っておくと役に立つ！**
>
> **体育心理学という名称**
> 現在「体育」は学校教育における一科目の名称となっているが，日本でのスポーツが学校を中心に展開してきた歴史的背景もあり「体育」と「スポーツ」とが同義に扱われてきた．そこで，学校体育に限らないスポーツ全般の心理学も体育心理学と表記されることがあった．

図1.6 松井三雄，『体育心理学』（1930）

図1.7 江上秀雄，『体育運動心理学』（1923）に掲載された図（出発合図に対する反応時間の検査）

どものスポーツ活動に関する研究課題が大半であった．

競技スポーツに関する研究の契機となったのは，1964年開催の東京オリンピックのために日本オリンピック委員会が1960年に設置したスポーツ科学研究委員会の心理部門で，あがりや精神的側面のトレーニングに関する研究が始まった（図1.8）．また，1964年の東京オリンピック開催に伴う国際スポーツ科学会議では，スポーツ心理学シンポジウム「スポーツマンの性格特性」が開催された．これを機に，競技スポーツ選手を対象とした研究も増加していった．そして，1965年の国際スポーツ心理学会の設立から遅れること8年，1973年に**日本スポーツ心理学会**が設立された．その後，現在に至るまで日本体育学会体育心理学分科会と日本スポーツ心理学会が両輪となって研究や実践が行われている（図1.9）．

③ 発展期：1980〜現在

競技スポーツへの興味関心はさらに高まり，日本オリンピック委員会スポーツ科学研究委員会心理部門の研究も「心理的適性」「運動選手のメンタルマネジメント」「チームスポーツ，ジュニア期，冬季種目のメンタルマネジメント」と継続され，競技スポーツの心理学を後押しした．また日本スポーツ心理学会は実践的応用の質的向上を目的として，2000年よりスポーツメンタルトレーニング指導士の資格認定制度を発足させており，日本においてもパフォーマンス心理学への発展がうかがえる．

さらに1980年代以降，日本でも健康スポーツへの関心も高まり，運動の心理的効果や身体活動を促進させる方策など，運動心理学領域の研究も増えていった．これらのメンタルヘルスに関する研究課題はスポーツだけでなく一般の心理学領域でも重要である．1994年には日本心理

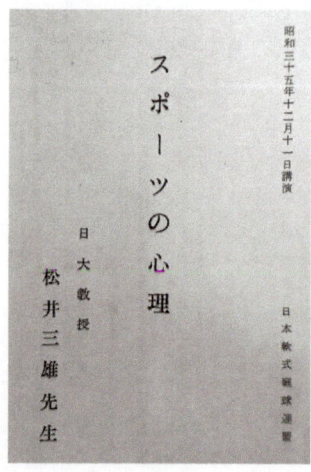

図1.8 競技スポーツとの連携の始まり
松井三雄（前出）の日本軟式庭球連盟における講演録（1960）．

学会でスポーツ心理学の部門（スポーツ・健康）が設置され，日本健康心理学会において数多くの発表がなされるなど，心理学の応用分野としても発展している．さらに，2014 年 8 月には，日本スポーツ心理学会が主幹となり，アジア南太平洋スポーツ心理学会が東京で開催され，スポーツ心理学の初めての国際学会開催に成功している．

3 スポーツ心理学の定義

　前節のスポーツ心理学の歴史で述べたように，スポーツ心理学は拡大するとともに多くの領域を内包して発展してきている．そこで，まず運動心理学やパフォーマンス心理学も含んだ広義のスポーツ心理学の定義を紹介する．

　ヨーロッパスポーツ心理学連盟は，1996 年に自らを定義した文章を発表している．そこでは，スポーツには運動，スポーツ，身体的活動のすべての種類が含まれるとし，スポーツ心理学を「スポーツ活動に関する心理学的な基盤，プロセス，および効果に関する領域」と定義している．また，2004 年に国際スポーツ心理学会は「スポーツ心理学はスポーツや運動に伴う人びとの行動を理解し，また影響することについての基礎を深める学問的，専門的，実践的活動を含んでいる」と表明している．近年でも，欧米で著名なスポーツ心理学の入門書として第 6 版を重ねる"Foundations of sport and Exercise Psychology"（2014）では，「スポーツ心理学は，スポーツや運動を行っている人間と彼らの行動に関する科学的研究と，その知見の実践的応用である」と述べられている．わが国においても，スポーツ心理学を「多様な目的や広範囲な年齢を対象

 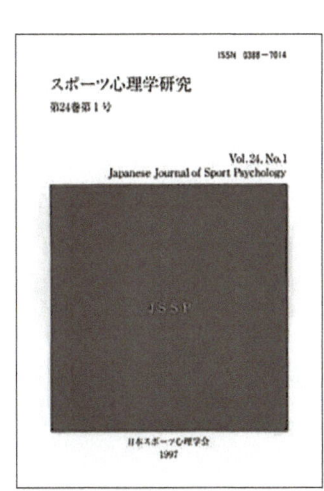

図 1.9　日本の代表的な研究雑誌
右：日本スポーツ心理学会機関誌，「スポーツ心理学研究」，左：日本体育学会機関誌，「体育学研究」．

にした運動・スポーツ行動の基礎的・応用的研究を通して，その諸現象や効用性を心理学的に分析し，運動・スポーツの実践や指導法に科学的知識を与えるスポーツ科学および応用心理学の一分野である」と広範に定義するに至っている．

このように，国内外の定義に共通するのは，多様な身体的活動と心理学的研究が相互に影響し合うということである．そこで本書では，広義のスポーツ心理学を「多様な運動やスポーツを行う人間を心理学的に研究し，その知見を運動やスポーツの効果的な実践に還元させることで，人類に貢献する学問領域」であると簡潔に定義する（図 1.10）．

4　スポーツ・運動・パフォーマンス心理学の構成

本書では図 1.11 のように，スポーツ心理学を「スポーツ心理学」「運動心理学」「パフォーマンス心理学」の 3 部構成で解説している．これは，先述した 1980 年代以降のスポーツ心理学における領域の特化を反映させるとともに，領域ごとに集約することで読者の理解を促進させ，個々の興味と関心がさらに高まることを意図している．つまり，本書では広義のスポーツ心理学から，運動心理学（第 2 部）とパフォーマンス心理学（第 3 部）を除いたものをスポーツ心理学（第 1 部）として構成している．それぞれの定義と内容は以下のようになる．

（1）「第 1 部　スポーツ心理学」

スポーツに関連する心理学的な諸課題を探求する領域で，スポーツ実践者の心理的要因，スポーツ活動が子どもの心理社会的発達や青少年に

多様な運動やスポーツを行う人間を心理学的に研究し，その知見を運動やスポーツの効果的な実践に還元させることで，人類に貢献する学問領域

図 1.10　『スポーツ・運動・パフォーマンスの心理学』とは
（広義のスポーツ心理学の定義）

及ぼす影響を広範に対象としている．また，学校体育や運動遊びまで幅広い活動を研究対象とし，運動心理学やパフォーマンス心理学の基盤となる領域である．なお，スポーツ心理学の総説として本章も含めた．

（2）「第2部　運動心理学」

健康スポーツの心理学ともいえる領域で，運動やスポーツの心理的効果や，各種の身体活動とメンタルヘルス，生活の質（quality of life）との関連に着目している．また，人間の運動行動を心理学的に解明することや，運動の継続やヘルスプロモーションへの実践的な応用を意図する領域である．近年では，健康心理学や公衆衛生学における研究領域にも位置づけられる．

（3）「第3部　パフォーマンス心理学」

スポーツ心理学の実践的応用を重視した領域で，競技スポーツにおけるパフォーマンスを高める理論や方法論を扱う．運動選手個人の心理的強化だけではなく，集団スポーツ種目におけるチームへの心理的介入やコーチ，監督への援助も含まれる．また今後，競技スポーツで培われた手法や伝統的武道の知見が，スポーツ以外の分野において人間のパフォーマンス向上へ応用されるのが期待される領域である．

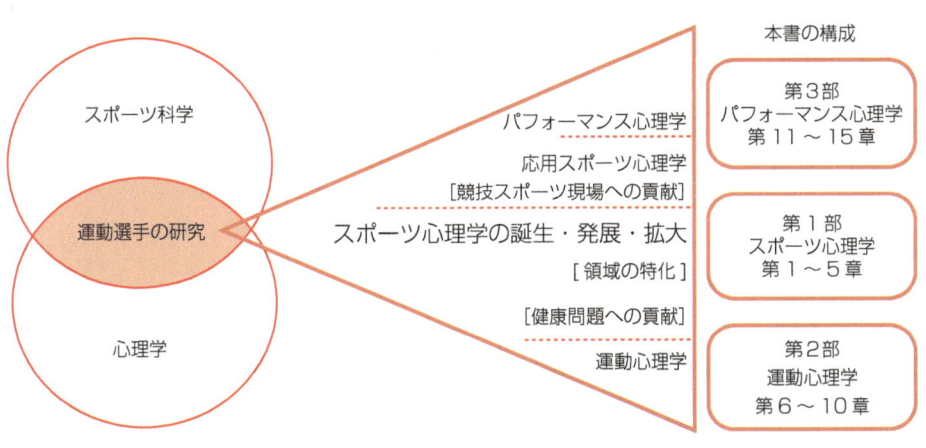

図1.11　本書におけるスポーツ心理学の領域と構成

復習トレーニング

次の文章のカッコの部分に適切な言葉を入れなさい．

① 1898年に米国インディアナ大学の心理学者（　　　　）は，（　　　）の競技者を対象としてスポーツ心理学の最初の実験を行った．

② 米国イリノイ大学の（　　　　）は，1925年にスポーツ競技研究室を開設し，プロ野球チーム（　　　　）でもコンサルタントとして活躍している．それらの功績から，彼を（　　　　　）と称している．

③ 国際スポーツ心理学会は（　　　）年にローマにおいて創立された．

④ 日本スポーツ心理学会が設立されたのは（　　　）年である．

⑤ スポーツ・運動・パフォーマンスの心理学とは，「多様な運動やスポーツを行う人間を（　　　）に研究し，その知見を運動やスポーツの効果的な（　　）に（　　）させることで，人類に貢献する学問領域」である．

2章 スポーツと動機づけ

2章の POINT

- ◆ 人間のすべての活動には動機づけが関係する．動機づけの三つの機能を理解します．
- ◆ スポーツに関連する基本的な動機づけ理論を学ぼう．とくに内発的動機づけと外発的動機づけの違いを理解します．
- ◆ 達成目標と成績目標の違いや，それらの効果を理解します．
- ◆ 代表的な心理テスト（DIPCA など）を理解します．
- ◆ 動機づけを高める方法，目標設定の原則を理解します．

やる気のある人は，努力を惜しまず，規則正しい行動を心がける．反対に，やる気のない人は，さぼったり，力を抜いたりする傾向がある．このようにやる気の有無は，スポーツの成果に関わる重要な要因となっている．

「やる気」「意欲」「モチベーション」のことを，心理学の世界では**動機づけ**という用語を用いる．スポーツの場面に限らず，動機づけは人間のあらゆる行動を理解するうえで欠かすことのできない概念である．

この章では，動機づけの基本的な機能や理論，動機づけの高め方などについて概説する．

1 動機づけとは

動機づけは，「欲求」と「誘因」の両者が存在することで生じ，一方だけでは生じないとされている．

この「欲求」に類似する概念として，「動因」や「動機」がある．いずれも行動の原因と考えることができる．**動因**はおもに生理的な欲求に対して用いられ，**動機**は心理的・社会的欲求に対して用いられる．のどが渇いているという動因，上達したいという動機と表現される．

誘因とは，行動を引き起こす魅力のことであり，物理的なものと心理的なものに分けて考えることができる．たとえば，のどが渇いている状態でのスポーツドリンクは物理的な誘因であり，自分が熱心に行っているスポーツで上達して認められることは，心理的な誘因となる．

2　動機づけの役割

　動機づけの高い人と低い人との行動を比較すると，動機づけの機能を理解しやすい．動機づけの高い人は，考えるだけでなく行動に移し，努力をする．たとえうまくいかなくても工夫をして努力を続ける．そして，そのような過程を経て得られた成功体験は，新しい目標をつくり，再び行動を起こさせる．

　このように，動機づけには，① 行動を始める働きである**行動始発機能**，② 始めた行動を続け，困難な状況に接しても行動を維持する**行動維持機能**，③ 高い動機づけで目標に到達すると欲求が充足され，新しく目標を定めて行動を起こしたくなる**行動強化機能**がある．

3　動機づけの種類

（1）マズローの欲求階層説

　行動の原動力として最も基本的なものは欲求である．マズローは，この欲求を五つの階層に分けて説明している（図2.1）．最も原始的な欲求は**生理的欲求**である．これは食べることや眠ることなどの生命維持に関わる欲求である．この欲求が満たされると，人は次の段階の欲求を求めようとする．二つ目の欲求は**安全への欲求**で，自分の心身の安全や家族・知人の安全を求めるものである．三つ目の欲求は**愛情・所属の欲求**で，人に愛されることや自分が何かの集団のメンバーでありたいというものである．愛されたり所属していたりすることで，精神的な落ち着き

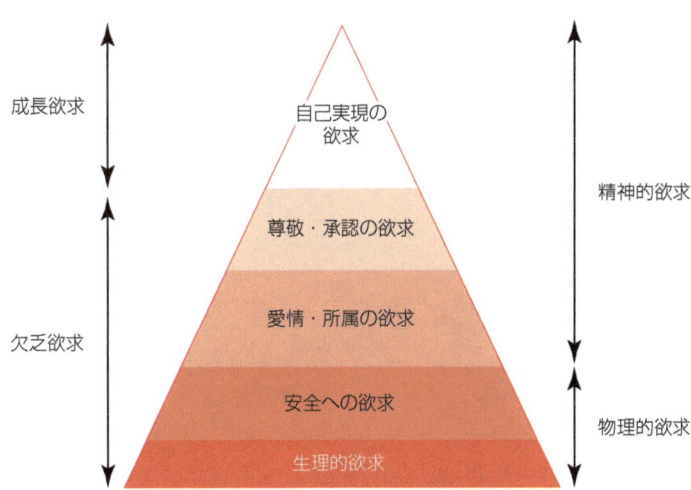

図2.1　マズローの欲求段階説

を得ることができる．四つ目の欲求は**尊敬・承認の欲求**で，自分の行動や存在が他人や社会から評価され，認められたいという欲求である．これらの欲求が満たされると，**自己実現の欲求**を求める．これは自分自身の能力を高め，自分の可能性に挑戦しようとする欲求であり，最も高度な欲求である．

　生理的欲求から尊敬・承認の欲求までを**欠乏欲求**と呼び，欲求が満たされるとそれ以上求めることをやめてしまう．これに対して**成長欲求**は満足する限界がなく，成長を求め続ける．また，**物理的欲求**と**精神的欲求**に分類することもできる．

(2) 内発的動機づけと外発的動機づけ

　内発的動機づけとは，活動自体に興味・関心があるといった内的要因に基づく動機づけのことである．自分がやりたいからやっている状態である．走ること自体が好きなので走る場合がこれに当てはまる．内発的に動機づけられた行動は，自発的・積極的に行われるが，熱中しすぎる場合もある．

　一方，**外発的動機づけ**とは，義務・賞罰・強制などの活動自体とは直接的には関係のない外的要因によって引き起こされた動機づけのことである．授業でよい成績をもらうために必死に走る，制限時間内に走らないと罰則があるので頑張るといった行動は，外発的に動機づけられていることになる．外発的に動機づけられた行動は，外的要因がある場合には一生懸命に課題に取り組むが，外的要因がなくなってしまうと課題へ取り組む意欲が低下する．報酬や罰がなくなると，積極的にやらなくなってしまうのである（**アンダーマイニング効果**）．

図 2.2 は，外発的動機づけと内発的動機づけの違いを示したものである．外発的に動機づけられている場合，「優勝賞金をもらう」という目標（報酬）のために，「走る」という行動（運動）を行う．それに対し内発的に動機づけられている場合，「走る」という行動自体が目標になっている．つまり，内発的動機づけでは，行動の中に報酬が存在するのである．

4　スポーツに関連する動機づけ理論

動機づけを説明する理論にはさまざまなものがある．ここでは運動・スポーツの分野と関わりが深い動機づけ理論を紹介する．

（1）自己効力感

自己効力感（セルフ・エフィカシー） とは，バンデューラが社会的学習理論の中で提唱した概念である（1977 年）．これは，将来に対する見通しの程度のことで，簡単にいうと「自信」のことになる．目の前の課題に対してどの程度成功する自信があるのか，その自信の程度のことを自己効力感（効力予期）という．

この自己効力感は四つの情報源から変化する．それらは，① 成功体験，② 代理的経験，③ 言語的説得，④ 生理的喚起である．**成功体験** には実際に成功するだけでなく，似ている状況での成功，失敗しても健闘した場合や課題が明確になった場合なども含まれる．**代理的経験** とは，他人の成功を見ることによって自分の成功する自信が高まることである．この場合，自分と似ている人の方が効果がある．**言語的説得** とは，適切な

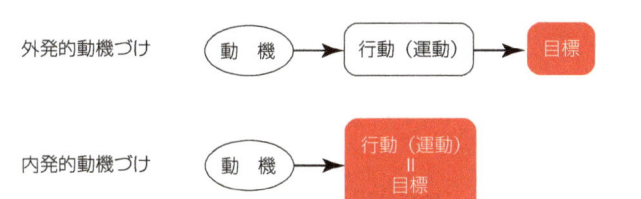

図 2.2　外発的動機づけと内発的動機づけの違い

アドバイスや応援などのことである．**生理的喚起**とは，心拍数や体温，呼吸といった生理的反応を適切な状態に導くことによって成功の可能性を高め，自信を高める方法である．

自己効力感が高くても実際の行動に直結するわけではない．そこには**結果予期**（その行動がどのような結果をもたらすのかという予測）も関係してくる．ある行動ができる自信があっても，その行動が周りから非難されるような場合，行動は抑制される．しかし，賞賛される場合では積極的に行動する．図2.3は，効力予期と結果予期の関係を示したものである．

自己効力感は個人の行動に対する評価であったが，集団に対する効力感のことを**集団効力感（コレクティブ・エフィカシー）**という．これは自己効力感の概念を集団に適用させたものであり，組織やチームといった集団の課題に対する自信の程度のことを指す．

（2）自己決定理論

自己決定理論は，デシとライアンによって提唱された動機づけの質を体系化した概念である（2002年）．従来，動機づけは，外発的動機づけと内発的動機づけの対照的な二つに分けられてきたが，この理論では連続的に分類する．自己決定理論によれば，動機づけは，無動機づけ，外発的動機づけ，内発的動機づけに分類される．さらに外発的動機づけは，自己決定（自律性）の程度によって四つの段階に分けることができる（図2.4）．

無動機づけとは，無力・無関心の状態である．何も行動を起こさなかったり，たとえ行動していてもそれは無駄なことと考えていたりする場合

> ● 知っておくと役に立つ！
>
> **集団凝集性**
> 凝集性とは，組織のまとまりのことを意味する．したがって集団凝集性とは，集団のまとまりのことである．「目標を遂行するため，もしくはメンバーの情緒的満足を満たすために集団が結束し，団結を維持する傾向に影響を受けるダイナミックな過程」と定義されている．チームワークを構成する概念の一つと考えられている．

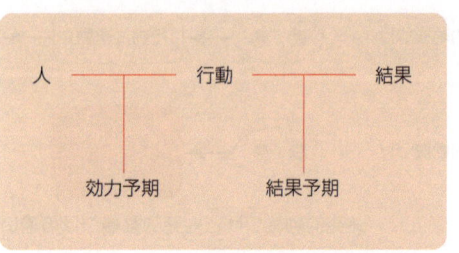

図2.3 効力予期と結果予期の相違

である．**外的調整**とは，外部からの圧力による行動であり，自律性の程度は低い．怒られるから走るという状態では，走ることに対する価値を見出していない．**取り入れ調整**は，課題の価値を認めつつも義務感や罪悪感によって行動している状態で，迷惑をかけたくないから練習をする場合が当てはまる．**同一視的調整**とは，行動を自分の価値として同一視する状態である．健康は自分にとって大事であり，そのために運動することは意味があるという状態が該当する．**統合調整**とは，外発的動機づけの中で最も自律性が高く，価値が自己の一部として機能している．内発的動機づけとの違いは，活動自体を楽しむのではなく，活動の結果を得るために行動している点である．

（3）達成目標理論

達成目標理論とは目標に対する捉え方が動機づけに影響するという概念で，熟達目標と成績目標に大別できる．**熟達目標**とは課題目標・学習目標とも呼ばれ，努力や学習過程に価値をおき，その課題に熟達したり，現状よりも向上したりすることを目指すものである．それに対し，**成績目標**は自我目標・遂行目標とも呼ばれ，能力に価値をおき，他人との比較（優劣）において評価を得ることを目指すものである．

これらの目標志向性の違いは，スポーツ場面における行動や思考に影響を与える．たとえば，失敗をしたことに対して，熟達目標では成功の糧として前向きに捉えるが，遂行目標では自分の能力を低下させる情報として否定的に捉える．

知っておくと役に立つ！

親和動機と達成動機

親和動機とは，他者と交流し，よい人間関係を築きたいという動機のこと．とくに自分に好意的な人に対して，近づき，愛し，友好的な関係を維持したいという動機である．スポーツでは，協力が求められたり，社交の場として活用されたりすることもある．一方，達成動機とは，課題を卓越した水準で成し遂げようとする動機のことである．達成動機の高い人は，自発的で，積極的に課題に取り組み，困難や障害に打ち克ち，目標を達成するための努力をする傾向がある．これら二つの動機の関係は，アメリカでは負の相関，日本では正の相関が認められ，文化的な環境の影響が考えられている．

動機づけのタイプ	無動機づけ	外発的動機づけ				内発的動機づけ
調整のタイプ	無調整	外的調整	取り入れ調整	同一視的調整	統合調整	内発的調整
行動の質	非自己決定					自己決定

図2.4 自己決定連続体

E. L. Deci, R. M.Ryan,（Eds.）"Handbook of Self-determination Research", The University of Rochester Press（2002），p.16.

（4）動機づけ雰囲気

動機づけ雰囲気とは，達成目標理論を組織やチームといった集団に適用した概念であり，集団が持つ達成目標のことである．達成目標理論と同様に，「熟達雰囲気」と「成績雰囲気」に大別できる．**熟達雰囲気**のチームは，技術の上達や進歩，努力，楽しさを重視する．**成績雰囲気**のチームは，他者よりもよい成績をとること，他者よりも能力が高いことを示すことを目指す．熟達雰囲気のクラスの生徒は，授業を楽しいと感じ，練習に一生懸命取り組み，不安が少なく，動機づけが高い．反対に成績雰囲気のクラスの生徒は，不平等感を持ちやすく，不安が高く，動機づけは低い．体育やスポーツでは，クラスやチームの動機づけ雰囲気に配慮することも重要である．

（5）学習性無力感

スポーツ場面では何度練習をしても結局できないこともある．このようなことを繰り返し経験すると，自分には能力がないという気持ちが強くなり，意欲が低下してしまう．これが**学習性無力感**である．この状態に陥ると，たとえ自分ができる課題に直面しても取り組もうとさえしなくなってしまう．

図2.5は，運動場面で学習性無力感が生じる過程をモデル化したものである．この学習性無力感のメカニズムは，スポーツ嫌いや運動嫌いを生む過程にも関係していると考えられる．

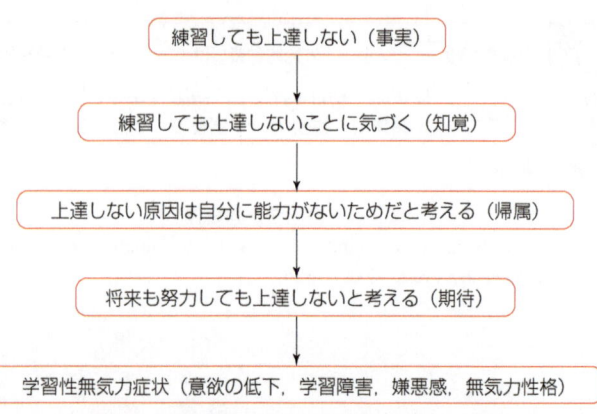

図2.5 運動場面で学習性無力感が生じる過程
杉原 隆，『運動指導の心理学：運動学習とモチベーションからの接近』，大修館書店（2003），p.153.

（6）原因帰属

スポーツの世界では結果がわかりやすい．結果とは勝った・負けた，成功・失敗などのことである．この結果の原因が何にあるのかを認知することを**原因帰属**という．原因帰属の仕方は，その後の行動や態度に影響を及ぼす．

原因帰属の様式は二つの次元から説明できる．一つは統制の位置の次元である．これは内的（自分に関係する要因）・外的（自分以外の要因）に分けられる．もう一つは安定性の次元である．これは安定（変わりにくいもの）・不安定（変わりやすいもの）に分けられる．この分類を表したのが表2.1である．

たとえば失敗したときに，その原因を自分の能力に帰属したとする．能力は内的－安定的なもので自分では変えることができないので，どうせ努力してもできないという心理が働き，意欲が低下する．それに対して失敗を努力に帰属すると，努力は内的－不安定なもので，自分で変えることができるので，努力すれば成功できるという心理が働く．また，結果を課題の難易度に帰属すると，それは外的－安定的なものとなるので，課題の難易度によって成否が決まるという気持ちになる．結果を運に帰属すると，外的－不安定的なものとなり，自分でコントロールできるものではなく，結果はその時の運任せという考え方になる．

5　動機づけの測定

動機づけを見ることはできないので，動機づけの程度を客観的に測定・

表2.1　原因帰属の分類

		統制の位置	
		内的	外的
安定性	安定	能力	課題の難易度
	不安定	努力	運

ロールシャッハテスト
スイスの精神科医ヘルマン・ロールシャッハによって考案された。投影法に分類される性格検査の一つである。インクを落としてつくった左右対称のあいまいな図形を呈示し，それが何に見えるか，どこをどのように見たのかなどを質問する。図版は10枚ある（黒が5枚，黒・赤が2枚，多色が3枚）。質問に対する反応や回答から，その人の性格，適応，成熟度，情緒的安定性などを捉える。

内田・クレペリン精神検査
心理検査の一つで，作業検査法に該当する。ドイツの精神科医であるエミール・クレペリンが発見した作業曲線を元に，日本の内田勇三郎が開発した。ひと桁の足し算（3, 4, 5, 6, 7, 8, 9の組合せ）を休憩をはさんで前半15分，後半15分の30分間行い，1分ごとの作業量の継時的な変化のパターンから性格や適性を診断する。スポーツ界では，性格特性の判断のみならず，コンディショニングの把握にも活用されている。

評価することは難しい。そのため，動機づけの測定には目的に応じた種々の心理検査が用いられることが多い。心理検査には実施する形式の違いにより，投影法，作業検査法，質問紙法などがある。

ロールシャッハテストなどの**投影法**は，多義性のあるあいまいな刺激に対する反応から被験者の欲求などを測る手法である。意識レベルだけでなく，無意識レベルを測定することができるという特徴があるものの，採点が複雑で検査者の主観が入りやすい，実施に時間と労力がかかるという問題がある。**内田・クレペリン精神検査**などの**作業検査法**でも同様の問題が指摘されている。

質問紙法は，意識レベルしか測定することができないという問題はあるものの，採点が容易で集団でも実施しやすいという特徴がある。そのため，体育やスポーツに関連する質問紙も数多く開発されている。次に，運動・スポーツ場面で使用される質問紙を紹介する。

（1）体協競技意欲検査（TSMI）

競技スポーツ選手の動機を広範囲に測定する質問紙である。項目数が146項目と多く，30分程度を要するため簡便性に欠けるという問題がある。目標への挑戦，技術向上意欲，困難の克服，練習意欲，情緒安定性，精神的強靭さ，闘志，競技価値観，計画性，努力への因果帰属，知的興味，勝利志向性，コーチ受容，コーチとの人間関係，失敗不安，緊張性不安，不摂生の17の下位尺度を持ち，粗点を9段階で評価する（図2.6）。

（2）心理的競技能力診断検査（DIPCA）

DIPCAは，競技スポーツ選手に必要な心理的な能力に関する52項目

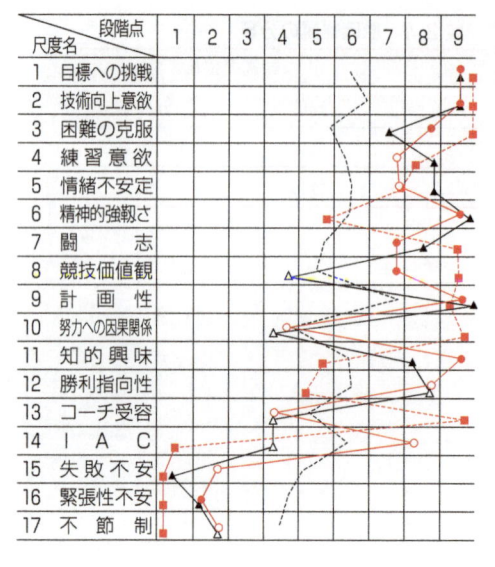

図2.6 スキージャンプ競技における日本代表選手とユニバーシアード選手のTSMIの結果
IAC：対コーチ不適応
北村辰夫，TSMIからみたオリンピックスキー競技日本代表選手の心理的適性について，日本大学文理学部人文科学研究所研究紀要，45, 217 (1993).

の質問から構成され，忍耐力，闘争心，自己実現意欲，勝利意欲，自己コントロール能力，リラックス能力，集中力，自信，決断力，予測力，判断力，協調性の12の下位尺度を持ち，5段階で評価する（図2.7）．12の下位尺度は，さらに5因子（競技意欲，精神の安定・集中，自信，作戦能力，協調性）に大別できる．12の下位尺度のうち，忍耐力から勝利意欲までの4尺度は競技意欲に関する尺度となっており，動機づけと関わりが深い．現在では男女で評価基準が異なるDIPCA.3に改良されている．

（3）体育における学習意欲検査（AMPET）

前述の二つの質問紙は競技スポーツ選手用であったが，AMPETは学校体育の授業用に開発されたものである．64項目から構成されており，学習ストラテジー，困難の克服，学習の規範的態度，運動の有能感，学習の価値，緊張性不安，失敗不安の七つの下位尺度を持つ．前半の5下位尺度は体育学習を促進させる積極的な側面に対し，後半の2下位尺度は体育学習を阻害したり抑制したりする消極的な側面を測定する．

6 スポーツの指導者が考慮すべき動機づけ

ひと言にスポーツといっても，勝利を追求するスポーツ，健康のために行うスポーツ，学校体育で行われるスポーツでは，指導をするうえで考慮するべき点が異なる．そこでここでは，競技スポーツ，健康運動，学校体育に分けて，それぞれで求められる動機づけの内容や指導上の留意点について考える．

TSMI
Tokyo Sport Motivation Inventory

DIPCA
Diagnostic Inventory of Psychological Competitive Ability for Athletes

AMPET
Achievement Motivation in Psysical Education Test

● 知っておくと役に立つ！

日本体育協会
通称，体協，あるいは日体協と呼ぶ．日本のスポーツ競技連盟，協会および各都道府県の体育協会を統括する団体．日本のオリンピック初参加（1912年，ストックホルムオリンピック）を契機として1911年に創立された．発足当初は大日本体育協会であったが，1948年に現在の名称になった．日本サッカー協会や全日本スキー連盟などの多くの中央競技団体が加盟している．また上級コーチやアスレティックトレーナーなどの公認スポーツ指導者制度を設けている．

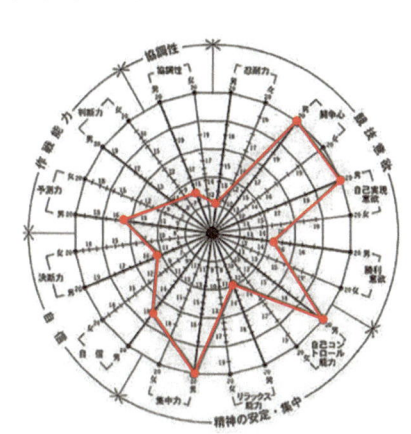

図2.7 心理的競技能力診断検査の尺度・因子別プロフィール
DIPCA, トーヨーフィジカル社より作成．

（1）競技スポーツ

多くの**競技スポーツ**の選手の場合，スポーツで成功を収めることを目的としている．その目的は大きく二つに分けることができる．一つは，とにかく勝つことに重点をおく動機づけである（**成績目標**）．これは他人や他チームとの競争で，相手より優越でいたいという動機づけである．ときには，賞金や名声，有利な進路などを得ることを目的とする．もう一つは自分自身を高めるという動機づけである（**達成目標**）．できなかったことにチャレンジし，新しい技術を習得して自分の可能性を伸ばすことを目指すものである．自己ベストの記録の更新を目標にするのが，これに当たる．

一見，成績目標の方がよいように思えるが，長期的に見ると，達成目標の方が多くの努力を払い，積極的にプレーするので，競技成績もよくなる傾向がある．

（2）健康スポーツ

健康スポーツを行う人の場合，競技スポーツよりも多様な目的を持って運動・スポーツを行っていることが多い．健康スポーツの目的を整理すると，健康の保持・増進，体型の維持・美容，体力の維持・向上，ストレス解消，精神的安寧，社交の場，スポーツ技術の向上，生活の充実，身体的・精神的老化の予防などが考えられる．

このような人を対象として指導する場合，対象者のニーズに応えることが大事である．体重を減らしたい人には体重が減るようなプログラムを，社交の場として考えている人には交流する場面があるプログラムを

知っておくと役に立つ！
競技スポーツの動機づけを高めるポイント
- チームと個人の目標を確認する．
- スポーツに対する価値観，位置づけを確認する．
- 危機感・競争意識を持たせる．
- 適切にメンバーを入れ替える．
- チームへの貢献，チーム内での役割を明確化する．
- ムードメーカーをつくる．
- チーム儀式をつくり，盛り上げる
- 監督やコーチから見られているということを感じさせる．
- 話や意見を聞く機会を設ける．
- 個別に話をする．
- 練習方法，内容を変える．
- 長所を見出す．

知っておくと役に立つ！
健康スポーツの動機づけを高めるポイント
- コミュニティをつくる．
- 協力しなければできない課題を設ける．
- 運動の効果をわかるように示す．
- 記録をつける．
- 効果を数値化・グラフ化する．
- 負荷を軽くして負担感を減らす．
- 参加者の目的に応じて対応する．

表2.2　動機づけを高める方法

① 達成可能な目標を設定する
② 自己の力で成功した喜びを感じ取らせる
③ 行動の主体は自分であるという意識をもたせる
④ 目標を明確にし，自覚させる
⑤ 学習内容に興味や関心をもたせる
⑥ 目標や運動することの価値を認識させる
⑦ 成功や失敗の原因を正しく認知させる
⑧ 概念的葛藤によって知的好奇心を喚起させる
⑨ 成功と失敗のバランスをとる
⑩ 結果の知識を与える
⑪ 競争や協同を利用する
⑫ 賞罰を適切に与える

西田　保，動機づけの方法，松田岩男・杉原　隆 編著，『新版運動心理学入門』，大修館書店 (1987)，p.81．

提供する．そうすることで運動の実践も継続される．

（3）学校体育

学校体育の場合，教材としてスポーツ・運動を用いることが多いが，その使用目的は多様である．また，子どものスポーツ指導をする場合，技術の向上だけを目指すものではない．スポーツを通して子どもの心身の健全な育成ということも，目標の一つとして必ず考慮されるべきである．また体育や運動が好きな子どもが増えれば，スポーツや運動に親しむ人が増えるので，長期的には生活習慣病の予防にもつながる．

7　動機づけを高める方法

（1）動機づけの高め方

表2.2は，動機づけに関する理論を概観し，動機づけを高める方法について整理したものである．これらの内容にはスポーツ実施者もさることながら，スポーツ指導者が心がけるべき事柄が網羅されている．スポーツ指導者の指導法は，スポーツ実施者の動機づけにも影響するのである．

（2）目標設定

目標を適切に設定することは，行動を方向づけ，動機づけを高める役割を果たす．そこで，おもな目標設定の原則について紹介する．

競技選手のための目標設定の原則は，表2.3のようにまとめられている．

知っておくと役に立つ！

子どもの動機づけを高めるポイント
・遊びの要素を入れる．
・賞罰を適切に与える．
・成功体験を多く積ませる．
・成功・上達を知覚させる．
・自分で決定させる．考えさせる部分も設ける．
・達成できる目標を立てる・
・協力すること，チームに貢献することを称える．
・勝敗に対する態度を身につけさせる．

表2.3　競技選手のための目標設定の原則

① 一般的で抽象的な目標ではなく，詳しく具体的な目標を設定する
② 現実的で挑戦的な目標を設定する
③ 長期的目標も大切であるが，短期目標を重視する
④ チーム目標よりも個人目標を重視する
⑤ 勝敗目標よりもプレー目標を設定する
⑥ 目標に対してその上達度が具体的かつ客観的に評価されるように工夫する

図2.8は，立ち幅跳びでの目標と実際のパフォーマンスとの関係を示したものである．目標を持たないで行うと元々の力（100%）も発揮できないが，目標を持って行うと100%以上の成績を残している．しかし120%以上の目標になると成績が低下している．目標は高ければよいのではなく，適切な水準に目標を設定することの重要性がわかる．

目標設定での陥りやすい問題点として，目標を設定しただけで安心してしまい，それで終わってしまうことである．目標には達成期限を設定し，期限が来たら目標が達成されたのかを評価し振り返ることが重要である．目標が達成されなかった場合は，なぜ達成できなかったのかについて分析する必要がある．そして新しい目標を改めて設定する．このような目標設定のサイクルを継続することが，目標設定の効果を高めるのである．

復習トレーニング

次の文章のカッコの部分に適切な言葉を入れなさい．

❶ 動機づけには（　　　）機能，（　　　）機能，（　　　）機能がある．
❷ マズローの欲求階層説で最も崇高な欲求は，（　　　）の欲求である．
❸ 自己決定理論では，（　　　）の程度によって動機づけを分類する．
❹ 達成目標理論では，努力や自己向上を目指すのを（　　　）目標，他人より勝ることを目指すのを（　　　）目標をいう．
❺ 目標設定の原則として，抽象的ではなく（　　　）的な目標，勝敗目標よりも（　　　）目標を設定することが重要である．

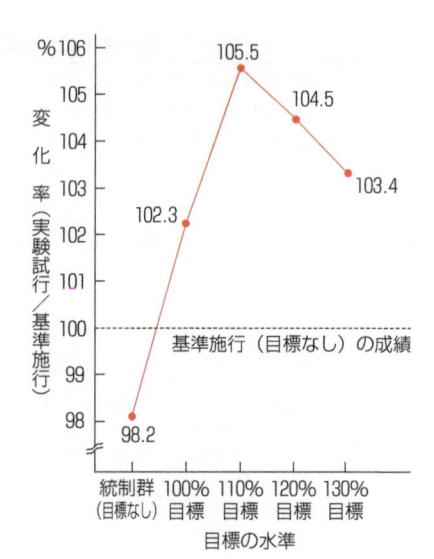

図2.8 立ち幅とびの成績に及ぼす目標の効果
杉原　隆・海野　孝，実験，松田岩男 編，『運動心理学入門』，大修館書店（1976）．p.260．

3章 スポーツとパーソナリティ，攻撃性

3章の POINT

- ◆ パーソナリティについての基本的な理論を学びます．
- ◆ スポーツとパーソナリティとの関係について理解を深めます．
- ◆ パーソナリティ研究の視点からスポーツにおける攻撃性について考察します．

3章　スポーツとパーソナリティ，攻撃性

　私たちは日々さまざまな人と出会うことで，それぞれの人が持つ特徴（性質）に気づき，自分との違いも感じながら互いに関わりあって生きている．こうした人それぞれが持つ固有の性質は個性といわれ，古くから関心がもたれており，現在ではパーソナリティ研究として，スポーツとの関係にも着目されている．

　3章では，パーソナリティについて理解した上で，スポーツで成功を収める人の特徴，スポーツによる人格形成，スポーツパフォーマンスとの関連，スポーツが攻撃性に及ぼす影響など，これまで関心がもたれてきたテーマを取り上げ，スポーツとパーソナリティとの関わりについて考える．

1　パーソナリティの理解

（1）パーソナリティの意味すること

　パーソナリティ（personality）とは，人それぞれの持つ特徴，あるいはその特徴を生み出す心を意味する言葉であり，心理学的構成概念として捉えられる．この言葉は多様な意味で使われるため，多くの定義がなされている．代表的な定義はオールポートによる「個人の内部で環境への独自な適応を決定するような，精神物理学的体系の力動的機構である」という定義である．ミッシェルは，表3.1の内容がパーソナリティの概念に含まれるとしている．パーソナリティの意味することは，人それぞれの行動，思考，感情表出に見られる個性，そのような個性を生み出す心理的構造といえる．

> **知っておくと役に立つ！**
> **パーソナリティの語源**
> パーソナリティという言葉は古代ラテン語のペルソナ（persona）に由来するといわれる．ペルソナは演劇用の仮面を意味し，派生して人や役割という意味を持つようになった．

表3.1　パーソナリティの概念に含まれる内容

1. パーソナリティは連続性，安定性，一貫性を示す
2. パーソナリティは多様に出現する．外から見える行動に始まり，見えない思考や感情に至るまで
3. パーソナリティは体制化されている．実際，それらが断片化され，まとまりを欠いているのであれば，精神的な問題の兆候である
4. パーソナリティは，人が社会といかに関わるかについて影響する決定因の一つである
5. パーソナリティは心理学的な概念であるが，同時に身体的，生物学的特徴と関連していると仮定される

資料：W. ミシェル・Y. ショウダ・O. アイダック，黒沢香・原島雅之 監訳，『パーソナリティ心理学　全体としての人間の理解』，培風館（2010）.

日本語ではパーソナリティを「人格」と訳すことが多く，この場合には「あの人は人格者」のように価値的な意味が含まれる．一方，類似の意味を持つキャラクター（character）は「性格」と訳されることが多く，価値的な意味は薄い．また気質（temperament）は，生物学的要素が強く反映された個人差を表す用語として使用されている．

（2）個性への関心

人の性格については古くから関心が持たれており，紀元前3世紀にテオプラストスが『人さまざま』（邦題）という本の中で30種類の人の特徴を描き出している（表3.2）．また紀元前400年頃には，ヒポクラテスによって**四体液説**が唱えられ，人は血液，黄胆汁，黒胆汁，粘液という四つの体液を持ち，その混合に変調が生じると病気になるとされる．この四体液説に基づき紀元100年代の頃，**四気質説**（four humors）を提唱したのが**ガレノス**である．これらの考え方は医学的知見として，後にルネッサンス期のヨーロッパで注目され，近年の心理学におけるパーソナリティ研究に影響を及ぼしている．

（3）パーソナリティ研究の目指すこと

パーソナリティについては，生物学，精神分析学，行動理論，社会認知理論などのさまざまな領域，レベルにおいて研究がなされており，それらに基づく総合的知見が人間の理解につながっている．具体的な目的と方法は異なるが，それぞれの領域においては個人理解，個人差理解，方法論，パーソナリティの発達・形成過程，行動の予測などが課題となっている．また遺伝，経験はパーソナリティ形成の重要な要因である．パー

知っておくと役に立つ！

血液型の研究

多くの研究者は，血液型によってパーソナリティを捉えようとすることに批判的であるが，根強い人気があるようである．研究もいくつか行われているが，血液型による性格診断の正しさは実証されておらず，研究者は否定的である．近年では血液型性格診断を信じる人はどういう人かの調査報告もなされている．

表3.2 「人さまざま」に見られる人のタイプ

1 空とぼけ	11 いやがらせ	21 虚栄
2 へつらい	12 頓馬	22 しみったれ
3 無駄口	13 お節介	23 ほら吹き
4 粗野	14 上の空	24 横柄
5 お愛想	15 へそまがり	25 臆病
6 無頼	16 迷信	26 独裁好み
7 おしゃべり	17 不平	27 年寄の冷水
8 噂好き	18 疑い深さ	28 悪態
9 恥知らず	19 不潔	29 悪人びいき
10 けち	20 無作法	30 貪欲

表3.3 クレッチマーによる3気質

体格	気質	特徴
細長型	分裂気質	静か，控えめ，真面目（敏感性と鈍感性）
肥満型	躁うつ気質（循環気質）	社交的，親切，温厚
闘士型（筋骨型）	粘着気質	きちょうめん，熱中しやすい，頑固，興奮しやすい

ソナリティ理論は，環境への適応，治療にも役立てられ，個々の状態に応じて生活の質が高められるような知見をもたらしている．たとえば，パーソナリティと心疾患との相関が高いことが明らかになれば，その人に応じた心理学的な対処を行うことによって心疾患のリスクを低下させ，健康的な生活につなげることになる．

これまでのパーソナリティ研究は大きく分けると，個性を記述する個人理解，差異を明らかにする個人差理解という二つの方向性がある．個人理解は言葉によって人の特徴を記述する質的研究が中心となるが，個人差理解は計算技術の発展に伴い統計的手法によって，より盛んに行われてきた．個人差を示すためには，人と人を比較する何らかの枠組みが必要となり，パーソナリティ研究における代表的な枠組みは類型および特性といえる．

（4）パーソナリティの捉え方

①類型論

類型論とは，一定の観点からパーソナリティをいくつかの型に分類することによって個性を捉える考え方である．心理学における代表的な類型論の提唱者には，クレッチマー，シェルドン，シュプランガーがあげられる．類型論には人のパーソナリティを理解するうえで興味深い点が多く，また少ない数の類型によって人を説明するためわかりやすい．血液型によるパーソナリティの分類もこのような発想に類似し，わかりやすいことから好んで用いる人も多い．しかしながら類型論では，多様なパーソナリティを限られた少ない型にあてはめて説明するため，中間のタイプや二つ以上の型の特徴を持つ可能性が否定されてしまうとの批判

表3.4　キャッテルによる16PFの下位尺度

A 情感	E 衝動性	I 猜疑心	Q1 抗争性
B 知能	F 公徳心	J 空想性	Q2 自己充足
C 自我強度	G 大胆	K 狡猪	Q3 不安抑制力
D 支配的	H 繊細	L 罪責感	Q4 浮動性不安

表3.5　アイゼンクの特性論

特性	特徴
内向	持続性，硬さ，主観性，羞恥心，易感性
外向	活動性，社交性，冒険性，衝動性，表出性，反省の欠如，責任感の欠如
神経症傾向	自尊心の低さ，不幸感，不安感，強迫性，自律性の欠如，心気性，罪悪感

もなされている.

②**特性論**

特性（trait）によってパーソナリティを捉える考え方を**特性論**という．特性とは，状況や時を越えて比較的安定した行動傾向を説明する心理学的概念である．特性論では複数の特性が仮定され，各特性を量的に測定し，多面的な視点でパーソナリティの全体像を把握する．オールポート，キャッテル，ギルフォード，アイゼンクらが代表的な特性論の提唱者であり，どのような特性があるのか，必要最小限の特性はいくつかなどが研究の焦点となっている．

たとえば多くの人に共通する特性を解明するために，パーソナリティを記述する言葉の分析（語彙アプローチ）がある．オールポートとアドハートは，パーソナリティを表現する言葉を調べ，4,504 語をあげている．キャッテルはこの 4,504 語をもとに測定尺度を作成し，因子分析によって 12 因子を抽出したうえで，さらに四つの因子を加え，16PF という性格検査を作成している（表 3.4）．またアイゼンクは生物学的な要因に対応する因子構造を想定し，内向性-外向性，神経症傾向-安定性という二つの次元を提案している（表 3.5）．これらの研究結果は現在，**ビッグファイブ**と呼ばれる五つの特性（神経症傾向，外向性，開放性，協調性，誠実性）へと至っている（表 3.6）．特性論は研究者によって取り上げる特性と仮定する構造が異なるが，特性論に共通する考え方に対してはさまざまな批判がなされている．それら批判の一つとして，特性論が仮定する状況を越えた一貫性の問題があげられる.

> **ビッグファイブ**
> ビッグファイブはゴールドバーグが提唱したパーソナリティの特性論で，人間が持つさまざまな性格は五つの要素の組合せで構成される，というものである．五つの特性は，神経症傾向，外向性，開放性，協調性，誠実性であり，文化や民族を越えて普遍性を持つと考えられている．特性の数と種類は研究者により異なるが，近年，特性研究における語彙アプローチの発展により五つの特性が見出された.
> ビッグファイブと異なるアプローチによって，5 因子モデルも提唱されている．このモデルでは過去のパーソナリティ研究を元に共通要素が検討され，結果としてビッグファイブと同じような内容を示す五つの特性に集約されている．ビッグファイブにおける五つの特性は，生物学的な要因との関連も検討されている.

表 3.6　ビッグファイブの特性別の特徴

特性		おもな特徴
外向性	Extraversion	社交的
神経症傾向	Neuroticism	感情が不安定で，ストレスを受けやすい
誠実性	Conscientiousness	自己管理して，目標を達成する
協調性（調和性）	Agreeableness	人を信頼し，協力できる
開放性	Openness	独創性・創造的

ダニエル・ネトル，竹内和代 訳，『パーソナリティを科学する 特性 5 因子であなたがわかる』，白揚社（2009）．

（5）一貫性論争―行動を決定するのは人間か状況か―

「あの人は○○という性格だから」のように，性格を前提として人の振る舞いを表すことはないだろうか．先述したパーソナリティの特性論は，時や状況を越えて比較的安定した行動傾向を前提としている．一方，異性の前と同性仲間の前では振る舞いが異なるなど，人の行動は状況に左右されることもある．この点について，人の行動が状況を越えて一貫しているか否かを明らかにしようとさまざまな研究がなされた．その結果，人の行動はそれほど一貫性が高いわけではなく，行動を決定するのは性格ではなく，状況であるという指摘がなされた．

行動の決定因が個人にあるのか（特性論），状況にあるのか（状況論）についての議論がミッシェルの指摘から始まり，1980年代まで続いた．この議論は**人間―状況論争**といわれる．現在では個人か状況かの二者択一ではなく，両者の相互作用を重視する相互作用論が注目されている．相互作用論に基づいて，自己モニタリングなどの調整変数を考慮したモデル，状況の受け止め方を重視するモデルなど，状況との関わりからパーソナリティを捉えようという試みがなされている．

（6）パーソナリティの測定

個人差研究で用いられるパーソナリティの測定法には，質問紙法，投影法，作業法がある（表3.7）．これらの方法は，妥当性，信頼性の両方を満たすことが必要である．妥当性とは測定しようとしている内容をどのくらい正確に測定できているかを意味し，信頼性とは同一個人が同一条件で同一の内容を測定した際にどの程度同じ結果が得られるかとい

表3.7　パーソナリティの測定尺度

検査法	代表例
質問紙法	矢田部・ギルフォード検査 16PF人格検査 ミネソタ多面人格検査 アイゼンク性格検査 主要5因子性格検査
投影法	ロールシャッハテスト 絵画統覚検査 文章完成テスト
作業検査法	内田クレペリン検査

う安定性，複数の測定項目がどの程度等質かという等質性の二つを含んでいる．そのような点から，ファッション雑誌などに掲載される「あなたの性格が一発でわかるテスト！」などとは異なっている．

2　スポーツとパーソナリティ

（1）スポーツに関わるパーソナリティ研究

　スポーツに関わるパーソナリティ研究は，スポーツ選手あるいは特に優れたスポーツ選手の性格的特徴，スポーツ経験がパーソナリティに及ぼす影響，パーソナリティとスポーツパフォーマンスとの関連，スポーツ実施者が抱える問題（バーンアウト，ストレス，摂食障害など）とパーソナリティとの関係などに関心が持たれ，複数のパーソナリティ特性，あるいは特定のパーソナリティ特性を取り上げる形で検討されてきている（表 3.8）．

（2）スポーツマン的性格

　スポーツマン的性格，すなわちスポーツ選手に共通するパーソナリティ特性を明らかにしようという試みは古くから行われ 1980 年代半ば頃まで盛んに行われた．「スポーツマン的性格」というタイトルの著書も出版されている．そのなかで YG（矢田部ギルフォード）性格検査によるスポーツマンと非スポーツマンの各特性が比較されている．ここでのスポーツマンとは競技スポーツに参加する人を指している．男子の結果を図 3.1 に，女子の結果を図 3.2 に示す．男子について見ると，競技

> **知っておくと役に立つ！**
>
> スポーツマンとは？
> スポーツマンとは単にスポーツをする人を意味するのではなく，スポーツをする人が持つべきであると考えられる理念（スポーツマンシップ）を持ってスポーツを実践する人を意味する．スポーツマンシップには，ルールの遵守，フェアプレー，対戦相手や審判へのリスペクトなどが含まれる．スポーツマン，スポーツマンシップが持つ倫理的な意味は，元々あったわけではなく，スポーツ文化の発展に伴い付加された．スポーツマンシップの初期の意味は「狩猟家としての腕前・技術」である．

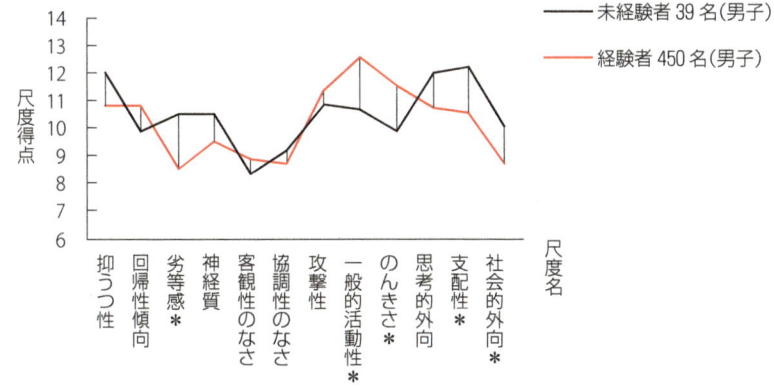

図 3.1　スポーツ経験者の性格特性（男子）
注）＊：有意差あり．

経験者は未経験者に比べて，劣等感が低く，支配性が高く，一般的活動性が高く，のんきであり，社会的外向が低い．このような調査は数多く行われており，調査対象者や扱われるテストによって特定の特性に差が出たり，出なかったりという結果となっている．海外でも16PFなどのパーソナリティテストを用いてスポーツ実施者の特徴についての研究が数多く行われており，1,000を超える論文が出されていることから関心が高かったことがわかる．しかしながら結果は調査によって異なっている．

さまざまな結果が見られる中でも，スポーツ実施者にある程度共通するパーソナリティ特性があるという指摘もなされている．たとえば，先にあげたYG性格検査における一般的活動性について見るとスポーツ選手全般が非実施者に比べて高い傾向があり，このことは現実的にも納得できる．しかしながら，スポーツ非実施者の中でもスポーツが好きという人たちとスポーツ実施者のパーソナリティは同じ傾向が見られることが報告されている．さらにスポーツ種目による違いも検討されており，パーソナリティの違いにある程度の傾向が見られる．たとえば，ロッククライマーは刺激欲求が高く，不安が低いことが明らかとなっている．

（3）適性としてのパーソナリティ

スポーツマンの中でも，とくに優れた選手のパーソナリティを明らかにしようという試みもなされている．これは国際大会出場選手と非出場選手，プロとアマチュアなど競技レベルによるパーソナリティ特性の比較によって行われる．トップレベルの選手に共通するパーソナリティは成功するための心理的資質として解釈される．そのような心理的資質は，

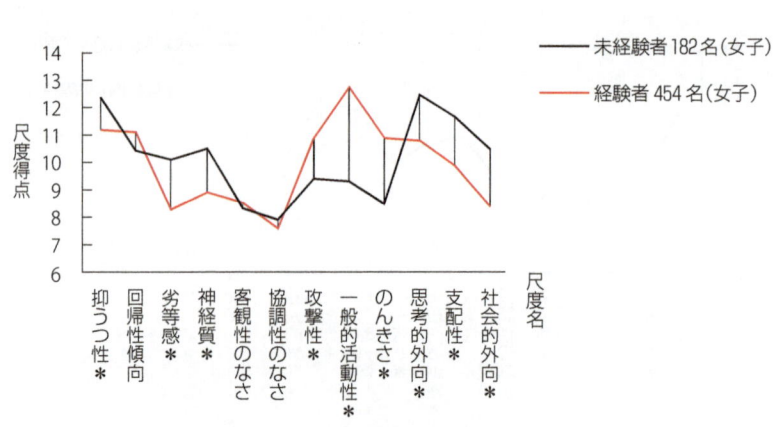

図3.2 スポーツ経験者の性格特性（女子）
注）＊：有意差あり．

表 3.8　スポーツにおけるパーソナリティを扱った研究

	テーマ	説明	キーワード
1	スポーツマンの性格的特徴の解明	スポーツマンが持つパーソナリティ特性を明らかにし，心理的適性，変容，サポートの根拠となるデータを示す．スポーツ経験者と未経験者を比較する研究の場合，分類の仕方に注意が必要	スポーツ経験者と未経験者のパーソナリティ特性の比較．YG性格検査，U-K式作業検査，MMPI，ビッグファイブ
2	スポーツへの心理適性	一流選手とそれ以外の選手の比較から，一流選手に必要とされるパーソナリティ特性を明らかにする．適性の有無によって選抜することの危険性を考慮する必要がある	一流選手に見られるパーソナリティ特性．スポーツ領域に限定された尺度．SPI，TSMI
3	パフォーマンスとパーソナリティ	パフォーマンスに，パーソナリティがどのように影響するかを明らかにする．ピークパフォーマンス時の心理状態の解明と，パーソナリティとの関係を明らかにする	特性不安，状態不安とパフォーマンス．あがりやすいパーソナリティ特性．注意様式とパフォーマンス，ゾーン，フローなどのピークパフォーマンス状態とパーソナリティ
4	スポーツ活動の充実，健康，離脱	スポーツ実施者（アスリート）が抱える問題における，パーソナリティ特性の解明とサポート方法	アスリートの摂食障害，スポーツにおけるストレス，ドロップアウトに関わるパーソナリティ特性．完璧主義の功罪
5	パーソナリティの変容（スポーツによる人格形成）	スポーツによる人格形成について，パーソナリティ特性を指標として明らかにする	スポーツ経験年数によってパーソナリティ特性がどう変化するか．スポーツによって攻撃性は増大するか減少するか
6	スポーツパフォーマンスの質にパーソナリティが及ぼす影響	スポーツにおける暴力，スポーツパーソンシップにパーソナリティが及ぼす影響を明らかにする．パフォーマンスの優劣ではなく，パフォーマンスの質に注目し，パーソナリティとの関係を見る	ラフプレイ，フェアプレイ，スポーツパーソンシップとパーソナリティ特性との関係を明らかにする
7	スポーツ参加に関わる研究	パーソナリティがスポーツへの参加，不参加，継続，離脱に及ぼす影響．運動の好き，嫌い，運動に対する態度の研究	運動ぎらい，スポーツへの参加，不参加，継続，離脱に関わるパーソナリティ要因の解明
8	パーソナリティとコーチング	性格によってコーチの仕方はどう変わる	スポーツ実施者の個々のパーソナリティの理解とサポート
9	リーダーシップとパーソナリティ	監督，コーチ，キャプテンとパーソナリティに伴う問題	リーダーシップ論とパーソナリティ
10	スポーツパーソナリティの研究上の問題	スポーツ活動に関わるパーソナリティの理論，概念，方法の問題および現場への適用について探求する	スポーツパーソナリティについて，何を独立変数と従属変数として取りあげるか．概念の定義の問題．明確な根拠に基づいた課題の設定．量的研究と質的研究の方法

スポーツの心理的適性と捉えられ，そこで見出されたパーソナリティが，そのスポーツに適しているかを意味している．

これまでの16PF，MMPIなどのパーソナリティ検査を用いて競技レベル別に比較した調査は，グループ間で有意差がまったく見られないもの，一部の特性に差が見られるものなど結果はさまざまであった．詳細な調査を見ると同じ競技種目でもいろいろなタイプがいることが明らかとなっている．多くの結果を概観したうえで，達成動機，忍耐力，ストレス耐性，自信，支配性などが競技力に関与するという指摘はなされているが，適性としてのパーソナリティ特性を見つけることは難しそうである．スポーツへの心理的適性については動機づけの視点から，より有益な知見がもたらされている．

（4）スポーツ参加によるパーソナリティの変容

スポーツによる人格形成はスポーツ関係者の最大の関心事の一つであった．ここでいう人格をパーソナリティと捉え，スポーツの前後でパーソナリティ特性を測定，比較することによって，スポーツがパーソナリティ特性に及ぼす効果が検討されている．比較的長期に渡る活動と2，3週間程度の短期間に渡る活動についての調査が行われている．

たとえば，5年間にわたるスポーツ経験の前後を比較した研究では，情緒が安定し，社会的適応があり，積極的という傾向が見られるという報告がされている．短期間の調査では，キャンプ，テニスキャンプ，スキー実習などの活動が対象とされ，いくつかの調査では自己概念すなわち，自分自身についての認知に変化が見られるという報告がされている．パーソナリティ特性は一般的な生活の中で急激に変化するとは考えにく

いが，自己概念，自己効力感など認知的側面はスポーツ活動によっては変化する可能性があると考えられる．

（5）特性の比較研究が意味すること

　スポーツマン的性格の研究，一流選手の性格特性に関する研究は特性を比較し，結果から因果関係が推測される．これらの研究では，スポーツマンの定義，比較する基準，測定尺度の選定理由などが調査によって異なり，理論的根拠に基づく仮説がないこととあわせて，調査によって異なる結果を解釈することが困難となっている．

　スポーツ実施者に共通するパーソナリティ特性については，ある程度の特徴が認められるが，スポーツによって形成されたのではなく，事前に持っていたという指摘がされている．スポーツがパーソナリティ形成に影響するという問題は，スポーツにおけるどのような経験が個人のどの側面に影響するかという因果関係，すなわち独立変数と従属変数を明確にすることが，結果を解釈するために不可欠である．スポーツ経験者の日常生活での振る舞い方はさまざまであることから見ても，スポーツが人格に影響すると簡単にいうことはできない．

　パーソナリティ特性は状況を越えて比較的安定した傾向を表すことから，特性によってスポーツ場面の行動を予測することは難しいといえる．近年では，スポーツ状況を考慮し，スポーツ活動に特化した形でのパーソナリティが測定されるようになってきている．たとえば，意欲を測定するためのテストとして **TSMI**（Taikyo Sport Motivation Inventory, **体協運動意欲検査**）が作成され，意欲という側面から心理適性について検討されている．スポーツ選手は人によってパーソナリティが異なるこ

とが前提とされ，個性を伸ばしながらパフォーマンスを発揮するための方法が考えられる．

（6）運動パフォーマンスとパーソナリティ

　スポーツにおいては，プレイヤー自身が持つ力を最大限に発揮できる心理状態があると仮定される．そのような心理状態は，興奮の程度を表す覚醒水準，怒り・恐れ・驚き・不安などの情動，自信・自己効力感などの認知，それぞれが関わり合って生じる．覚醒水準だけに着目し，覚醒水準を横軸に運動パフォーマンスを縦軸にグラフ化するとUの字を逆さにした関係になるという逆U字仮説が古くから示されている．

　運動時の心理状態に関わるパーソナリティ要因として，とくに注目された特性は不安である．不安とは懸念や苦悩に伴う不快な情動，認知および身体的反応である．不安は傾向としての**特性不安**と状態を表す**状態不安**に分類され，スポーツ領域では，この特性―状態の枠組みに基づいて，**競争特性不安―競争状態不安**とパフォーマンスとの関係が研究されてきている．

　一般に，不安は運動パフォーマンスを抑制すると思われるが，必ずしもそうではなく，たとえば，統制感や自己効力感の高いプレイヤーは不安を促進的と解釈しパフォーマンスを高める可能性も指摘されている．特性不安では最適な覚醒水準の個人差を説明することは可能であるが，パフォーマンスの予測はできず，多次元の不安，覚醒水準，認知要因との関係から心理状態を捉える必要があるといえる．そのような観点から，近年ではカタストロフィーモデル，個人の最適機能領域モデル（IZOFモデル），反転理論などが提唱されている．IZOFモデルでは個人の不安

や他の情動の強度に最適範囲があり，この範囲からはみ出るとパフォーマンスが低下すると仮定されている．

心理状態については，個人と状況の相互作用モデルに基づき，**気分**（mood）によってパフォーマンスを予測しようという試みも見られる．**POMS**（profile of mood state）によって測定された気分について，一流競技者にはアイスバーグ（氷山）型のプロフィールが共通するという指摘があるが，個人差が大きくパフォーマンスを予測することは困難である．

運動パフォーマンスには自己効力感のような認知要因が影響し，ポジティブな期待や自信がよりよいパフォーマンスをもたらす．これに関連するパーソナリティ特性として**学習性楽観**（learned optimism）があげられる．これは，たとえ敗北しても試練と受け止め，もっと努力する傾向を意味する．セリグマンは学習性楽観が仕事，学業，健康，スポーツにおいてよい結果をもたらすことを多くの調査に基づいて指摘している．

（7）攻撃性とスポーツ

①攻撃性の理論

スポーツ種目の中には激しいぶつかり合い，乱闘シーンが見られることなどから，攻撃性に関心がもたれている．**攻撃**とは人を傷つける意図をもった身体的，言語的行動と定義され，パーソナリティとしての攻撃性が高いということは，攻撃行動をする傾向が高いことを意味する．

人がなぜ他者を攻撃するのかについては，**攻撃本能説**，欲求不満攻撃仮説，攻撃機能説によって説明されている．攻撃本能説は，比較行動学のローレンツ，精神分析学のフロイトによって提唱され，人は攻撃本能と呼

ばれる内的衝動を持ち，それによって攻撃行動が生じると仮定される．

欲求不満攻撃仮説とは動因理論の研究者であるドラードらによって提唱され，攻撃行動は欲求不満によって生じるという仮説である．攻撃本能説，欲求不満攻撃仮説ともに，人が攻撃することによって，その後の攻撃的衝動を減少させる効果，すなわち**カタルシス**（浄化作用）が仮定されている．攻撃本能説では人の生得的な攻撃的エネルギーは発散されずにいるとしだいに蓄積されるので，はけ口が必要と考えられる．

攻撃機能説とは，対人関係における葛藤を対処するために攻撃行動が選択されると仮定し，機能として回避，強制，報復，印象操作などがあげられている．さらに近年では**GAM**（general aggression model）など，詳細な攻撃行動のモデルが提唱され，予測において曖昧な本能説に対して，より予測力の高い説明がされるようになっている．

攻撃性の形成については理論によって大きく主張が異なる．本能説では攻撃性は人に生得的であると仮定するのに対し，社会的学習理論では攻撃行動は学習によって獲得される行動の一つであると仮定される．攻撃が獲得される行動であるという主張はバンデュラによる実験に基づいている．

②スポーツが攻撃性に及ぼす影響

スポーツ参加や観戦が人の攻撃性にどう影響するかが，最も注目された問題の一つであった．攻撃本能説，欲求不満攻撃仮説に基づけば，スポーツはカタルシスとして機能する．一方，社会的学習理論に基づけばスポーツは攻撃行動を獲得する機会となる．攻撃性という視点で見ると，スポーツは攻撃性を増加させるのか，あるいは減少させるのかという相反する議論になる（図 3.3）．

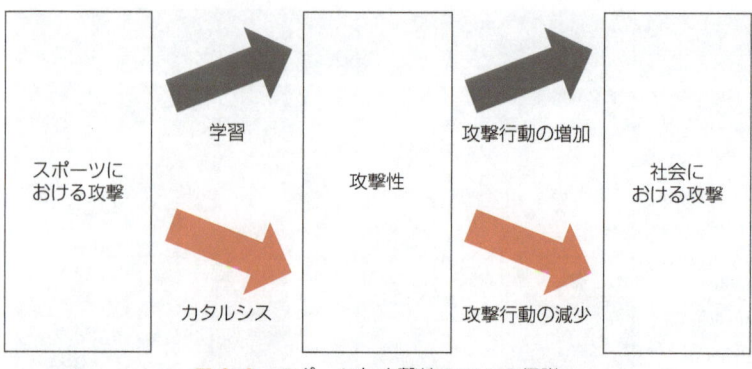

図 3.3 スポーツと攻撃性の二つの仮説

スポーツ実施・観戦の前後で攻撃性の測定を行うなど，いくつかの研究がなされたが，調査からはどちらが正しいかは明らかにされていない．カタルシスについてはスポーツが青少年の非行防止になるという精神科医の発言も見られるが，理論そのものが疑問視されている．攻撃性の増大については，スポーツ場面に限定すれば考えられるが，スポーツ以外の場面や引退後の生活にまで影響するかは明らかにされていない．特性としての攻撃性の著しい変化は考えにくく，スポーツ場面に限定された役割行動として学習されると考えることができる．スポーツによる攻撃性の増大によって社会生活に大きな影響を及ぼすとは考えにくい．

③ **スポーツにおける攻撃性**

スポーツにおける攻撃性については攻撃の概念の問題がある．人を傷つける意図を持った身体的，言語的行動が攻撃であるが，ルールの範囲内での激しいコンタクトプレーは奨励されることであり，これを社会生活における攻撃と同じ行動とするか否かについても議論がある．タネンバウムらは相手を傷つける意図のない積極的なプレイを**アサーション**と呼び，違法なラフプレイなどに示される**アグレッション**と区別することを主張しているが，この概念には批判もなされている．行動のラベルの問題は残されているが，スポーツにおいて積極的な意味で使われる「闘争心」「攻撃的なプレイ」とルールを逸脱したラフプレイに見られる暴力的な行動とは，まったく異なる行動パターンであることが明らかになっている．これら二つの行動にはそれぞれ，容認される攻撃か容認されない攻撃，規範的攻撃か非規範的攻撃と呼ばれている．

スポーツをしていると，相手にラフプレーを受けることもありうる．もし受けた場合，それに対する反応は異なる．その際，攻撃機能説で指

3章 スポーツとパーソナリティ，攻撃性

摘される回避，報復，印象操作といった動機が反応となる行動に影響することが指摘されている．

④スポーツ観戦者の攻撃性

スポーツ観戦の影響によりサッカーで試合中に暴動が起きることもあり，殺人事件も生じている（表3.9）．これらは個々の攻撃性よりも集団，状況の影響が大きい．サッカーではフーリガンと呼ばれる集団がしばしば問題とされており，背景に社会問題があるため，心理的な問題だけで解明することは困難である．

> **フーリガン**
> フーリガン（hooligan）とは，サッカーの試合会場の内外で暴力的な言動・行動を行う暴徒化した集団のことを指す．

復習トレーニング

次の文章のカッコの部分に適切な言葉を入れなさい．

❶ パーソナリティの相互作用論では，人と（　　）との関わりが重視される．

❷ パーソナリティの測定には，（　　）と信頼性を満たすことが必要である．

❸ スポーツにおける攻撃的行動は，積極的なプレイとして容認される（　　）とルールを逸脱した（　　）とに分類される．

次の文章で正しいものには○，誤っているものには×をつけなさい．

❹ 〔　〕スポーツをすればスポーツマン的パーソナリティに必ず変容する．

❺ 〔　〕スポーツはカタルシスをもたらす．

❻ 〔　〕フーリガンとは常に礼儀正しく行動する観客のことである．

表3.9 サッカーの試合で観客（観戦者）が関わった主要な事件

年	国	概要
1964	ペルー	エスタディオ・ナシオナルの悲劇．318人が死亡し負傷者500人以上
1985	ベルギー	ヘイゼルの悲劇．ブリュッセルにあるヘイゼル・スタジアム．UEFAチャンピオンズカップ1984〜85決勝のリヴァプール（イングランド）対ユヴェントス（イタリア）の試合前に，サポーター同士の衝突．39人が死亡，400人以上が負傷
1989	イングランド	ヒルズボロの悲劇．イングランド・シェフィールドのヒルズボロ・スタジアムで行われた，サッカー・FAカップ準決勝のリヴァプール対ノッティンガム．ゴール裏の立見席（テラス）に収容能力を上回る大勢のサポーターが押し寄せたことにより死者96人，重軽傷者766人
1994	コロンビア	ワールドカップでオウンゴールをしたコロンビアのエスコバル選手が帰国後に射殺された
2012	エジプト	エジプト・サッカー暴動．ポートサイド・スタジアムで行われたサッカーリーグ戦，暴動により74人が死亡，1,000人以上の負傷者
2014	ブラジル	アマチュアサッカーの試合中に退場処分を拒んだ選手（30）を審判（20）が刺殺し，その審判を観客が殺害

4章

スポーツの教育的効果

4章のPOINT

◆ スポーツ活動への参加は個人の望ましい人間形成を促進するため，社会的にも広く期待されている点を理解します．

◆ 近年，一部の学生アスリートらによる暴力事件や強盗事件などの問題行動がマスコミにより大きく報道されている．そこには，人々が抱く「スポーツは人間形成を促進する」という期待が，裏切られたことに対する憤りが反映されている点を理解します．

◆ スポーツが個人の人間形成に結びつくかどうかは，そこでの活動を通じてどのようなことを経験してきたのか，また，指導者からどのような働きかけを受けてきたのかが重要である点を理解します．

1 はじめに

　個人の望ましい人間形成につながる，スポーツによる教育的効果とは一体どのようなものであろうか．また，そのような効果は，スポーツの活動に参加することで誰でも享受することができるのだろうか．

　例として，学校での学習を考えた場合，授業に受け身の姿勢で出席しているよりも，積極的に質問をしたり発言をしたりというように，主体的かつ能動的に参加している場合の方が，学習効果は高くなると考えられる．それと同様にスポーツの場合も，そこで展開されるさまざまな活動に積極的に関わる方が，教育的効果もより高くなることが予測される．すなわち，スポーツによる教育的効果の有無には，活動場面において，個人がどのようなことを主体的に経験しているかが密接に関係しているといえる．

2 スポーツによる教育的効果を探る

（1）コミュニケーション能力の必要性

　スポーツによる教育的効果を探るうえで，まず，スポーツの場面ではどのような活動が展開されているのかを考えてみたい．まず思いつくのは，チームのメンバーや指導者，コーチらとの活発なコミュニケーションだろう．ふだんの何気ない会話に加え，練習場面での鋭い声かけやミーティングでの率直な意見交換，時には意見が食い違い，衝突することもあるかもしれないが，スポーツの活動の中では表面的ではない密なコ

表4.1　コミュニケーション能力の分類

初歩的なスキル	高度なスキル
聞く	助けを求める
会話を始める	参加する
会話を続ける	指示を与える
質問をする	指示に従う
お礼をいう	あやまる
自己紹介をする	納得させる
他人を紹介する	
敬意を表す	

「若者のための社会的スキル」，Goldstein et al (1980) より抜粋．

ミュニケーションが数多く展開されている．逆にいえば，そのようなコミュニケーションが活発に展開されるためには，メンバー一人ひとりが「コミュニケーション能力」を十分に身につけておく，または身につけていく必要があるといえる．

（2）コミュニケーション能力とコミュニケーションスキル

コミュニケーション能力とは，簡単にいえば，円滑な人間関係を形成・維持し，そして，その関係を発展させるために必要な対人的な能力のことである．「挨拶をする」，「会話を始める」，「質問をする」，「お礼をいう」などといったものは，コミュニケーション能力の中でも初歩的なものに位置づけられる（表4.1）．

また，この能力はコミュニケーションスキルと呼ばれることもある．これはこの能力が生まれ持った先天的なものではなく，その後のさまざまな経験を通じて獲得（習得）可能な後天的な能力であることを意味している．ふだんはあまり意識しないかもしれないが，日常のさまざまな他者とのコミュニケーションは，自らのコミュニケーションスキルを練習する場としても機能しているということができる．このことからも，スポーツの活動を通じた活発なコミュニケーションとは，メンバー個々人のコミュニケーションスキルの維持・向上につながっていると考えられる（図4.1）．

コミュニケーションスキル自体は，現代において，青少年に最も欠けているとしばしば指摘されている能力であることから，スポーツを通じたコミュニケーションスキルの向上とは，スポーツによる教育的効果の代表的なものとして位置づけられるだろう．なお，コミュニケーション

> **スキル**
> 練習や訓練を通じて身につけることができる技能という意味．技能であるがゆえに，一度身につけたとしても，長い間それを発揮（使用）しなければその技能レベルは低下してしまうと考えられる．

図4.1 多様な他者とのコミュニケーション
日々，多様な他者とコミュニケーションをとり続けることで，自らのコミュニケーションスキルのレベルは維持・向上していく．

スキルのほかにも，以下に述べるように，スポーツによる教育的効果は数多く見つけることができる．

（3）スポーツによるさまざまな教育的効果

スポーツではシーズンを通じて多数の競技大会が開催されているが，それ自体はアスリートが日々練習に専念する格好の動機づけの材料となっている．詳しくいえば，アスリートたちはその大会へ向けてチームの目標や個人の目標を設定する（**長期目標の設定**）．また，その目標を確実に達成するために，中期目標や短期目標という下位の目標を同時に設定することもあろう（図 4.2）．

このようにある一つの大きな目標を設定するだけではなく，その達成までの過程にさらに中期，短期の各目標を設定することで，日々の練習への動機づけはより増していくと考えられる．その効果をさらに高めるためには，達成を目指す水準を数値として明確化するように（**数値目標の設定**），目標の内容を抽象的なものからより具体的なものへと改善する必要がある．そして，このような目標設定に関する作業を行い続けることで，目標達成に向けた動機づけを効果的に維持・向上させることができる目標設定能力が獲得されると考えられる．この能力自体も，先に述べたコミュニケーションスキルと同様に，練習を通じてしだいに獲得されていくものと考えられることから，**目標設定スキル**と呼ぶことができよう．

このほかにも，以下のようにスポーツによる教育的効果として位置づけられるものがある（図 4.3）．

・大会当日に最高のパフォーマンスを発揮することができるよう，日々

図 4.2　競技大会等へ向けた目標設定

の食事や休養，睡眠の面から自らの体調を管理する能力（**体調管理スキル**）．
・チーム内での人間関係トラブルやケガの発生などに起因するストレスを適切にマネジメントする能力（**ストレスマネジメントスキル**）．
・チーム内における規則の遵守や，審判や大会関係者らへの適切な振る舞いを通じて獲得される礼儀作法．
・監督やコーチの指示が届かない場面でも自ら適切に判断，行動することができるための主体的に考える力．
・どのような相手であれ，一瞬の隙や油断をつくらないための心構えである謙虚さなど．

> **ストレスマネジメント**
> ストレスを適切に管理するという意味．私たちは社会生活を営んでいる以上，ストレスをゼロにすることはできない．そのため，ストレスマネジメントを通じて，溜まってしまったストレスを適宜軽減することが必要となる．

3　スポーツによる教育的効果の真の姿とは

次に，これらスポーツによる教育的効果を少し整理してみよう．コミュニケーションスキルや目標設定スキル，体調管理スキルにストレスマネジメントスキルなど，これらはどのような性質のものであるか考えてみたい．どの能力もアスリートがチームの状況に上手く適応しながら，その中で最高のパフォーマンスを発揮し，今よりも上位の成績を達成するために必要なものといえるが，これらの能力はアスリートとしての成長のみと密接に関係するものだろうか．

（1）普遍的能力を獲得できる可能性

対人的な能力はアスリートに限らず，すべての人びとにとって重要な能力であることは容易に想像がつく．また，目標を設定する能力も，児

図4.3　スポーツによる教育的効果の数々
（a）体調管理スキル，（b）ストレスマネジメント，（c）考える力（コーチの指示が届かない場面で，自ら考える），（d）礼儀・マナー（対戦相手，または審判との挨拶）．

童・生徒，学生，そして，さまざまな職業に就く多くの人びとが達成感を得ながら充実した日々を送るうえで欠かせないものである．すなわち，スポーツを通じて得られるこれらの能力とは，実はアスリートに限らず，すべての人びとに適用される普遍的な能力として捉えることができる．さらにいえば，人びとが自らの生活環境に上手く適応しながら，そこで求められている（または，自分自身が求める）パフォーマンスを発揮することを促す能力であるといえよう（図4.4）．

それではなぜ，スポーツを通じてこのような普遍的能力を幅広く獲得できる可能性があるのだろうか．それはよくいわれるように，スポーツそのものが私たちの社会の縮図として機能していることと密接に関係しているのかもしれない．

（2）「生きる力」の育成

現在，私たちの社会では**「生きる力」**の育成が21世紀の教育の基本目標として位置づけられている．この「生きる力」自体も，子どもたちに限らずすべての人びとにとって重要な普遍的能力である．すなわち，体力や競技スキルの向上とともにスポーツを通じて得られる能力の真の姿とは，変化の激しいこれからの社会を逞しく「生きる力」そのものであるといっても過言ではないだろう．

> **生きる力**
> 文部科学省が提唱する，変化の激しい，これからの社会を生きていくために必要な全人的な資質や能力である．「主体的に考える力」や「豊かな人間性」，「たくましく生きるための健康や体力」という側面から構成される．

図4.4 スポーツを通じて得られる能力に見られる普遍性
(a) 多様な他者との交流の際に必要なコミュニケーションスキル．
(b) 日々の効果的な学習に必要な目標設定スキル．

4 スポーツによる教育的効果を高めるために

（1）主体的・積極的に取り組む

　ここでは，「生きる力」の獲得ともいうことができる，スポーツによる教育的効果を高めるための視点についていくつか考えてみたい．まず，押さえておきたい重要なことは，コミュニケーションスキルや目標設定スキル，ストレスマネジメントスキルなどの普遍的能力は，時間の経過とともに自然に身につくのではなく，練習や訓練を通じて獲得されていくということである．やらされている，または受動的な態度で参加している限りでは，スポーツの活動は上記の能力獲得のための練習や訓練にはならない可能性があるだろう．それではこれらの能力を，スポーツを通じて効果的に獲得するために必要なことは何か．それはスポーツの活動に主体的・積極的に取り組むということであろう．このような姿勢での取組みは，自己の記録の更新や試合での勝利を目指すという明確な目標設定がなされ，活動自体に強く動機づけられているときに出現する．簡潔にいえば，「今よりも一段うえの競技レベルを目指す」，または「勝つこと」を目指して懸命に練習に取り組もうとする姿である．体罰や暴力の発生に結びつく危険性がある，過剰な勝利至上主義は決して望ましいものではないが，勝つことを目指して主体的・積極的に取り組むプロセスにおいて，コミュニケーションスキルや目標設定スキルなどの普遍的能力は効果的に鍛えられると考えられる．

（2）自己開示の経験

また，体育・スポーツ心理学領域における近年の研究では，個人がスポーツの活動を通じてどのような経験を行ったかという経験の内容に着目し，それら多様な経験の中から普遍的能力の獲得と密接に関係するものを明らかにしようとする試みが見られる．その中から特徴的なものを一つ紹介すると，スポーツの活動（運動部活動）を通じて自らの思いや考えを相手に伝える**自己開示**（self-disclosure）という経験が，コミュニケーションスキルの獲得を促進している可能性が示されている．自己開示自体には，表面的ではない「親密な人間関係を促進する」という効果があるといわれており（表4.2），そのこととコミュニケーションスキルの獲得とは密接に関係しているといえる．すなわち，コミュニケーションスキルの獲得には，同スキルを練習・訓練する活発なコミュニケーションが求められる．親密な人間関係の中では，正にそのような双方向でのコミュニケーションが展開されていると考えられ，自己開示の経験がコミュニケーションスキルの獲得と密接に関係していることが窺える．それではなぜ，自己開示は他者との親密な関係を促進するのか，それは自己開示には相手からの自己開示を引き出すという働きがあるからであろう．自己開示を繰り返すことで相互理解が深まり，相手に対して安心感を持つことができる．時には共通の話題が見つかることで，そこでの会話はさらに盛りあがることもあろう．

このスポーツと自己開示との関係についてさらに述べると，とくに団体スポーツの場合は，チームの勝利のためにはチームワークなどのチーム力を発揮することが求められる．そのためには相互理解を深めながら

> **知っておくと役に立つ！**
>
> **自分自身について他者に語る**
> 直接的・明示的な自己開示に加え，現在では文芸や芸術，身体活動なども間接的・抽象的な自己開示の行為と考えられている．すなわち，アスリートたちは身体的な（競技）パフォーマンスを通じても，メンバー間で親密な人間関係を深めていると考えられる．
>
> **自己開示**
> 自らの想いや考えを，また，自分自身はどのような人間であるのかを，言葉で，あるいは身体的パフォーマンスなどを通じて他者にあらわにする行為．

表4.2 自己開示を行うことの意義

自己への洞察を深める
胸の中にたまった情動を発散する
親密な人間関係を促進する
不安を低減する

注）本書では3番目の内容を自己開示の「効果」として記述．
榎本博明，『自己開示の心理学的研究』，北大路書房（1997），p. 61〜72．

メンバー間に信頼関係を構築する必要があり，そのような関係を形成するために求められるのは，表面的ではない自己開示に基づくコミュニケーションである．このことからも，スポーツの活動には自己開示の経験は必然的に存在するということができるのである．

（3）指導者による選手たちへの教育的効果

　これまで述べたことは，アスリート自身におけるスポーツによる教育的効果を高めるための視点であるが，次は監督やコーチという指導者側における視点について述べてみたい．まず，すべてのアスリートは，これまでに述べてきたスポーツによる教育的効果を，現役の時から十分に認識することができているのだろうか．中にはスポーツによる教育的効果に自ら気づき，その後，意識的に練習に取り組むことによって教育的効果をさらに高め，スポーツを通じて獲得した多くの普遍的能力を日常生活全般において発揮しているアスリートもいるかもしれない．しかし，多くの場合は，目前に迫る大会へ向けた日々の練習に意識を集中するあまり，スポーツによる教育的効果を十分に認識できていない可能性がある．しかし，そのような場合でも，選手たちの身近に存在する他者からの言葉かけによって，スポーツによる教育的効果への気づきを得，認識を高めていくことができよう．それでは一体誰が，スポーツによる教育的効果を選手たちに伝えることができるのだろうか．そのような役割を効果的に果たすことができるのは，選手たちと日々密接に関わる指導者であろう．

　選手たちが所属する集団（運動部）を統括する指導者は，選手たちにとっては人生の先輩であり，ロールモデルでもある．現役の期間中に，

ロールモデル
人びとが模範とすることを推奨される．日々の生活場面での行動様式や考え方などを身につけている人物のこと．

図 4.5　指導者による選手たちへの言葉かけ
タイミングを図りながら，スポーツによる教育的効果，ならびにその普遍的価値について言及．

知っておくと役に立つ！

デュアルキャリア

近年欧米では，「デュアルキャリア」という概念をもとに，引退後のキャリアの形成を意識した教育プログラムが現役のアスリートに対して展開されている．選手としての自分と選手以外の自分という二つの（デュアル）アイデンティティを同時にもっていると自覚し，トータルの「人としての自分」を意識して高めようとすることで，アスリートとしての自己のパフォーマンスにも，キャリアトランジションにもよい影響を与えるという考え方が広まりつつある．

キャリアトランジション

「トランジション」自体は「転機」や「転換点」，「移行」を意味する言葉である．「就職」や「昇進」，「転職」，「離職」などは職業生活におけるキャリアトランジションであり，「結婚」や「子どもの誕生」，「転居」，「家族の病気」などは人生におけるキャリアトランジションとして理解される．また，キャリアトランジションには予期できるものとできないものとがある．

指導者がスポーツによる教育的効果について，タイミングを見ながら繰り返し言及することによって，選手たちはその効果への認識をいち早く高めることができる．スポーツを通じて獲得をした多くの普遍的能力を，さまざまな場面において活用し，より豊かな人生を歩んでいくことができるはずである（図4.5）．仮に，そのような指導者による働きかけがない場合でも，選手たちは競技引退後の生活の中で，当時を振り返りながらスポーツによる教育的効果を徐々に実感していくことがあると思われる．スポーツによる教育的効果への「気づき」は，日々の生活における多くの時間をスポーツの活動に投じる意味を，彼・彼女らの中に明確に形成することにつながるはずである．スポーツによる教育的効果を実感してきた指導者による言葉かけが，彼や彼女らのこれからの人生に大きな影響を与える可能性があるといえる．

5 ライフスキル教育の展開に向けて

スポーツによる教育的効果として，4章で述べてきたコミュニケーションスキルや目標設定スキル，ストレスマネジメントスキルなどの普遍的能力は，学術的には個人の人間形成と密接に関わる能力である**ライフスキル**（life skill）として理解することができる（表4.3）．このライフスキルは「日常生活で生じるさまざまな問題や要求に対して，建設的かつ効果的に対処するために必要な能力」（WHO, 1997）などと定義されており，体育・スポーツ心理学の領域では，スポーツの活動を通じてこのライフスキルの獲得を支援するライフスキルプログラムの開発が，アメリカにおける先行例などをモデルとして，研究・実践レベルか

表4.3　アスリートに求められるライフスキル

ライフスキルの側面	ライフスキルの側面を評価する質問項目の例
ストレスマネジメント	悩み事は相談相手に素直に打ち明けている 悩み事はきちんと話を聞いてくれる人に打ち明けている
目標設定	目標を達成するための計画を具体的に立てている 目標は考えるだけではなく，紙に書き込むようにしている
考える力	あれこれと指示を受けなくても，次にどうすればよいか考えることができる 成功や失敗の原因を自分なりに分析してみることができる
感謝する心	「ありがとう」の気持ちを素直に表現することができる お礼の言葉は，はっきりと声を出して伝えている
コミュニケーション	チームのメンバーとは誰とでもコミュニケーションがとれている 同学年だけでなく，先輩や後輩，指導者ともうまくつき合っている
礼儀・マナー	感情的な挑発行為や言動は行わない 試合中に悪質なヤジを飛ばすようなことはしない

5 ライフスキル教育の展開に向けて

ら活発に展開されつつある.

　また，スポーツ政策の調査研究機関である笹川スポーツ財団は，アスリート自身が競技を引退した後のキャリアの形成を意識できるように，少年期からのライフスキル教育の必要性を指摘している．そして，そのような教育を展開していくための具体的施策の一つとして，**ファシリテーター**の養成をあげている．これは，アスリートがスポーツの活動を通じて獲得してきていると考えられる普遍的能力（ライフスキル）の，自己の能力資源としての活用を意識させ，社会における有能な専門的人材だと認識させるものである．「彼らの多くはスポーツが好きであったり，うまくなるために活動に参加しているのであって，ライフスキルを学ぶためにスポーツをしているのではない」との指摘にも見られるように，少年期や青年期におけるアスリートに対して，ライフスキルの獲得がアスリートとしての成長に加え，競技引退後のさまざまなキャリアの形成（○○としての成長）をも促進する可能性があることを伝えていくためには，ライフスキルに関する専門的知識を十分に備えたファシリテーターの存在が重要になることに異論はないだろう．

　アスリートを対象としたわが国独自のライフスキル教育の具体像については，今後，研究・実践レベルから活発に検討が行われていくと思われるが，伝統的に選手一人ひとりの姿勢や行動に強い影響力を持ち，ロールモデルとしての役割を果たしている，または果たすことができる指導者が，ファシリテーターとともにライフスキル教育の先導に立ち，選手たちを力強く導いていく姿が理想的ではないだろうか（図4.6）．

　現在，スポーツ指導の現場から体罰や暴力を根絶しようとする動きが展開されているが，その体罰や暴力に頼らないコーチングのあり方を見

笹川スポーツ財団
2011年に公益財団法人に移行．

知っておくと役に立つ！
ライフスキル教育に役立つ「樹木のモデル」
高いレベルでの競技パフォーマンスを長期にわたり発揮し続けていくためには，その華やかな上位の部分を安定的に支えることができる幹と根の存在が必要である．また，そのような基礎となる部分がしっかりと形成されていれば，ケガなどの理由で一時的に第一線を退いたとしても（秋における落葉），再び，努力次第で成果を実らすことができると考えられる（春における芽生え，そして新緑）．それと同様の考えの元，競技を引退した後も普遍的な存在である幹と根がしっかりと息づいていれば，新たなステージにおいても再び高いパフォーマンスを発揮しつづけていくことができると考えられる（図4.6）．

表4.3 つづき

最善の努力	単調な作業の繰り返しでも，地道に取り組むことができる
	なかなか周囲に認められなくても，辛抱強く努力しつづけることができる
責任ある行動	失敗から得た教訓を今後に活かしている
	失敗をした時には，すぐにその分を取り返そうと努力する
謙虚な心	いつも自分が絶対に正しいとは思わないようにしている
	調子に乗りそうな時でも，その気持ちをうまく抑えている
体調管理	適度な睡眠をとり，次の日に疲れを残さないようにしている
	食事は自分に必要な栄養素を考えながら摂取している

注1）これらは，「日本一」などの一流の競技成績を収めた指導者たちの実践経験を元に導き出されたものである．
注2）ライフスキルの定義としては，WHOによるものが広く一般的に用いられているが，ライフスキルの具体的側面の捉え方は，教育者や研究者によって多様な様相を呈している．

島本好平・東海林祐子・村上貴聡・石井源信，アスリートに求められるライフスキルの評価―大学生アスリートを対象とした尺度開発―，スポーツ心理学研究，40（1），13-30（2013）をもとに作成．

出していくうえで，指導者とファシリテーターとの協同によるライフスキル教育は，大きな役割を果たしていく可能性があるといえるだろう．

復習トレーニング

次の文章で正しいものには○，誤っているものには×をつけなさい．

❶〔　〕アスリートは「社会の縮図」ともいわれるスポーツの活動を通じて，体力や競技スキルの向上とともに，人としての普遍的な能力（例：コミュニケーションスキル）も同時にトレーニングされている可能性がある．

❷〔　〕❶で述べたようなスポーツによる教育的効果は，スポーツの活動に参加してさえいれば，誰でも自動的に得られるものである．

❸〔　〕スポーツの活動を通じて得られる人としての普遍的な能力は，アスリートとしての成長に加え，その後の人生におけるさまざまな立場での成長にもつながる可能性があるものである．

❹〔　〕選手たちと日々密接に関わる指導者は，ロールモデルとして，選手たちの人間形成に正の影響を及ぼしているが，そのような影響力を保持するためには，指導者自身も選手たちとともに学びつづける姿勢を示す必要がある．

図4.6 ライフスキルと個人の成長との関係についての概念図
この図は，ライフスキルの重要性や同スキルが個人の成長に果たす役割について，わかりやすく視覚的に提示する際に使用できる．
島本好平，ライフスキルの獲得と個人の成長と発達，石井源信ほか編，『現場で活きるスポーツ心理学』，杏林書院（2012），p.74〜78 を一部修正．

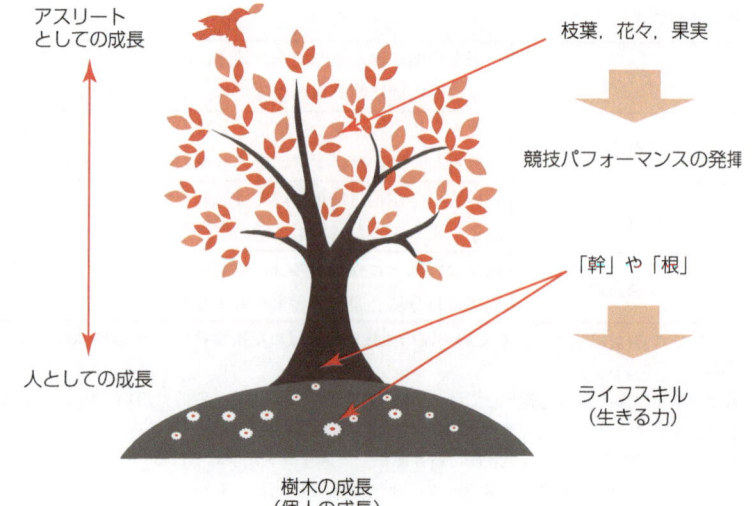

5章 アスリートの青年心理

5章の POINT

- ◆ アスリートが青年期に直面する心理社会的発達課題について学びます．
- ◆ アスリートが陥ることのあるバーンアウトのメカニズムについて学びます．
- ◆ アスリートが経験する心因性動作失調：イップスについて学びます．

5章 アスリートの青年心理

心理社会的発達課題（psycho-social developmental tasks）
各発達段階で心理社会的に達成しなければならない発達課題を指す．ちなみに，アイデンティティ形成は，エリクソン（E. H. Erikson 1902～1994年）の発達段階説における思春期と青年期の心理社会的発達課題であり，その危機項目は「アイデンティティ vs アイデンティティ拡散」とされる．

アイデンティティ（identity）
「自分らしさの感覚」を指し，「過去において準備された内的な斉一性と連続性が，他人に対する自分の存在の意味（職業という実体的な契約に明示されるような自分の存在の意味）の斉一性と連続性において一致すると思う自信の積み重ね」とされている．

レディネス（readiness）
各発達段階の発達課題を達成するためには，そのための内的な準備状態が必要となってくる．それをレディネスという．たとえば，アイデンティティ（自分らしさの感覚）形成が覚束ないのは，自発性と勤勉性の獲得が達成されていないことに依ることが大きい．

1 アスリートのキャリア形成

（1）心の発達とアイデンティティ

心は「階段状」に発達することをご存知だろうか．たとえば，各発達段階で解決しなければならない**心理社会的発達課題**（以下，発達課題と略す）は，図5.1のように表される．そして，青年期の発達課題は，**アイデンティティ形成**としている（邦訳では，アイデンティティを自我同一性と称することもある）．そもそも，アイデンティティ（identity）とは「自分らしさの感覚」を意味している．そして，その課題の達成は，青年期までの生育歴の中で，「何を」「どのように」体験してきたのかに大きく影響を受けている．

加えて，この発達課題には，**レディネス**（準備性）という概念が含まれる．それは，目前にある課題の達成の是非は，それまでの課題に対してどのように取り組み，克服してきたのかに大きく依存している．一方，目前の課題が上手く達成できないのは，むしろ，そうならざるをえない理由があり，その手前の課題を克服することなしに，目前の課題の達成は覚束ないとさえいえる．このような視点に立つ時，「自発性」（主体的な取組み）や「勤勉性」（努力を継続すること）は，青年期の発達課題である**アイデンティティ形成**（自分らしさや個性化）の基盤をなしているといえる．

このような発達理論に基づくと，青年期のアスリートがスポーツ競技に取り組むことの意味を垣間見ることができる．それは，青年期におけるスポーツ競技への取組みが，同時に，彼らのアイデンティティ形成に

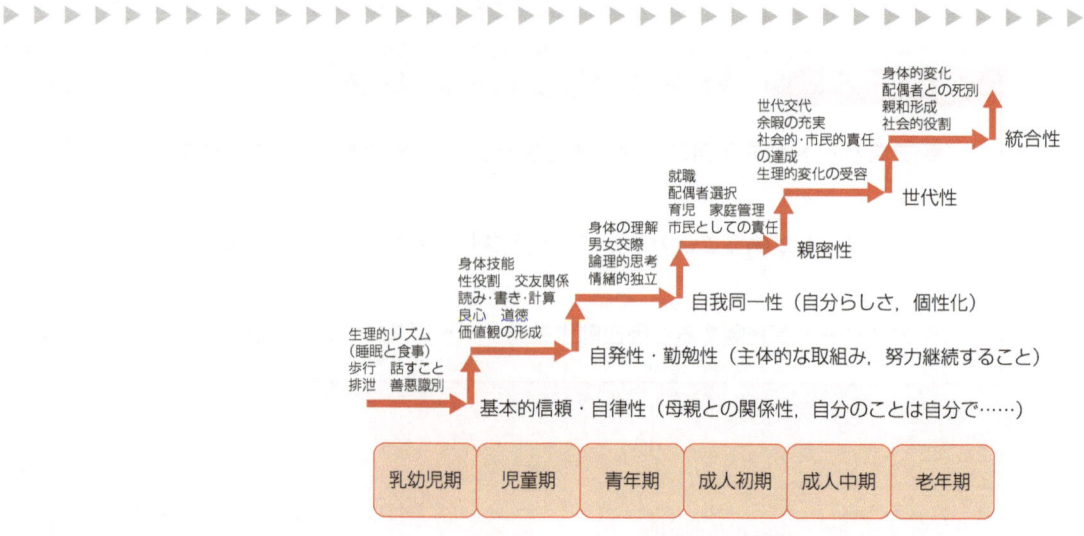

図5.1 心理社会的発達課題の図式

も大きな影響を及ぼしているということである．すなわち，この時期に，個人の主体的な自己決定によって競技生活を選び，その技術の追究において多大なる努力を払う時，スポーツ競技を中心としたアイデンティティ形成がなされることになる．だからこそ，スポーツ活動への傾倒（自分で選び，努力を継続する取組み）は，自分らしさを実感していく（自分らしさを形成していく）うえで，重要な礎を築いていくことになる．

このようなアイデンティティ形成の程度（アイデンティティステイタス）は，①危機（crisis）経験と②積極的関与（commitment）といった観点から捉えられている（表5.1）．これを参考にして，体育専攻の大学生アスリートを対象とした一連の研究の中で，学生アスリートは，他の青年期にあるものと比較して，危機体験が少なく，発達早期から進路が決定されており，いわゆる早期完了型に該当することが多いことが指摘されている．

また，スポーツを手掛かりとした**アイデンティティ形成**（sport only identification）には，主体性（自らの意志で選び取る力）や勤勉性（努力を継続する力）を育むといった肯定的な側面がある．しかし，その一方で，スポーツのみを自分づくりのよりどころとしてしまうことで，スポーツ競技の世界が生活世界のすべてを占めてしまい，スポーツ以外の重要な経験を無視し，豊かであるはずの生活世界を経験できなくなってしまう．それは，望ましい発達プロセスとはいえず，そこでの積み残しは，いずれ必ず発達上の大きな問題となって個人に振りかかってしまうことが予測できる．

早期完了型（foreclosure）
マーシャのアイデンティティステイタスの中の「危機を経験していなくて，積極的関与をしている」状態を指す．アスリートの場合，早期のスポーツでの成功体験によって，スポーツ領域に限定したアイデンティティを形成することになりやすい．

表5.1 アイデンティティステイタス

アイデンティティ ステイタス	危機（crisis） 経験	積極的関与 （commitment）	概略
アイデンティティ達成	すでに経験した	している	自分に確信がなく，いくつかの可能性を考えた末，解決に達しており，それに基づいて行動している
モラトリアム	現在経験している	している	いくつかの選択肢について迷っているところで，その不確かさを克服しようと一生懸命努力している
早期完了	経験していない	している	自分と親の目標との間に不協和がなく，どんな体験も青年期までの信念を補強するのみで，頑固さが特徴
アイデンティティ拡散	経験していない	していない	危機前で今まで本当に何者かであった経験がないので，何者であるかを想像することができない
	経験した	していない	すべてのことが可能だし，可能なままにしておかなければ自分自身を支えていけない
	経験していない もしくは経験した	していないことに 傾倒している	傾倒しないことに首尾一貫して傾倒しない立場を保持しており，いわば傾倒することを冷笑的に拒否している

J. E. Marcia, Developmental and validation of ego-identity status, *Journal of Personality and Social Psychology*, **3**, 551 (1966).

（2）引退後の生活への適応問題

次に，アスリートのキャリア形成について考える時，大きな危機となりえるのが**競技引退**（athletic retirement）である．昨今では，**キャリアトランジション**と称し，アスリートの現役引退後のセカンドキャリア問題への注目が高まっている．

アスリートの引退後の社会生活への適応問題が着目され始めたのは，今から60年ほど以前に遡るとされる．まず，1950年代には，プロのボクサーが現役引退に伴って引き起こす心理社会的問題の深刻さにスポットが当てられた．それは，①チャンピオンであったことによる横柄さ，②巨額のファイトマネーを獲得してきたことによる無謀な金銭感覚，③反社会的行為や対社会不適応など，当時は，深刻化の一途をたどっていた．その後，1980年代に入ると，この種の問題に対する理論的研究と実践的研究が展開されることになる．

前者の理論的研究では，引退に伴う問題を捉えるための理論的枠組みを模索した．とくに，アスリートにとって現役引退は重大な**アイデンティティ危機**（identity crisis）であり，これに伴って経験されるさまざまな不適応は**心的外傷**（trauma）へと発展する可能性があるとされた．そのような**危機理論**（crisis theory）を背景に，一部のスポーツ社会学者が**社会老年学**（social gerontology）や**死生学**（thanatology），**成人移行論**（adult transition theory）などの観点からの現象理解を試みたが，アスリートの引退に伴う心理社会的問題を解決するうえでは限界があった．

一方，後者の実践的研究では，プロフェッショナル・アスリートから

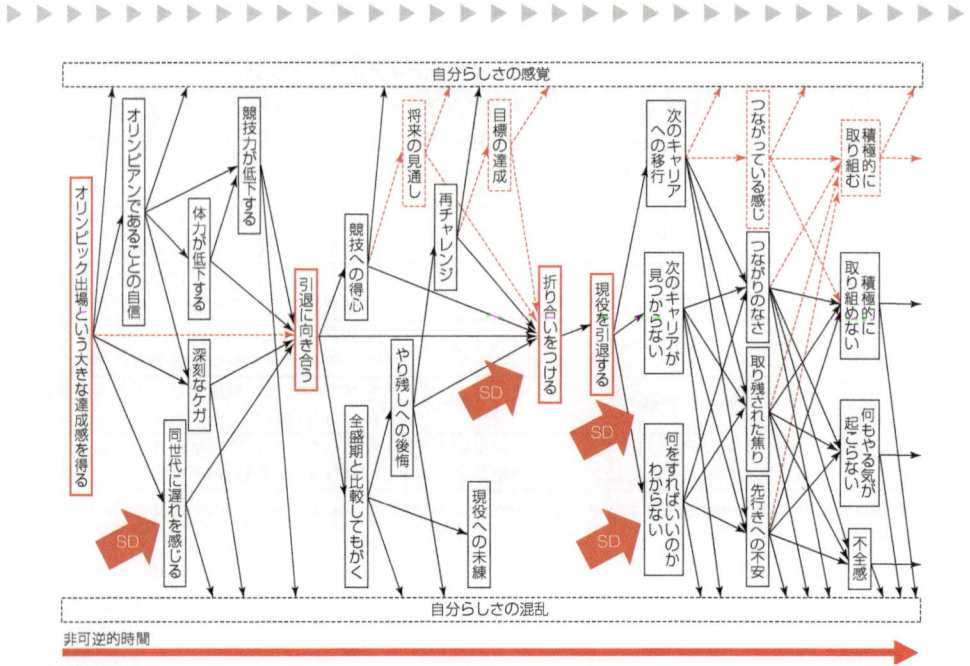

キャリアトランジション
（career transition）
競技生活をファーストキャリアとするならば，引退後の生活をセカンドキャリアとすることができる．キャリアトランジションとは，その前者から後者への移行期を意味しており，その期間をどのように充実して過ごすのかが議論されている．

アマチュア・アスリートへと研究対象を拡大し，①アスリートが引退に伴って直面する問題を把握し，②引退後のセカンドキャリア発掘に影響する要因を同定し，③具体的に介入方略を探求する，に至っている．そして，1990年以降，欧米諸国を中心に専門的介入計画が構築・運営される段階へと発展してきた．

そして，昨今では，日本においても，アスリートのセカンドキャリア問題に対して具体的なアプローチが実践されてきている．たとえば，2002年には，Ｊリーグがキャリアサポートセンターを開設し，プロサッカー選手の引退後の社会的復帰を目指した．次に，2004年には日本オリンピック委員会がセカンドキャリア支援プロジェクトを立ち上げた．この取組みは，現在，ナショナルトレーニングセンターにおけるキャリアアカデミーに受け継がれ，アスリートへのセカンドキャリアの紹介・斡旋に止まらず，キャリアトランジションに直面し，苦悩しているアスリートの**心理的支援**（psychological support）にも着手している．

（3）自分らしい生き方の模索

ここまで見てきたように，アスリートとしてのアイデンティティが強固であればあるほど，引退後のセカンドキャリアの問題は深刻になるのかもしれない．しかし，その一方で，現役生活を送るうえでアスリートとしてのアイデンティティを強めることは，むしろ健全なあり方であるといえる．なぜならば，アスリートとしてのアイデンティティが強固であるからこそ，アスリートは，日々の過酷なトレーニングを乗り越え，精神面での成長を遂げていくからである．逆に，これが軟弱で希薄なものであれば**ドロップアウト**（drop out）を呈してくることにもなりか

- □ 必須通過点
- ⬚ 等至点
- □ 分岐点
- ⬚ 語りでは得られなかったが，制度的・理論的に存在すると考えられる選択や行為
- → 語りから得られた径路
- ⇢ 語りでは得られなかったが，制度的・理論的に存在すると考えられる径路

◀ 図5.2　オリンピアンの競技引退に伴うキャリアトランジションプロセス
豊田則成，アスリートのキャリアトランジションに伴う発達課題の質的検討— TEMを利用した質的アプローチから—．日本体育学会第61回大会，ポスター発表（2010）．

ねない.

このような背景には，引退後の生活のことを見通しながら，目前のスポーツ競技に取り組むことは，とても難しいといった現実がある．スポーツ競技の現場では，「辞めた後のことなんか考えたくない」「辞めた後のことを考えるくらいなら，今，目前にあるスポーツ競技に一心不乱に取り組むべきだ」という風潮が漂っている．そして，一心不乱にスポーツ競技に取り組むがあまり，引退後の準備が滞ってしまうケースは少なくない．

引退後の生活に見通しが持てないアスリートからは，「引退後，何か競技以外のことをしなければならないという感じがするけど，それが何なのかわからない」といった訴えも耳にする．すなわち，キャリアトランジション後の社会環境に対して，外的に適応することばかり迫られ，内的には「アスリートでない新たな自分」を再構築することができず，自分らしい生き方を模索し続けているアスリートも決して少なくはない．

図5.2に示したように，アスリート以外の自分を肯定できず，引退を迎えた場合，自分らしさの混乱を招き，その後の生活に積極的に取り組めなかったり，何もやる気が起こらなかったり，何か不全感めいた感覚をいだいたりする場合も決して少なくはない（図中のSDは，「社会的方向づけ」を意味し，アスリートは重要な選択場面において有形無形のプレッシャーを受けている）．

ちなみに，**キャリア**（career）とは，「馬車の車輪の跡」を語源とし，「自身のこれまでの歩み」を意味する．このキャリアを**外的キャリア**と**内的キャリア**の双方から理解しようという試みがある（図5.3）．すな

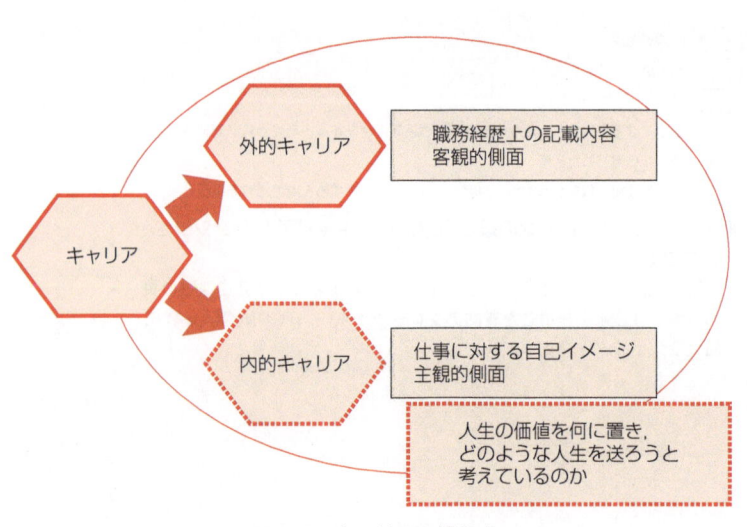

図5.3 キャリアの捉え方

わち，前者は，職務経歴上の記載内容を指し，キャリアの客観的側面を意味し，「○○選手の自分」や「日本代表選手の自分」など，自己を端的に示す「看板のようなもの」といえる．一方，後者は，仕事に対する自己イメージを指し，キャリアの主観的側面を意味している．アスリートであれば，「自分としての確かな実感」や「続けている感覚」など，自己の一貫性や継続性の感覚を指している．いわば，人生の価値を何におき，どのような人生を送ろうと考えているのか，といった個人の重要な部分を占めている．そういう意味では，「アスリートでない新たな自分」を構築するということは，外的なキャリアを移行しつつも，内的なキャリアは，その前後で「つながっている実感のようなもの」を獲得していることなのかもしれない．

（4）危機はチャンスでもある

また，大きなケガや戦力外通告など，予め見通すことができず，突然に競技離脱を余儀なくされるケースもある．たとえば，運動停止を余儀なくされるようなケガに遭遇した場合，アスリートの誰もが「一時的な精神的崩壊」を経験し，それをきっかけとして「自己の問い直し」を開始することも確認されている（図5.4）．再起不能な受傷であった場合，アスリートであること以外の自分を見出すことがきわめて困難となり，いつまでも現役であることに未練を抱き，次の人生のステップに向けての一歩を，なかなか踏み出せないこともある．なぜならば，「アスリートでない新しい自分」を構築していくことは，「アスリートである自分」を崩していくプロセスでもあるからだ．

当然ながら，高い山を上る場合，その道のりはとても険しいものとな

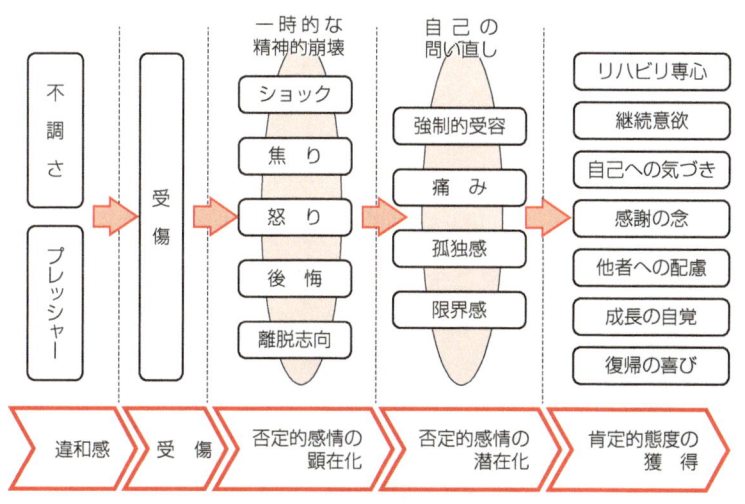

図5.4 学生アスリートの受傷体験に伴う心理変容プロセス
豊田則成,元アスリートが語る「人生の物語」,ビジネスインサイト,**15**(4), 22 (2007).

る．道中では，物心ともに多くの投資や犠牲を伴いながらの歩みとなることは容易に想像できる．そして，上っていく道のりが険しければ，下りる道のりも険しくなる．上ることに伴う困難と，下ることに伴う困難は，本質的に異なっているのかもしれない．すなわち，アスリートとしてのアイデンティティが強ければ強いほど，そのことが，過酷な練習やトレーニングを乗り越えていく原動力となっていく一方で，引退後の適応問題に対して大きな影を落とすことになる．しかし，その影は，個人の人格を成熟させるチャンスともなる．

　なぜならば，アスリートの誰もが，必ず引退を迎え，高強度に取り組んでいたスポーツ競技との関わり合いを変化させねばならい時を迎える．アスリートのキャリアトランジションに伴う**アイデンティティ再体制化プロセス**（図5.5）が明らかにされている．その中で，アスリートが現役時代に「もうこれ以上，競技を継続することは難しいことに気づく」こと（**社会化予期**，anticipation socialization）と「引退後の将来に向けた自己のあり方を主体的に選び取っていく」こと（時間的展望：time perspective）が，引退後の社会生活への適応を促すことを確認している．また，人生半ばの危機（**中年期危機**，middle crisis）を体験した元オリンピアンの事例から，青年期の現役引退に伴うキャリアトランジションを通じて体験したアイデンティティ再構築の際に積み残した課題は，中年期に再び問い直されることもあるといった仮説的知見が導き出されている．すなわち，アスリートは競技に自己投入するプロセスの中で自己実現に挑んでおり，引退後のセカンドキャリアを探し求める中で新たな自己実現の課題に直面していくことになる．

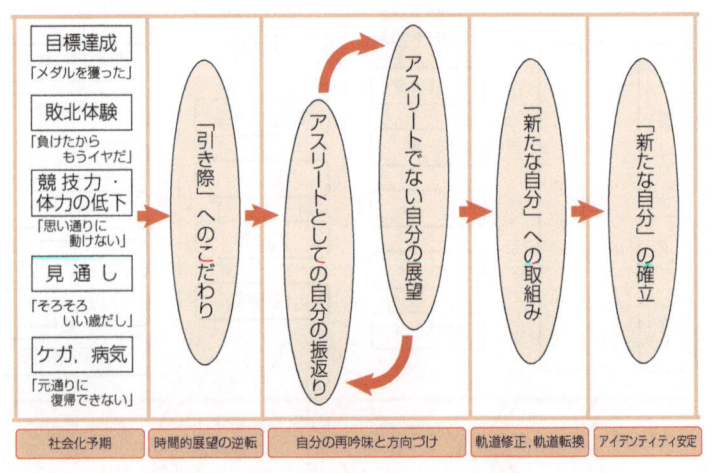

図5.5　競技引退に伴うアイデンティティ再体制化プロセス
豊田則成，中込四郎，競技引退に伴って体験されるアイデンティティ再体制化の検討，体育学研究，**45**，315（2000）．

2 バーンアウトのメカニズム

（1）バーンアウト（燃え尽き）とは

「やらなきゃならないのに，何だかやる気がでない」そんな心境は，アスリートの誰にでも起こりそうなことでもある．そのような悩ましい状態が発展してしまうと，**バーンアウトシンドローム**（燃え尽き症候群）に陥ることがある．そもそもバーンアウトとは，アメリカの精神分析医であるフロイデンバーガーによって提唱された概念であり[*1]「長い間の報われない体験によって，身体的・精神的に消耗・疲弊した状態」を指している．アスリートの場合，競技の中に頑張っても期待するほどの成果が得られない，報われないといった経験を積み重ねていくうちに，アスリートが競技意欲の低下を引き起こし，さらに消耗・疲弊した状態に陥ることである．その結果，①情緒的消耗感の低下，②個人的成就感の低下，③競技に対する自己投入の混乱，④部内での人間関係の疎通性の欠如，といった問題が観察されるようになる．

（2）バーンアウトの理論モデル

これまでに，バーンアウトを説明する理論モデルが検討されてきた．**認知−情動モデル**（cognitive-affective model）が提唱され[*2]，4段階（状況的要求段階 → 認知的評価段階 → 生理的反応段階 → 対処行動段階）で，アスリートのパフォーマンス低下や離脱志向へ至るプロセスを明らかにしている．また，**社会的交換理論**（social exchange theory）において，個人と傾倒する対象との関係から活動の交換を予測し，個人が

バーンアウト（burn out）
そもそも，看護や介護など，長い献身が十分に報いられなかったことによる情緒的・身体的消耗を指す．スポーツの場合，アスリートがスポーツ活動や競技に対する意欲を失い，文字どおり燃え尽きたように消耗・疲弊し，無気力となった状態を指す．

[*1] H. J. Freudenberger, 1974年に提唱.

[*2] R. E. Smith, 1986年に提唱.

表5.2 投資モデル

	コミットメント （楽しみ主体）	コミットメント （バーンアウト）	ドロップアウト
報　酬	増加（多い）	減　少	減　少
コスト	少ない	増　加	増　加
満足度	多　い	減　少	減　少
選択肢	少ない	少ない	増　加
投　資	多　い	多い（増加）	増　加

シュミット，シュタイン（1991）．

*3 G. W. Schmidt, G.Stein, 1991年に提唱.

*4 J. Coakley, 1992年に提示.

払う投資（コスト）と報酬の関係を考察している．

一方，上記の社会的交換理論を発展させ，**投資モデル**が提唱された[*3]（表5.2）．すなわち，スポーツへのコミットメントのあり方が，報酬，コスト，満足度，選択肢，投資といった側面から説明可能であることを示唆したのである．そして，単一次元同一性モデル（unidimensional identity model）[*4]が提示され，高度なスポーツ競技環境の構造が，選手の健全なアイデンティティや主体性，自立性の育成を阻害してしまい，アスリートをバーンアウトに導いてしまう恐れのあることが指摘された．すなわち，先にも示したが，アスリートがおかれている競技環境は，練習や試合に多くの時間を費やすことを求められ，アスリートが競技環境以外の人間関係を持ちにくかったり，通常の若者が有する多面的なアイデンティティの模索体験が希薄になってしまったりすることを通して**アイデンティティ早期達成**（identity foreclosure）をもたらし，そのことがバーンアウトを引き起こす一因となっている．

（3）バーンアウトの発生機序

上記の理論モデルのほかに，バーンアウトの事例を検討し，① 成功体験，② 熱中，③ 停滞，④ 固執，⑤ 消耗といったバーンアウトの発生機序が明らかにされている（図5.6）．すなわち，過去に成功した経験があるからこそ，目前の停滞に固執してしまい，結果が伴わない状況が繰り返され，心身ともに消耗しているにも関わらず，さらに激しく取り組むことで，かえって競技意欲の低下を招いてしまうのである．

また，このような固執を引き起こす要因として，① パーソナリティ特徴，② スポーツへの過度の同一性，③ 危機状況での対処行動の拙さ，

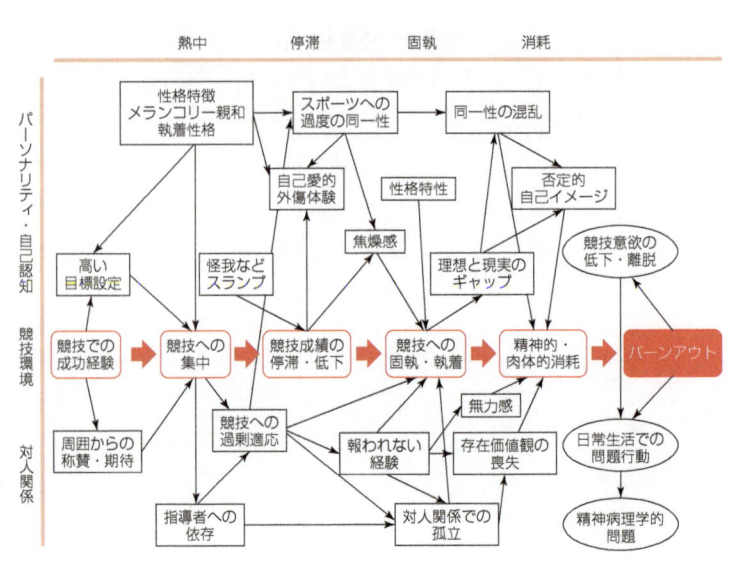

図5.6 バーンアウトのプロセスと因果関係
中込四郎，岸 順治，運動選手のバーンアウト発症機序に関する事例研究，体育學研究，**35**, 313（1991）．

④ 報われない経験，などをあげることができる．以下に，その内容を解説した．

① **パーソナリティ特徴**：完璧主義，几帳面，強迫的，執着気質，高い要求水準，自己愛などが特徴で，練習面では，熱心，真面目，達成意欲が高いなど，アスリートにとっては，むしろ必要な特徴ともいえる．

② **スポーツへの過度の同一性**：スポーツ以外の経験の希薄さから「辞めたいと思っても，スポーツ以外に何をやっていいのかわからない」など，スポーツのみでアイデンティティ形成をしていることが危惧される．

③ **危機状況での対処行動の拙さ**：危機事象が異なっていても，以前に身につけた対処様式が繰り返されることが想定されることから，上記②のようなアイデンティティのあり方では，その対応が覚束ないといえる．

④ **報われない体験**：いくら努力しても結果が伴わず，報われない経験を繰り返していくうちに，問題が深刻化していく．競技成績が出ている間は，違和感があっても結果オーライの側面があり，結局，気づくのが遅れ，対応に苦慮する．

（4）バーンアウトの抑制と予防

バーンアウトを抑制するために，ソーシャルサポートが有効に機能することが指摘されている．サポート（支援）は量ではなく，その質が問われる．バーンアウトの抑制に寄与するサポートには，① 親愛サポート，② 指導サポート，③ 娯楽関連サポート，④ 自尊サポート，などがある．とくに，サポート源となる他者が競技集団内に少なく，② 指導サポートの満足感が低い傾向にある場合，バーンアウトに陥りやすいとされて

ソーシャルサポート（social support）
社会的な関係や個人間の交流を通じて獲得できる支援のことで，情緒的，手段的，情報的，評価的なサポートがある．とくに，家族や競技以外の親しい友人から支援を受けることで，バーンアウトなどの心理的困難さを軽減・回避することができる．

また，バーンアウトを予防するためには，① 短期的な競技目標をうまく設定する，② コミュニケーションをはかる，③ 息抜きや休憩時間をつくる，④ 自己管理スキルを向上させる，⑤ 積極的な見解を保つようにする，⑥ 競技後の常道管理に配慮する，⑦ 良好な身体コンディションを維持する，などの取組みが肝心となる．

3　イップスという心の病

（1）イップスとは何か

青年期にあるアスリートが，「突然，思い通りの動きができなくなる」，「本番で身体が硬くなってしまう」，「大事な場面で身体に力が入らない」といった悩みを呈してくることは，さほど珍しいことではない．すなわち，アスリートの中には，集中すべき大事な場面で，プレッシャーによる極度の緊張から，無意識的に筋肉の硬化を引き起こし，思い通りの動きができなくなってしまう者もいる．このような心因性動作失調を**イップス**と呼び，スポーツ現場では，身体的というよりも精神的な問題として注視されている．

いわずもがなイップスとは，アスリートの誰もが直面する可能性のある精神身体的症状のことを指す．イップスは，① 練習では問題なく動けていても，試合になると思い通りに動けなくなる，② 試合になると逃げ出したくなる，③ 体の一部が痙攣したりしびれたりする，④ 手や指先，足に力が入らない，⑤ 練習すればするほど悪化してしまう，といっ

イップス（yips）
イップスとは「緊張のあまり身体が固くなって，うまく動作が遂行できなくなることの総称」を指す．『ABCゴルフ：単純な基本の組み合わせが上達の秘訣』〔今井汎 訳，学習研究社（1979）〕という自著の中で，トミーアマー（1930年前後に活躍したプロゴルファー）が初めて使った用語でもある．

心因性動作失調（psychological motion disturbance）
心因性であるか否かは，体因性→内因性→心因性といった消去法的な診断を行い，特定する．たとえば「試合になると過度に緊張してしまい，本来の動きができない」との訴えがあっても，「試合の緊張」が動作失調の「原因」であると速断してはいけない．

た症状を伴う．それは，（意識的または無意識的な）心の葛藤により，筋や神経系に影響を及ぼす心理的症状であるともいわれている．また，イップスは，突然，その症状が発症するかのように思われがちであるが，実は，日々の生活習慣の積み重ねに依るところが大きい．

（2）イップスの発生メカニズム

　イップスの発生メカニズムは，無意識的な側面に依存している．たとえば，人は自身の思いを言葉にして吐き出すことによって，不安や焦りを軽減できる側面を持っている（**自浄効果**）．しかしながら，言葉によって自身の心の状態を吐き出すことができなくなるということは，自分の本当の気持ち（心から伝えたいこと）を言えず，本音で話ができなくなり，言葉を吐き出さずに溜め込むことになってしまう．そのような心の不具合が重なるとイップスを発症することがある．ちなみに，イップスに陥りやすい人の心理的特徴として，① 強迫観念が強い（こうせねばならない，こうすべきだという思いが強い），② 我慢することを美徳と捉えている，③ 言いたいことを相手に伝えることに苦手意識がある，④ 予期不安（失敗したらどうしよう）が強い，といったことがあげられている．

（3）イップスの予防と抑制

　それでは，このようなイップスを予防したり，抑制したりするためには，どのようなことに留意すべきだろうか．それには，次の5点があげられる．
① リラックス能力を高めておく：緊張しすぎると人は無意識に不自

然な呼吸をしてしまい，身体の緊張状態を生みやすくなる．このことがイップスのみならず，全般的に実力発揮の妨げになってしまっている．身体的なリラックスを導き出す能力が高いアスリートは，自身の実力発揮に適した心身のバランスについて自分なりによく知っている．身体を緩めることができれば，心も解き放たれることにつながるので，自分なりの心身のリラックス状態を獲得しておくことが大切であるといえる．

② **何でも話ができるような人間関係をつくっておく**：先にも触れたが，自分の思いを伝えることができないと，心理的なストレスを生み出し，そのことが身体化（心の状態が身体に現れる）につながり，イップスを生む原因となってしまう．たとえば，身近な人（コーチやチームメイト，もしくは，親や友人）に対して言いたいことが言えないピッチャーが，近い距離でボールをうまく投げられなくなってしまうケース（キャッチャーの前で必ずバウンドしたり，ストライクが入らなかったりする投球失調など）もある．ふだんから，自分のことについて話すことが「恥ずかしい」とか「迷惑をかけてしまう」といった観念にとらわれず，困った時には相談できる相手がいて，胸の内を打ち明けることができる関係づくりが大事である．

③ **今の自分を心から受け容れる**：イップスの症状が出始めると，そのことが「恥ずかしい」とか，「人に知られたくない」といった心境に陥りがちになってしまう．そのように，自分自身だけで悩みを抱え込んでしまっては，改善することも覚束なくなる．イップスは，常にステップアップを志すアスリートにとって，誰もが直面する可能性のある大きな「壁」であり，個々の物事の捉え方や抱いている観念を少し変えるだけで乗り越えられる可能性がある．イップスも一つの個性であると捉える

ことができた時，そのアスリートには，さらなるステップアップが期待できるようになる．

④ **予期不安から解き放たれる**：「失敗したらどうしよう」と不安に思うことで，焦りをあおり，過緊張状態を生み出してしまい，イップスを発症することは容易に想像できることである．しかしながら，失敗するかどうかは，やってみないとわからない．すなわち，予期不安に陥りがちなアスリートは，目前の課題に集中しているのではなく，取り組んだ結果ばかりに気をとられてしまっているのである．言うまでもないが，結果志向よりもプロセス志向である方が，実力発揮には適している．やり残したことの多さを考えるより，「これだけのことはやってきた」という自信を持って本番に臨みたい．

⑤ **イップスだと勘違いしない**：スポーツ界では，イップスが周知され始め，「自分はイップスだ」と思い込んでしまうアスリートも少なくはない．すなわち，「思うようにプレイができない」「レギュラーになれない」「試合に出られない」といった悩みをイップスのせいにしてしまうことも散見されている．症状は同じであっても，イップスは向上心に満ち，思い入れが強いアスリートに生じる症状であり，それを言い訳にして，取組みを疎かにしようとするのとは一線を画している．イップスはアスリートがさらなる発展を遂げていくための意味ある「壁」に相違ない．

　青年期のアスリートは，さまざまな心理事象と直面しながら，その克服を伴って心理的成熟を果たしていく．とくに，ここでは，アスリートのキャリア形成，バーンアウト，イップス，といった三つのトピックから，アスリートの心理的成熟といった視点について解説してきた．これ

らの事象は，単なる偶然としてアスリートに降りかかる問題ではない．むしろ必然なのではないかと積極的に捉え直すことによって，アスリートの個性に目を向け，克己を支援し，より一層の心理的成熟を期待することができるのかもしれない．

復習トレーニング

次の文章のカッコの部分に適切な言葉を入れなさい．

① 心は（　　）状に発達する．そして，各発達段階には解決しなければならない（　　）がある．

② （　　）や（　　）は，青年期の発達課題である（　　）の礎となっている．

③ アスリートのキャリアトランジションに伴う（　　）プロセスにおいて（　　）と（　　）が引退後の社会生活への適応を促す．

④ バーンアウトの発生機序は，①（　　）②（　　）③（　　）④（　　）⑤（　　）といったプロセスをたどる．

⑤ イップスを予防し抑制するためには，①（　　）②（　　）③（　　）④（　　）⑤（　　）といった点に留意する．

第 II 部

運動心理学

6章から10章では，健康のための運動に関する心理的諸課題を解明する．

- 6 章　運動とメンタルヘルス
- 7 章　運動の行動理論
- 8 章　運動とダイエットの心理
- 9 章　身体活動のヘルスプロモーション
- 10章　運動の個人的含意の探求：
　　　 作家・ランナー村上春樹の事例から

6章 運動とメンタルヘルス

6章のPOINT

- ◆ 運動はどのようにメンタルヘルスに寄与しているのか，これまでの研究から概観します．
- ◆ 運動することから得られる気分改善や高揚感について理解します．
- ◆ 運動をメンタルヘルスの維持増進に利用していくための実践的指針を考えます．
- ◆ 運動実践の中で生起する否定的心理状態や傷害への対処について学びます．

6章 運動とメンタルヘルス

1　運動のメンタルヘルスへの影響

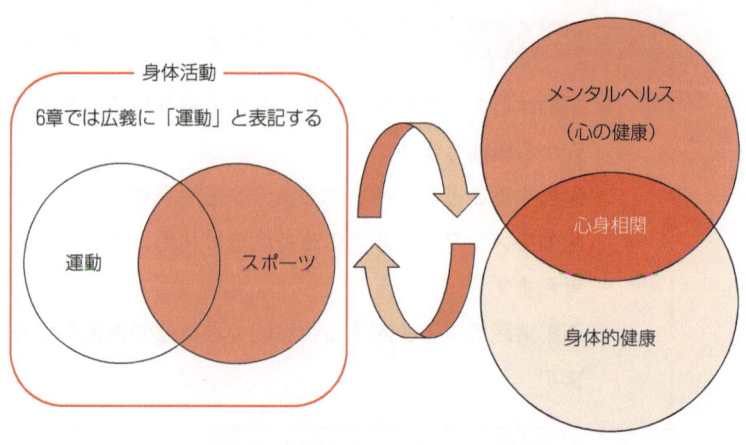

（1）運動とメンタルヘルスの関連

　私たちが運動やスポーツをする場合，身体的な健康増進または体力やスポーツ技能の向上を目的として行うことが多い．しかし同時に私たちは意識しなくても，身体を動かす爽快感や目標をやり遂げた達成感，また仲間と交流する喜びなど数多くの心理的な要素を享受しており，それらは運動することの楽しみ，また心や気持ちを良好に保つ手段として強く実感されている．それら運動と心の状態（メンタルヘルス）との関連をまとめたものが図6.1である．

　詳細にいうと身体を動かす活動を総合して**身体活動**といい，日常生活行動や運動，スポーツも含まれる．**運動**はおもに，健康を目的として意図的に繰り返される身体活動のことである．さらに**スポーツ**は，それらの運動が決められたルールや様式に沿って個人や集団で組織的に実践されるものと定義されるが，6章ではそれらを広義に**運動**と表記する．私たちは，日常生活においてさまざまなかたちで身体を動かしている．それらは心身相関を含む何らかの作用を身体と心に及ぼし，また心身の状態は運動実践に反映されるというように，双方向に影響しているのである．

　次に**メンタルヘルス**について見てみよう．心の健康と一概にいわれるが，内容の多様性を理解しておく必要がある．図6.2はメンタルヘルスを連続した状態で表したものである．最も底辺にあるのが精神的な疾病の段階で，そのうえが疾病ではないが不安や抑うつが強い状態である．

● **知っておくと役に立つ！**

状態不安と特性不安

不安は心理学では，状態不安と特性不安に分類される．ある時点のその状況下で感じる不安が状態不安で，変化しやすいものである．一方，各個人が有する不安の感じやすさの傾向は特性不安といい，特性不安が強い者はさまざまな状況下で一貫して不安を抱くことになる．運動はどちらの不安の低減にも効果があるとされるが，とくに状態不安の解消に効果的である．

図6.1　運動とメンタルヘルスの関連

その上位は，生活の中でストレスや否定的な気分が支配的な，精神的に辛い状況である．さらに上位になるとストレスや否定的気分も少なく落ち着いた精神状態となり，肯定的な気分で生活できている心理的に良好な段階である．このような状態は**心理的な安寧**（well-being）と称される．私たちのメンタルヘルスは，この三角形の長辺を上下していることになる．運動によってメンタルヘルスの改善を図るならば，各段階に応じた運動実践を考慮していく必要がある．

（2）運動の精神面への効果

運動実践が精神面へ及ぼす恩恵は，私たちの日常生活におけるメンタルヘルスの維持や増進にも深く関わっており，精神面に及ぼす恩恵の解明は心理学領域の重要な研究テーマにもなっている．国際スポーツ心理学会は科学的研究を集約し，運動の心理的恩恵として七つの効果を提唱している（図6.3）．その中ではとくに，不安や抑うつというメンタルヘルスに直接的に悪影響を及ぼす要因を軽減する効果が認められている．また，精神的にも辛い過度なストレス状態から抜け出す一つの方法になるなど，総じて性別や年齢を問わず気分や感情に肯定的に作用することがわかる．また同様の効果は，世界保健機構（WHO）が高齢者の身体活動促進を目的として提唱したガイドライン（通称：**ハイデルベルグガイドライン**）でも示されており，高齢者においても不安，抑うつ，ストレスという否定的要素の低減効果，肯定的な気分や感情変化を生むことが示されている．

さらに，運動の効果は種々の側面から検証され，図6.4のようにまとめられている．左側の矢印は運動実践による肯定的要因の向上を，右側

ハイデルベルグガイドライン
1996年に開催された高齢者のヘルスプロモーションのための国際会議において，WHOが発表したガイドライン．定期的な身体活動の実践が及ぼす個人的社会的恩恵を生理学的・心理学的・社会学的の三つの観点から集約し作成した身体活動を推奨するものである．各国の健康政策を担当する行政機関の提言として，発表された．

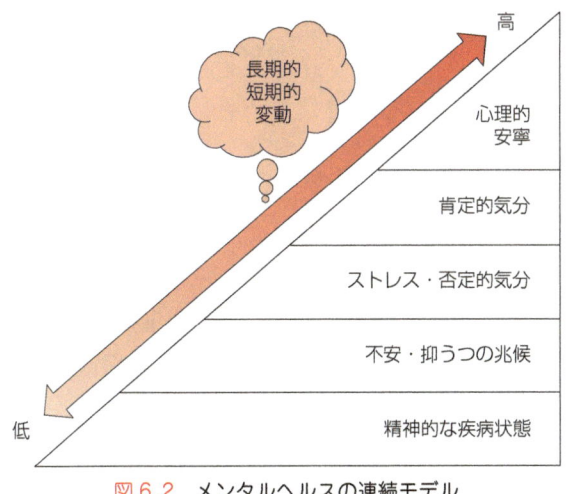

図6.2 メンタルヘルスの連続モデル

図6.3 国際スポーツ心理学会による運動の心理的恩恵
＊：知っておくと役に立つ（p.76）参照．

生活の質
(quality of life, QOL)
個人が自分の生活全般について生活満足感や幸福感を元に評価した指標の総称で，多様な定義，測定方法が存在している．その内容には身体的側面，心理的側面の健康状態のみならず，生活状況や生きがいなどの主観的要素が重視されている．

の矢印は否定的要因の低減効果を表している．この図からは，運動の心理的恩恵がさまざまな側面で発現され，日常生活に大きな影響を及ぼすことが理解できる．とくに運動が否定的な気分や身体的兆候，問題となる行動傾向を抑制する効果があることは，再認識されるべきである．近年，これらの効果はメンタルヘルスを含む**生活の質**（QOL）への貢献からも検討され，図6.5のように心理的側面，身体的側面から総合的に生活の質の向上に寄与することが認められている．

（3）運動の気分改善効果

これまで述べてきたように，運動の心理的恩恵で，第一にあげられるのが感情面への影響，とくに気分を改善する効果である．意識的，無意識的に関わらず，私たちも日常生活において経験したことがある，身体を動かすことによる気分転換ともいえるものである．運動の気分改善効果は，歩行，ジョギング，自転車などを用いた実験研究から検証されてきている．

それらの結果を簡潔にまとめたものが図6.6である．横軸は気分の好ましさを，縦軸は睡眠状態から高緊張に至る意識の覚醒の度合いを示し，四つの象限に典型的な気分を位置づけている．総じて，運動することには左側にある否定的な気分を右側にある好ましい感情状態へ移行させる効果があり，各個人が自分にとってどのような運動が活気またはリラックスの方向に変化させるのかを探索し自覚することが，運動による気分改善の要点となる．

では，なぜ適切な運動実践が気分の改善を引き起こすのか，実はこれについては明確な結論を得るには至っていない．運動自体がもたらす気

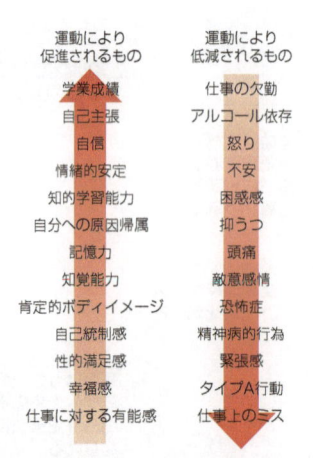

図6.4 日常生活に及ぼす運動の心理的恩恵
C. Taylor, J. Sallis, R. Needle, The relation of physical activity and exercise to mental health, *Public Health Reports*, 100, 195（1985）より著者作成．

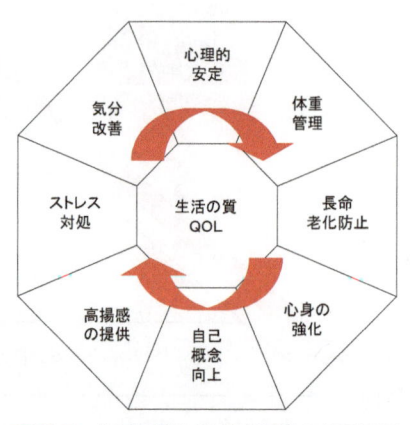

図6.5 生活の質に及ぼす運動の効果要因
G. B. Berger, D. Paragman, R. S. Weinberg, "Foundations of Exercise Psychology, 2nd Ed.," Fitness Information Technology（2007），p. 18より作成．

晴らしや楽しみから神経伝達物質などの生理学的変化，ストレス解消や肯定的な自己概念，プラセボ効果に至るまでの要因が複雑に作用していると考えられる．

（4）運動がつくりだす高揚感

運動が否定的な気分解消だけではなく，メンタルヘルスの良好さを維持増進する作用を考えるうえで重要な要因になるのが，運動がもたらす高揚感である．たとえば，長距離ランニングで体験する高揚感（ランナーズハイ）もこれに含まれている．現在，これらの高揚感は図6.7にある至高体験，ピークパフォーマンス，フローの三つから説明されている．

至高体験は強い快感が特徴で，自己実現の実感を伴う．**ピークパフォーマンス**は個人が過去にない卓越した能力を発揮することで，自分を超越した実感をもたらす．そして**フロー**は，個人の技能と挑戦レベルが合致した状態が生み出す楽しさが課題に強く集中させて，時間経過を忘れるような体験である．三つとも，我を忘れた没頭や運動自体の楽しみ，運動後の充実感という共通要素をもつが，発現の契機や運動への動機づけ効果に違いがあるとされている．しかし，運動から得られる高揚感は，日常生活において掛け替えのない刺激となって運動の継続を促進させ，高いレベルのメンタルヘルスに寄与するものと考えられる．

プラセボ効果
プラシーボ効果ともいわれ，薬理効果のない偽薬を本物の薬だと思い込んで服用し，もたらされる効果のことである．

至高体験（peak experience）
人間性心理学者のマズロー（A. Maslow）が提唱した．人間が共通して有する高次の欲求である自己実現の達成欲求が充足されている体験で，強い肯定的感情を伴う．

ピークパフォーマンス（peak performance）
「自己の最高の状態」と一般には使われているが，自分の最高成績を指す場合と，結果ではなく過去に経験のない卓越した遂行状態自体をいう場合がある．ふだんの意識状態とは異なる動きのコントロール感も報告されている．

フロー（flow）
心理学者チクセントミハイ（M. Csikszentmihalyi）が提唱した，人間がある活動に強く没頭している心理状態を示す用語．自分の現状の能力と活動の難易度（挑戦レベル）のバランスが取れ，深く集中できる条件で発生する．

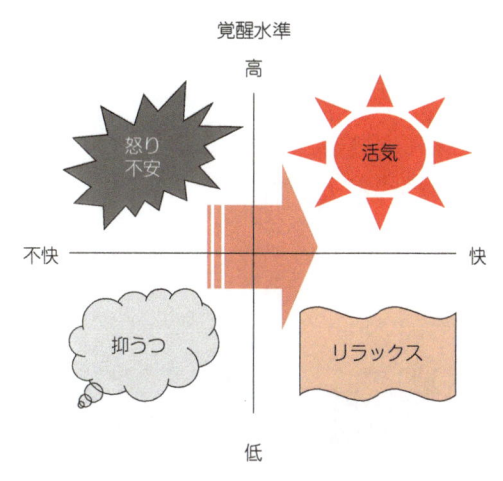

図6.6　運動の気分改善効果モデル

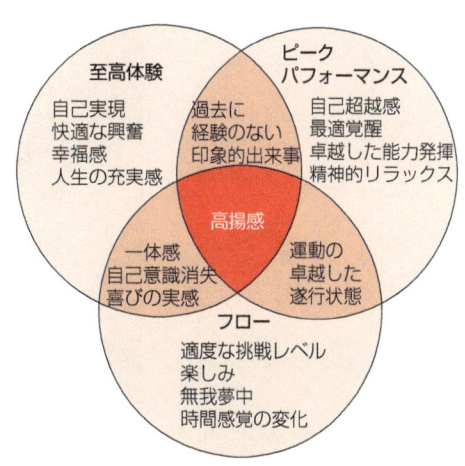

図6.7　運動の高揚感の構造

G. Privette, Peak experience, peak performance, and flow: A comparative analysis of positive human experiences. *Journal of Personality and Social psychology*, **45**, 1361（1983）より作成．

2 運動によるストレスの解消

(1) 運動・体力・ストレスの関連性

　運動によるストレス解消を解説する前に，改めて運動と体力，ストレスの関連を考えてみる．一般的には「ストレス解消には身体を動かすのが一番」「体力がある者はストレスに強い」といわれているが，その背景には三つの仮説が考えられる．

　仮説1：ストレスがあっても身体への悪影響がない（少ない）．
　仮説2：**ストレッサー**（ストレスの原因）があっても，それをストレスと感じにくい．
　仮説3：日常生活においてストレスはあるが，運動することで解消できている．

　仮説1については，おもに実験研究によって検証されてきたが，ストレッサーとして暗算課題やパソコンを利用した課題を与えてストレス状況をつくり，ストレスに対する反応として心拍数や血圧，皮膚温を測定するという手法を用いる．このような実験からは，体力が高い者はストレス反応が低く回復が早いという，体力のストレス耐性を支持する結果が報告されている．また有酸素能力の高い者は，ストレスが強い状況でも低い者と比較して通院回数に変化がないという研究結果もある．しかしながら仮説2と仮説3に関しては，実証的研究レベルでの裏づけは十分ではない．その原因は，それだけストレスという現象が複雑で個人差が大きいこと，それに対応した研究方法の困難さにある．

（2）ストレスに強くなるための運動とは

上述したように運動，体力とストレスとの関連については解明されていないが，運動によってストレスを解消することは実生活において有効な手段となっている．ここではストレスの理論的モデルを用いて，運動によるストレスマネジメントを説明するモデル（図 6.8）を紹介する．このモデルの特徴は，ストレスの原因となるストレッサーに対して二つの評価を行うことにある．

まず第 1 次評価は，自分の心理的な強さ（**対処資源**）を用いてストレスの強さを判断することで，これにより同じストレッサーでも個人によってストレスの強さが異なる．それに続く第 2 次評価はストレスの強さに基づき対処行動を選択するプロセスで，ストレッサー自体の問題解決を指向する**問題焦点型**とストレスから派生した否定的な感情を制御しようとする**情動焦点型**に大別される．ここで情動焦点型の対処が選択された場合，運動の短期的効果が発揮されることになる．運動の否定的感情を解消する運動の効果が，ストレスに伴う感情を軽減させるのである．さらに長期的な運動実践は体力を増進させ，ストレスの身体への悪影響を軽減する．その結果，身体への自信を高めることにつながる．その身体への自信は，モデルを循環するかたちでストレス対処資源を高めることに貢献する．そして私たちは，より強化された対処資源を元に新たなストレッサーと対峙していくことになる．

運動やスポーツでストレスに伴う否定的感情をうまくコントロールし，問題解決に効果的に対処していけるという自信を身につけていくことが，運動によるストレスマネジメントの成功の鍵になる．また近年，

ストレスマネジメント
自分のストレスについて認識し，適切な対処行動を用いて，ストレスを解消または軽減すること．日常生活において種々のストレスと上手につき合っていく能力のことである．

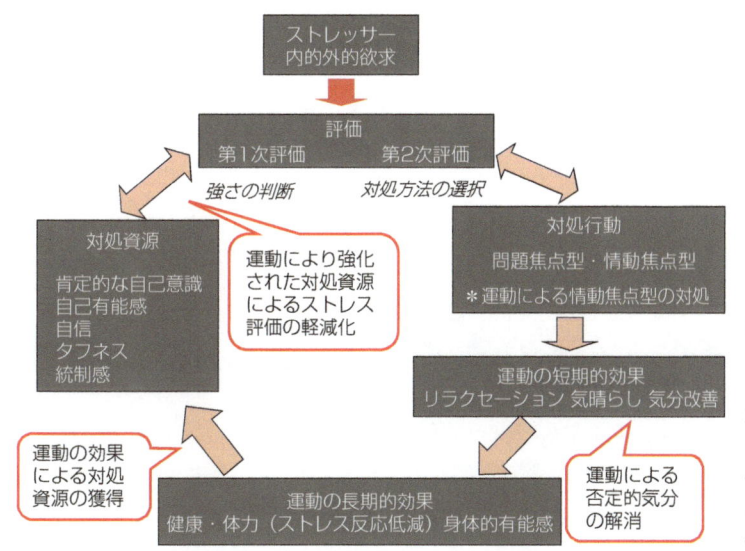

図 6.8 ストレスの認知的評価モデルからみた運動によるストレスマネジメント
B. C. Long, A cognitive perspective on the stress-reducing effects of physical exercise, P. Seraganian, Ed., "Exercise Psychology", John Wiley & Sons, Inc, 342（1993）を改変．

ストレスが多く対処が必要な人ほど運動する機会が少ないという悪循環の関係が報告されている．これらの解決には，運動のストレス解消効果や仕事による時間のなさ，疲労を考慮した運動プログラムの提供が望まれる．

3 メンタルヘルスの維持増進のための実践的指針

（1）気分改善に効果的な運動プログラム

運動が気分の改善に効果的であることを述べてきたが，それでは気分改善効果を導くためには，どのような運動が適しているのであろうか．気分改善を導く運動の3要素を図6.9にまとめている．ただし，これらの条件は決して絶対的なものではなく，あくまで各個人が運動プログラムを考える際の実践的指針として参考にしてもらいたい．

まず量的な条件としては，「週3回以上，中程度強度の運動を1回20〜40分以上の実施」が推奨されている．中程度の運動というのは，呼吸や心拍数がやや増加し，体温の上昇も感じる程度のもので，息が上がるような強い運動である必要はない．次に運動の質的条件を見ると，人と比較するのではなく，自分ができているかどうかに集中して，ゆっくりとした呼吸を伴う運動を順序よく繰り返し行うことが気分改善効果を促進するとされている．最後にこれら量的，質的条件ともに共通する不可欠な要素が「楽しさの実感」である．すなわち，いくら運動のプログラムが客観的に適切なものであったとしても，実施している本人が，楽しさを感じず無理に継続しているならば，気分の改善は望めないという

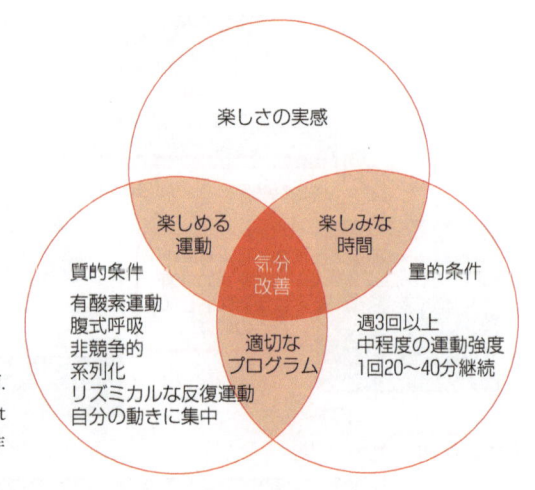

図6.9 気分の改善を導く運動の3要素
G. B. Berger, R. Motl, Physical activity and quality of life, R. N. Singer, H. A. Hausenblas, C. M. Janelle, Ed., "Handbook of Sport Psychology (2nd ed.)," John Wiley & Sons Canada, 636 (2001) より作成．

ことである．また，楽しくなければ継続できないことも考えられ，運動の楽しさの重要性を改めて理解しておく必要がある．

（2）運動の楽しさの探求

図 6.10 は運動の楽しさを，単独での実践でも感じられる内的要因と周囲の人達の中で感じられる外的要因の横軸，勝敗や記録などの達成目標の有無を示す縦軸で分類したもので，運動には実はさまざまな楽しみ方が内包されていることがわかる．図の左上部のように，別に目標を定めなくても，身体を動かすこと自体に楽しさを感じられ，小休止を取る機会も提供できる．右下部のように人と比較しなくても，目標達成による満足感や自信を得ることで楽しさを実感できる．また右半分には運動実践を通して親密な人的交流が生まれる楽しさや，競争に勝利する喜びや周囲の人たちからの承認から導かれる楽しさがある．ここで大切なことは，いずれの楽しさにも優劣はなく，またどれか一つに絞る必要はないということである．個人個人が楽しさの要素を組み合わせて自分で感じる豊かさこそが，運動の楽しさだと捉えるべきである．

（3）メンタルヘルスの指針となる快眠・快食・快便

運動によるメンタルヘルスを，比較的長い期間にわたって増進するための中長期的な実践的指針を紹介する．図 6.11 は運動実践とメンタルヘルスとの関連を**快眠・快食・快便**に媒介させたモデルで，運動実践は，快い睡眠や精神的にも満足感のある食事，快適な排便という基本的な体調の向上を通してメンタルヘルスの増進に寄与していることを表している．

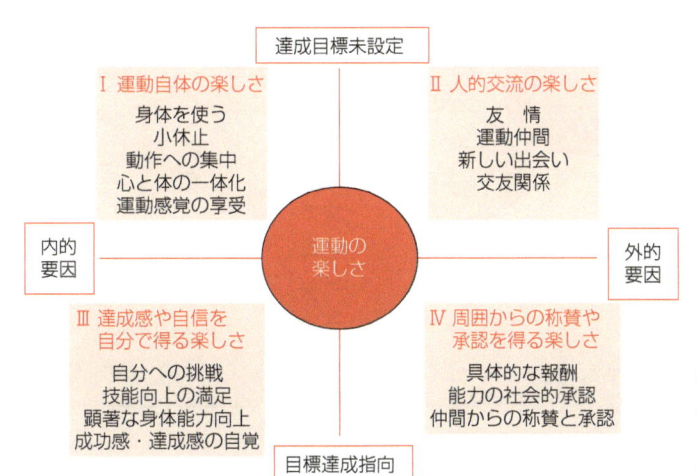

図 6.10　運動の楽しさの諸相
T. K. Scanlan, J. P. Simons, The construction of sport enjoyment, G. C. Roberts, Ed., "Motivation in Sport and Exercise" Human Kinetics, 199 (1992) より作成.

私たちが自分のメンタルヘルス向上に，どのような運動が適しているのかを考えるとき，メンタルヘルスには多様な段階があり個人差が大きいことを考慮しなければならない（図6.2参照）．自分のメンタルヘルスの状態を把握し，それに適した運動を見つけることは，対象が「心」という実体がないものだけに困難である．その時に，自分のメンタルヘルスを判断する基準として「快眠・快食・快便」を考え，これらが改善される運動を実施する．自分に合った実践可能な運動を見つけるためには試行錯誤しなければならないが，自分で模索することも，運動によりメンタルヘルスを改善する過程には重要なスタートである．

4 運動が引き起こす否定的な心理状態

運動がメンタルヘルスに与えるよい影響について述べてきたが，悪い影響を与える場合もある．次に述べる，運動依存と傷害による場合である．

（1）運動依存

運動依存（exercise addiction, exercise dependence）とは，日常生活を妨げる過度な運動実践に陥っている状態のことである．私たちにとって，運動が習慣化していることは望ましいことである．運動依存と明確には区別しにくいが，「度が過ぎた」実践状態はさまざまな問題を引き起こすことになる．図6.12は運動依存に陥っているときの兆候と防止策をまとめたものである．

運動依存の兆候には二つの兆候が見られる．まず一つ目は運動実践時

図6.11 快眠，快食，快便による実践的指針
髙見和至，石井源信，体調改善による精神的健康向上の可能性―快食・快眠・快便を媒介要因とした精神的健康モデルの検討―，体力・栄養・免疫学雑誌，13, 3, 166（2004）より作成．

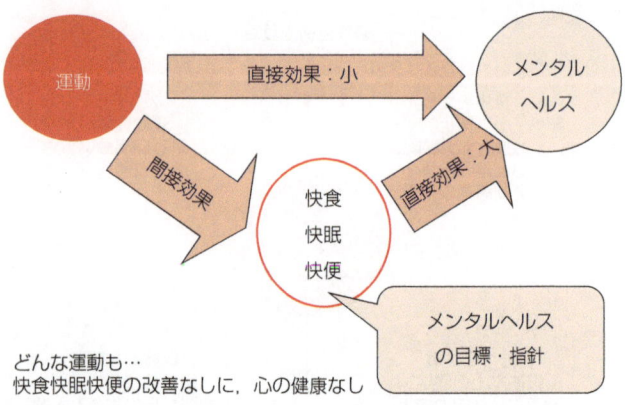

どんな運動も…
快食快眠快便の改善なしに，心の健康なし

の兆候で「否定的な感情の解消が目的の大部分を占めている」「強い運動でないと満足できない」「ほかの生活活動を侵害している」「ケガや体調不良を無視した実践」という，通常の習慣化から逸脱した特徴がある．次に，何らかの理由でその運動が実施できない場合には，敵意や罪悪感などの否定的な感情が強く生起し心身の不調が現れ，人づき合いも敬遠する傾向が出るなど，メンタルヘルスのみならず日常生活全体に悪影響を与えてしまう．運動依存の厄介な点は，外見上は運動の強い習慣化と区別がつきにくく，本人も自覚しにくいことである．自分や他人が運動依存と感じた場合には，防止策として示されている運動の基本に立ち返って，実践方法を見直すことが早急に必要である．

（2）運動傷害の心理的原因と悪影響

図 6.13 は，心理的原因が運動時の傷害（ケガ）の原因になることを表している．この図ではスポーツ競技を対象としているが，運動時にも同様のことが起こりえる．生活や運動環境のなかでストレッサーが多く，それらにストレスを強く感じると不安感を増大させることになる．そして，それが原因で通常とは異なる心理状態で運動を行うことに陥ってしまうと，運動遂行中に注意力が散漫になったり，無理な動作をしたりしてしまう．さらにストレスにより，身体が不必要に緊張した状態が重なると，傷害が引き起こされる可能性が高まる．自分のメンタルの状態が傷害発生の原因になることを十分に自覚する必要がある．

また，運動時の傷害は私たちのメンタルヘルスに悪影響を及ぼすことも理解しなければならない．運動で受傷した場合には，中断して適切な治療を受けることはいうまでもない．しかし，運動を習慣的に実践して

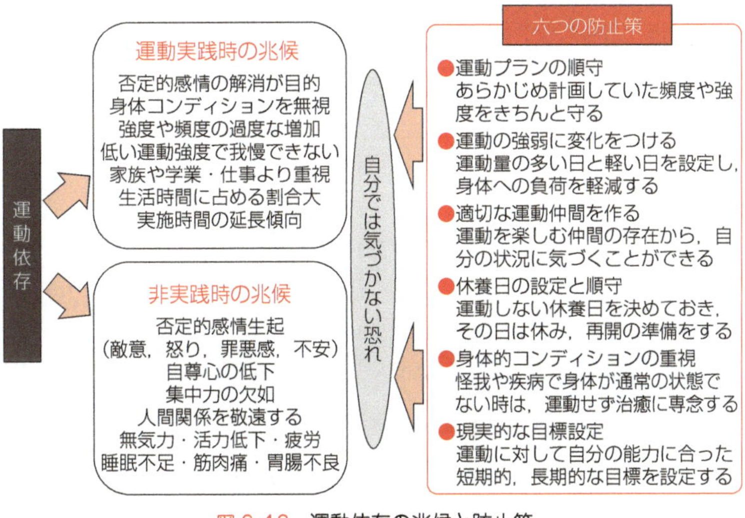

図 6.12 運動依存の兆候と防止策

ソーシャルサポート
（social support）
人間関係や社会的つながりを介してもたらされる様々な形の支援のこと．情緒的（共感や激励），道具的（物質的援助），情報的（アドバイスや有益な情報提供），評価的（肯定的評価）なものに大別される．ストレスの軽減や心理的問題の解決，健康行動の継続化を促進する，などの効果が認められている．

いる者が，ケガによって実践できなくなった場合，上述した運動依存ではなくても，強い否定的感情が生起する．

図6.14は，運動時の受傷による否定的な感情生起のプロセスをモデル化したものである．受傷によって運動ができなくなると，目標が達成できなくなり，自己評価も低下する．その状態は欲求不満や心理的ストレスを生み出して，最終的に強い不安感を生起するという悪循環を生む．さらに，これらの否定的感情は適切な治療やリハビリテーションを受けるという行動を，自分を否定するような感情に向き合いたくないがために妨げるという事態も引き起こす．また，ストレスや孤独感は，周囲との人間関係にも悪影響を及ぼして悪循環を増幅する場合もある．

自らの受傷や他人が受傷した際には，否定的な感情は誰にでも共通して起こることである．その感情を軽減するためには，適切な治療計画やソーシャルサポートが不可欠であることを認識して対処する必要がある．

復習トレーニング

次の文章のカッコの部分に適切な言葉を入れなさい．

❶ 私たちのメンタルヘルスは，（　　　　　）から（　　　　　）に至る連続モデルで捉えることができる．
❷ 運動がQOLに及ぼす効果は，心理的安定，（　　　　），（　　　　），心身の強化，自己概念向上，（　　　　），（　　　　），（　　　　）と多岐に渡っている．
❸ 運動がもたらす高揚感には（　　　　），（　　　　　　），（　　　）

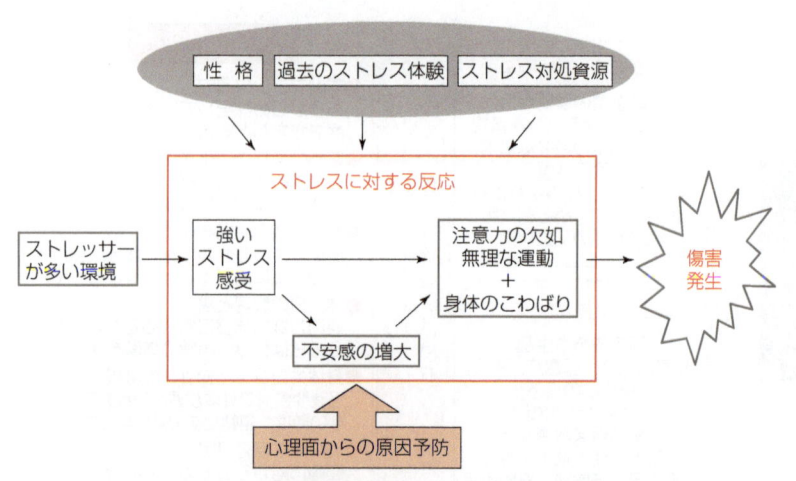

図6.13 運動時の傷害発生の心理的要因モデル
M. Anderson, J. Williams, A model of stress and athletic injury, *Journal of Sport and Exercise Psychology*, **10**（3），297（1988）より作成．

の3種類がある．

❹ ストレスに対処する行動のタイプには，（　　　）と（　　　）があるが，運動は（　　　）の対処に効果的である．

❺ メンタルヘルス改善のための運動を中長期的に計画する場合には，（　），（　），（　）の基本的体調の改善を図ることが有効な実践的指針となる．

❻ 運動中の傷害が起こる心理的な原因には（　　　）があり，受傷後には（　　　），（　　　），（　　）という否定的な心理状態に陥る危険性がある．

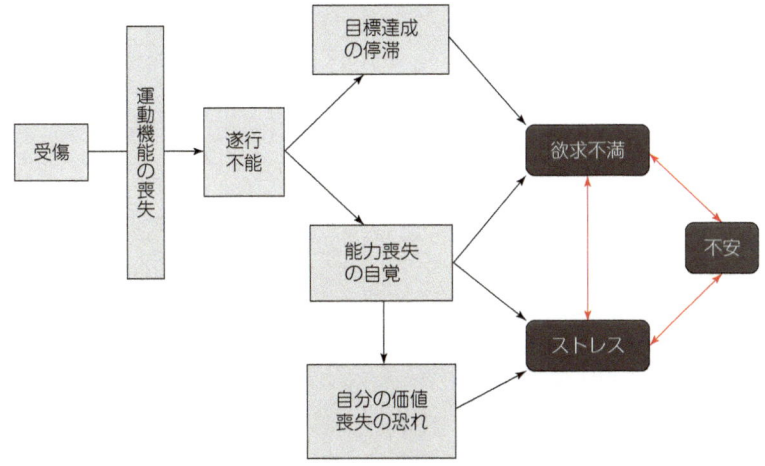

図6.14 運動時の怪我による否定的感情生起のプロセス
G. B. Berger, D. Paragman, R. S. Weinberg, "Foundations of Exercise Psychology, 2nd Ed.," Fitness Information Technology (2007), p.196 より作成．

7章 運動の行動理論

7章のPOINT

- ◆ 運動行動を理解するための代表的な行動理論を学びます．
- ◆ 運動行動が習慣化していくプロセスを理論的に学びます．
- ◆ 運動習慣を形成するための方策を行動理論に基づいて考察します．

1 運動行動の理論とモデル：行動を理解する重要性

人の**運動行動**は千差万別である．では，私たちはそれらの多様な運動行動をどのように把握すればよいのだろうか．まず，観察しやすいのは運動内容，実施時間，頻度，運動強度という客観的に測定できる要素で，他者との比較も容易に行うことができる．しかし，そのようなデータは実際に運動している姿から得られたものであり，人が何らかの理由から運動しているという「結果」としての行動を観察していることになる．当然ながら人の運動行動を理解するためには，それだけでは不足している．なぜならば結果の観察だけでは運動している心理的な背景がわからないからである．

運動行動を理解するということは，行っている運動の内容を把握すること以上に，運動を実施するに至った心理的なプロセスを理解しなければならない．そして，その理解が「どのような人が，この先どんな運動を行うと考えられるのか」という運動行動の予測や，「どうすれば運動を始めてもらえるのか，また継続してもらえるのか」という個人への働きかけや効果的なヘルスプロモーションを可能にするのである．

そこで，どのようにして多様な運動行動を理解していくのか，その手段，道具になるのが**行動理論**である．人はまず運動しようと思わなければ，運動することはない．では，運動しようという意志はどのように生まれるのだろうか．また，運動しようという意志があっても，実際に運動する人もしない人もいる．何がその差を生むのだろうか．7章では，運動行動を理解するために応用されてきた代表的な行動理論を学び，それをもとに運動実践を促進する方策について考察する．

行動理論
人間はさまざまな行動を生起させて，いくつかの行動は維持継続される．しかしある行動は変化し停止され，さらには再開されることもある．そのような人間の行動を理解し，予測するための科学的研究から導かれた理論やモデルの総称．

2　計画的行動理論

（1）行動する意思を生む要因

計画的行動理論（theory of planned behavior, TPB）はアズゼン（I. Ajzen）により提唱された行動理論で，これまで運動をはじめ，さまざまな行動に応用されてその有効性が認められている．この理論の特徴は，行動を引き起こす要因として**行動意思**を設定していることにある．つまり，行動するためには，まず行動しようとする意思が不可欠であるという考え方である．次に，その意思をつくり出す要因として簡潔に「態度」「主観的な規範」「行動コントロール感」の三つを設定している．

図7.1は運動行動への応用である．**態度**とは運動に対する気持ちのことで，好き嫌いや運動に対する価値観のことである．**主観的な規範**は家族や医師など周囲の人が期待する運動を，どれだけやろうと思っているかという他者からの影響である．そして**行動コントロール感**は，実際に運動することがどの程度容易なのかという自己評価で，簡単に実行できると思う人ほど，運動しようと思うのである．また，行動コントロール感は実際の難易度も反映しているので，運動実践に直接的にも影響すると考えられている．

（2）運動する意思の強化

この理論を元に運動する意思を強くするには，まず運動に対する態度を改善することである．肯定的な態度は，「自分にとって大切な成果が，運動することで得られる」と考えることで強くなる．

行動意思
（behavioral intention）
計画的行動理論およびその基礎となった合理的行動理論における行動の生起を説明するための心理的要因で，行動の生起には「近い将来に，その行動をしよう」と思うことが前提であるという立場から設定されたものである．「行動意図」と訳されることも多いが，本章では「意図」が「目的」と混同されることを避け，また「行動しようと意識的に思う程度」という意味から「意思」を用いる．

知っておくと役に立つ！

行動の連続モデル
行動理論の中で，計画的行動理論（TPB）に代表されるような行動を規定する心理的要因の大小を組み合わせて行動を予測することを目的とした理論モデル．とくに，行動を生起させる意思の形成過程に焦点をおく傾向がある．

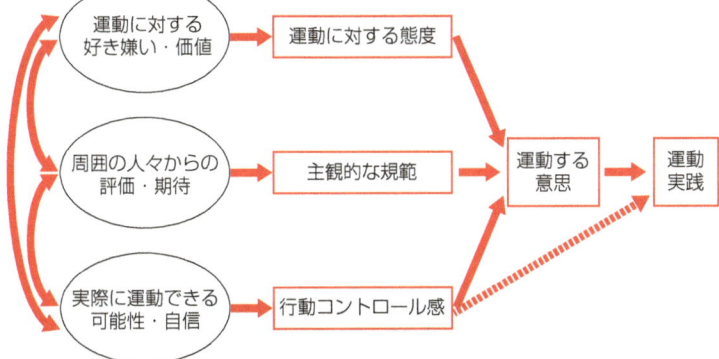

図7.1　運動行動に応用した計画的行動理論

I. Ajzen, The theory of planned behavior, *Organizational Behavior and Human Decision Processes*, **50**, 179（1991）より作成．

次に，周りの人が，自分が運動することを望んでいることを認識できるようにして，その期待に応えようという気持ちにさせることが重要になる．それに加えて，本人が実践しやすい運動プログラムの提供や運動する時間の確保などを通して，実践可能だと思うコントロール感を高めていくことが強い意思をつくり出す要点になる．

3 汎理論的モデル

(1) 変化のステージ

汎理論的モデル（transtheoretical model, TTM）の中心を成すもので，人の行動が自発的にどのように変容していくのかについて，さまざまな理論や臨床研究から，変化の全体像を段階（ステージ）の推移で示したモデルである（表7.1，図7.2）．このモデルでは，人が行動していない状態からある行動を開始して，さらに長く継続するという行動の変化には，五つのステージ（時期）を経由するとされ，近い将来6カ月以内に運動を開始する意思の有無と実践の状態から分類している．とくに運動実践が半年以上継続されると維持できている状態と考える．

またそのステージは一方通行ではなく，図7.2のように螺旋状に前後のステージを行きかい，時に逆戻りしながら進展していくとされており，禁煙や食事制限など幅広い健康行動にも応用されている．

(2) 運動行動の変化を促す要因

この理論の利点は，各ステージの特徴に応じた運動促進の対策が考え

> **知っておくと役に立つ！**
>
> **行動のステージモデル**
> 行動の変容過程を，共通して通過する段階を設定することで捉えようとするモデルの総称．身体行動や運動の行動特徴を考慮した独自のモデルも存在している．
>
> **汎理論的モデル**
> プロチャスカ（Prochaska）らによって提唱された人間の行動変容の共通性に着目したモデル．理論の中核をなす変化のステージでは行動開始の意思や継続期間の目安として，6カ月（半年）が設定されているが，これは人間の行動が約半年を目安として変化したり安定化するという研究結果に基づいている．

表7.1 変化のステージ（運動の例）

五つのステージ	特徴		
	実施の有無	意思の有無	習慣の程度
無関心期	実施なし	今後6カ月以内に行う意思なし	習慣なし
関心期	実施なし	今後6カ月以内に行う気はある	習慣なし
準備期	不定期実施	定期的ではないが実施している	弱
実行期	実施	定期的に実施しているが，まだ6カ月以内である	中
維持期	実施	定期的な実践が6カ月以上継続している	強

B. H. Marcus, L. H. Forsyth, "Motivating People to Be Physically Active." Human Kinetics（2003），p.12〜24 より作成．

られていることである．無関心の者や関心が低い者ならば，まずその人の考え方に注目し運動の必要性を理解させることから始めなければならない．次に関心期や準備期の者には，運動の価値認識を高めるとともに，開始しやすく継続可能な運動プログラムを提供して，行動の発現を促すことが望まれる．とくに準備期にいる者は不定期でも運動が実施されているだけに，運動できない具体的な理由を解決していく必要がある．実行期や継続期にある者には，運動の継続と中断時の再開を支援する方策が有効になる．たとえば活動がマンネリ化しない方法や，ケガや生活環境の変化を克服する方策が重要になってくる．

4 健康行動プロセスアプローチ

（1）新しい行動モデル

健康行動プロセスアプローチ（health action process approach, HAPA）は実際の行動をより正確に説明するために，上述のTPBやTTMなどの理論に新たな要素を追加して行動のプロセスを組み立て，また行動の変化のステージにも対応させたモデルである（図7.3）．まず，最初の特徴として「意思」と「運動実践」の間に**計画立案**を設定していることである．これはTPBの短所として指摘されていた「意思 ⇒ 行動」間のギャップ，つまり意思と行動が必ずしも結びついていない点を補完するもので，意思を実行に移す計画能力を仲介させている．

自己効力感はTPBの行動コントロール感に相当するものだが，その影響はプロセス全般に及ぶとしている．**結果予期**も，TPBの態度と類

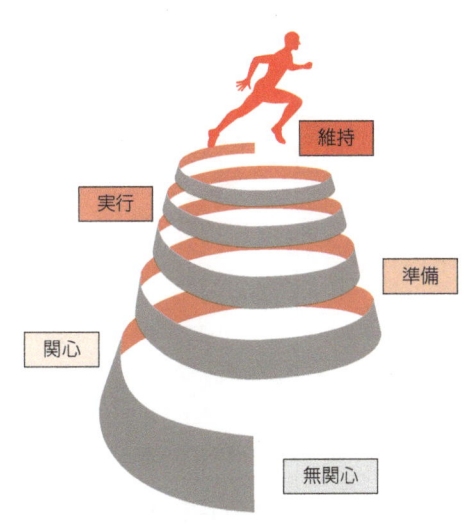

図7.2 変化のステージモデル

リスク知覚
現在の健康状態に対する危機感を本人自身が感じることで、健康を悪化させ疾病になる可能性と、そうなった場合の重大性を認識すること。

似する肯定的な結果を期待する程度である。**リスク知覚**は現在の健康状態や病気へのなりやすさ、運動不足の悪影響などの危険性の認識である。行動の変化のステージとしては、意思の有無と運動実践の有無から図下段の三つの類型が設定されている。

（2） HAPA の長所

この理論の長所も TTM と同様に、運動促進の具体的な介入方策の指針となる点である。運動に対する動機づけが必要になる「運動無関心者」では、リスク知覚や結果予期を高めることによる意思形成とともに、自分も運動を開始できるという見込みを持たせる必要がある。運動意思保有者は運動を開始して、継続する具体的計画能力を支援して実践する自信を高めることが効果的である。

続いて、運動が継続している運動実践者には前段階と同じように継続のための具体的方策が求められる。とくに運動継続に障害となる事態に対処する能力や、継続を促進するソーシャルサポート（後述）の重要性が増加してくる。

5　運動の習慣強度

（1） 運動習慣という行動

これまで解説してきた各理論に共通することは、運動する気がない者から、意思はある者、実際に運動している者の特徴を捉え、そこから心理的要因を探り、運動行動の予測と変容に役立てている。そこで、改め

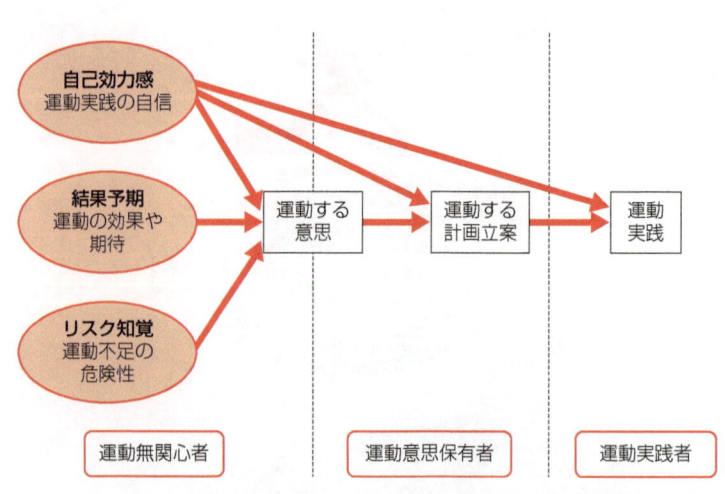

図7.3　健康行動プロセスアプローチの概要（運動の場合）
R. Schwarzer, Modeling Health Behavior Change: How to Predict and Modify the Adoption and Maintenance of Health Behaviors, *Applied Psychology*, **57**, 1 (2008) より作成．

て各理論を用いた方策の最終的な目標となる行動を見ると，それは「運動が習慣化した状態」であるといえる．では，運動が習慣化した状態とはいったいどのような状態であろうか．それを理解しておくことは，各理論を超えて重要なことである．

　これまで運動習慣は運動実施の頻度や定期性，継続期間から考えられてきたが，これらは習慣的実践の結果であって運動が習慣化している人自身の特徴を表しているものではない．目に見える行動は結果として表れたものであり，その背景には行動を生み出す心理的要因がある．図7.4は，運動が習慣化していく経路を示したものである．まず，運動する必要性または契機が生じたときに，各自の考えから運動する意思が生まれて運動実践につながる．習慣化の要点になるのは，それがある特定の環境下（場所や時間）で実践され，さらに図中の色枠内にある「目的の充足」と「繰り返し」がなされることである．

　運動習慣が形成されるためには，その運動が好ましい結果を生むものでなければならない．目的を充足する運動実践は肯定的な運動経験として蓄積されるとともに，同様な機会で繰り返し実行されることになる．循環（うすい赤の枠内）が運動習慣の形成過程である．反対に目的充足が満たされない場合や行動が繰り返されない場合には，その運動に対する考えは有益ではないという否定的なものになり，習慣化していくことはない．その結果として形成される，運動が習慣化されている程度を**運動習慣強度**（exercise habit strength）といい，習慣強度の違いが，各自の運動行動の頻度や継続性の違いを生むのである．

> **知っておくと役に立つ！**
>
> **習慣と習慣化**
>
> 習慣とは，学習（繰り返し）によって自動化し，ルーティン化した行動様式のことである．習慣化はある行動を同じ環境条件で繰り返していると，とくに意識しなくてもその状況になると同じ行動が自然に生起するようになることである．

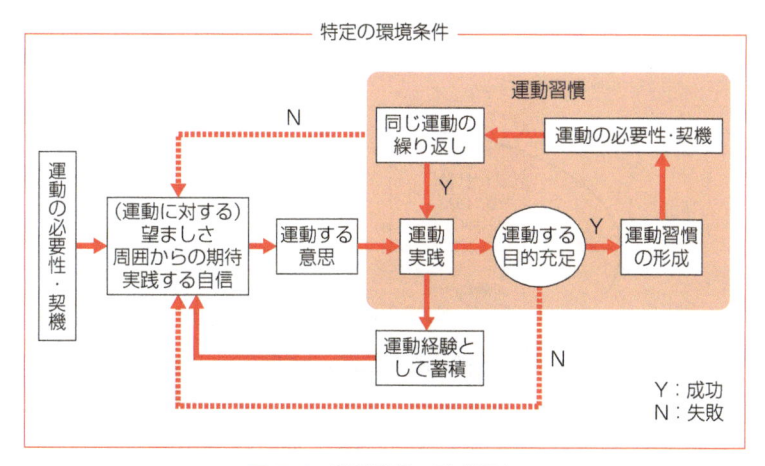

図7.4　運動習慣の形成経路

H. Aarts et al., Physical exercise habit: on the conceptualization and formation of habitual health behaviours, *Health Education Research*, **12**, 368（1997）を改変．

（2）運動習慣強度の構造

次に，習慣化された運動が有する特徴について述べる．上述した経路で形成された運動習慣ではあるが，その強さである運動習慣強度には差がある．たとえば，スポーツクラブや散歩で毎日決まった時間，決まった場所で必ず見かける人と時々しか見かけない人がいるのは，その違いである．習慣化の程度は習慣強度の差として考えられている．

図7.5は，運動習慣の四つの心理的プロセスを示したもので，ここでいうプロセスとは構造という意味も含まれており，この四つの要因が変化して習慣強度の強弱が決定されていく．この図には運動習慣強度を測定する尺度の質問項目もあげている．これらの項目に同意できるほど運動の習慣強度は強いといえる．

固定化行動は，習慣的行動と同様の決まった手順で成される傾向があり，ある運動要素は次の連続する要素を導く固定化した連続性を持つという特徴のことである．次に**自動性**は行動の開始に意識的な努力を要せず，さらに行動が開始されれば，最小限の意識的過程で遂行されるという行動の自動化を表す性質である．**契機動因**は，習慣が一定の条件下における十分な繰り返しによって形成されることによる，刺激と反応の結合の強さのことである．これは，行動が習慣化する際に不可欠な構成要素であり，一旦この連合が確立されると，その行動は，活動に関連した環境からの刺激が契機（cue）となって直接引き起こされるようになる．最後に，**否定的結果**は運動できない非実施時に生起する否定的心理状態のことで，運動が健康上好ましく自分にとって大切な行動であるほど，非遂行時にはより否定的感情が引き起こされることになる．

自動性（automaticity）
習慣化の特徴の一つで，ある行動が意識的な意思決定や思考することなく遂行されることで，行動の反復から形成される．自動性の強い行動は，それだけ実行される確率が高い．

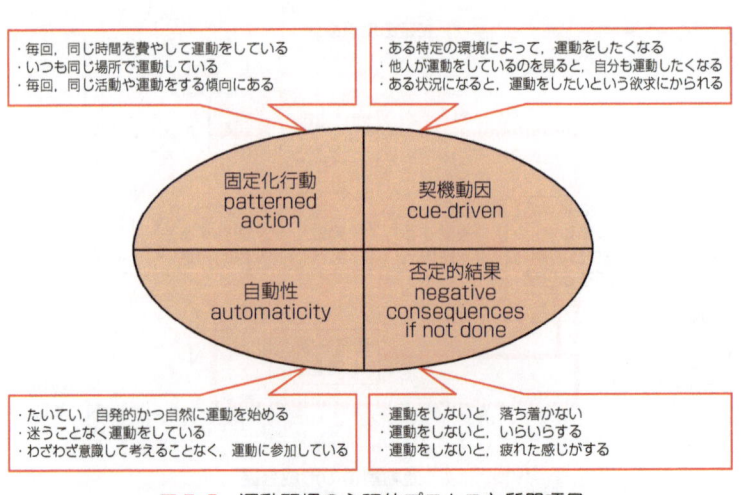

- 毎回，同じ時間を費やして運動をしている
- いつも同じ場所で運動している
- 毎回，同じ活動や運動をする傾向にある

- ある特定の環境によって，運動をしたくなる
- 他人が運動をしているのを見ると，自分も運動したくなる
- ある状況になると，運動をしたいという欲求にかられる

固定化行動 patterned action ／ 契機動因 cue-driven ／ 自動性 automaticity ／ 否定的結果 negative consequences if not done

- たいてい，自発的かつ自然に運動を始める
- 迷うことなく運動をしている
- わざわざ意識して考えることなく，運動に参加している

- 運動をしないと，落ち着かない
- 運動をしないと，いらいらする
- 運動をしないと，疲れた感じがする

図7.5　運動習慣の心理的プロセスと質問項目
髙見和至，運動行動における習慣の概念化と測定，体育学研究，59，689（2014）より作成．

習慣強度に着目することは，運動実践の頻度や量だけでなく各人の運動に対する心理的態勢を理解することになる．現在，諸事情から運動できていない者も習慣強度が強ければ容易に再開するし，反対に習慣強度が弱い者は運動の継続が安定していないと推察できる．

6　運動習慣を形成する方策

（1）運動行動理論のまとめ

　図7.6に上述した理論と介入の指針をあげている．TTMとHAPAのうえには対応する活動レベルを入れた．左端は身体的不活動の状態で運動することはなく，運動の開始に従って運動量が推奨レベルに満たない状態を得て，継続的な実践段階になると十分な活動量に到達する．運動習慣強度はケガなどによる中断を除き，反復した活動がない状態では生まれない．運動習慣強度は運動実践の継続と呼応しながら形づくられていき，一度形成された強い習慣強度は，矢印のような中断時に運動の再開を促進させる作用を持っている．

　最上段に各理論の段階に対応した運動促進のための介入方策の指針をあげている．どの理論においても，最初（左端）は運動しようとする意思を生じさせる必要がある．健康や体力の現状を自覚し運動の必要性や効果を認識させることが出発点となり，続いて運動する意思を強化するとともに始めやすい運動プログラムの提供が必要になる．運動実践者には推奨される活動量への増進やマンネリ化の防止策などを施して，行動自体つまり運動習慣強度を強化していく工夫が効果的である．

> **知っておくと役に立つ！**
> **介入（intervention）**
> 外からの働きかけによって他者の態度や行動を変容させようとする試みの一般的名称．何らかの健康問題を抱えている者に直接的に関わったり，周囲の環境改善など間接的に関わったりすることで問題解決しようとする取組み．

図7.6　運動の行動理論と介入の方策

次項からは図7.6を運動しない人，開始した人，継続中の人の三つの段階に大別して，それぞれの段階に効果的な方策を紹介する．

（2）運動しない人のタイプ別方策

運動非実践者を表7.2の三つのタイプに整理した．一概に運動しない人といっても，その理由によって対応策も異なり，運動の意思や習慣強度の程度を基盤にした方策が効果的になる．運動する意思が欠如また弱い場合には，まずは動機づけることが必要で，それと並行して「自分には無理」という運動実践への低い自信を改善するために身近な成功例を示すなどの方策が望まれる．次に意思の増加に従って必要になるのが，「何をどのようにやるのか」という具体的な行動を援助する方策である．ただし，表中の方策は各タイプに特徴的なものであり，各個人に応じてタイプにこだわらず組み合わせていく必要がある．

（3）運動を促進する目標設定

運動を開始する段階と開始後間もない段階において，行動を強化する方策として効果的なのが目標設定である．適切な目標を設定することには，「なすべきことに注意を向けさせる」「努力の量を増やす」「創意工夫を生む」などの効果があり，運動の習慣化を高めるためにも大きな効果を発揮する．しかし，適切な目標設定を行うためには，いくつかの必要条件が提示されている．

図7.7は，**スマートゴールズ**（SMART Goals）と称される効果的な目標設定のための五つの要因を列記したものである．「specific（具体的課題）」とは，目標は課題に対応した具体的なものでなければならない

> SMARTS Goals
> 「s」を追加して，自己決定（self-determined），スモールステップ（small steps）を含めるものもある．

表7.2 運動非実践者のタイプと対応策

タイプ	運動しない理由	習慣強度	特徴的な方策
確信タイプ（意思：なし）	・運動の必要性を感じていない ・運動嫌い（運動効果の否認） ・身体的不快感嫌悪 ・ケガの恐れ	無	・健康診断による自覚 ・生活習慣病の学習 ・運動の健康効果の学習 ・生活改善成功者の紹介
気まぐれタイプ（意思：弱）	・忙しさを理由にする ・ついつい忘れがちになる ・ほかの活動を優先	弱	・簡易プログラム提供（例：ラジオ体操） ・運動着，用具の常備 ・実践のモデルになる人
知識不足タイプ（意思：有）	・運動施設やクラブの情報不足 ・不適切な運動プログラム ・ソーシャルサポート不足 ・ケガによる中断	中程度	・近隣運動施設の紹介 ・個人に適した運動内容 ・クラブや趣味仲間 ・リハビリ用プログラム

ということである．「measurable（測定可能）」は目標の進捗状況が測定可能なものであるということである．「action-oriented（行動指向）」は，設定した目標を達成するためにやるべき行動が明確であること，「realistic（現実的）」は現在の能力に応じて，多少困難であるが達成可能な現実的な目標が設定されるべきということである．「time-bound（時間的見込）」はその目標が適切な期間内や時期に達成できる展望が持てることである．

さらにもう一つ，目標設定において重要なことは，適切な短期目標と長期目標を併用することである．短期目標は，行動をより直接的なものにし，継続的に難易度の高い長期的目標を達成できるようにする効果がある．適切な目標設定は活動レベルの増進および継続促進の両方に役立つ．

（4）運動継続のためのソーシャルサポート

ソーシャルサポート（social support）とは，社会的支援という意味で，家族や友人を含む自分の周囲の人びとから提供される有形無形の援助のことである．このソーシャルサポートがあると，自分が目標とする行動を開始することや離脱することなく長期に継続すること，またストレスの影響を受けにくくすることがわかっており，運動実践を強化する有効な対策である．また，その効果は実践段階だけでなく，開始段階で行動を初発させる段階でも重要な促進要因となる．ソーシャルサポートにはさまざまな要素があり，図7.8に五つの種類と期待される効果をまとめている．各サポートの内容と例は以下のとおりである．

図7.7　S・M・A・R・Tゴールズ

Specific
　：課題によって具体的
Measurable
　：進捗状況が測定可能
Action-oriented
　：やるべき行動を伴う
Realistic
　：困難だが達成可能
Time-bound
　：一定期間で達成見込

> 手段的サポート：物や金銭,手伝いの提供(例：会費補助,移動手段提供,用具補助)
> 情緒的サポート：賞賛や共感を伝える(例：コミュニケーション,長所の指摘)
> 情報サポート　：問題解決に役立つ知識や案内の提供(例：専門家相談,ウェブ情報)
> 同伴サポート　：運動実践を共有する機会(例：約束,仲間づくり,指導機会の確保)
> 認識サポート　：自分の現状を自己評価できるような援助(例：記録,他者比較の機会)

　ソーシャルサポートの効果をひと言で表せば,動機づけを向上させるということである.その理由は支援者を通して周囲からの期待や社会的な要請を感じ,それに応えようとする気持ち(TPBの主観的規範)が高まることである.また周囲からの励ましや承認は,自信を高めて行動を後押しするし,「続かないかもしれない」というような否定的な考えをしないように働く.さらに具体的な計画立案や運動実践の障害となる事態の解決に役立つ情報を与えてくれ,実践を妨げるストレスを軽減する効果もある.とくに運動の同伴者は,運動によるストレス解消を促進する効果もある.

　自分自身が運動実践に停滞を感じている場合,また周囲の人の運動実践を手助けしたい場合こそ,ソーシャルサポートが有効になる時である.運動の継続には「人の手を借りる」「人に手を貸す」ことも,運動の楽しさの一つだと認識する必要がある.

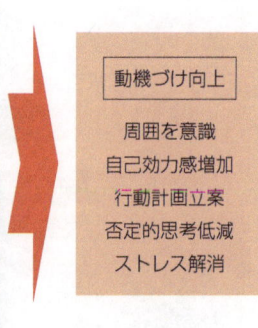

図7.8　ソーシャルサポートの種類と効果
B. A. Brehm, "Psychology of Health and Fitness." F. A. Davis Company (2014), p.169 より作成.

復習トレーニング

次の文章のカッコの部分に適切な言葉を入れなさい.

❶ HAPAにおいて意思を形成する要因は，自己効力感，結果予期，（　　　　）で，意思と実際の行動の間には（　　　　）を媒介させている．

❷ 運動の変化のステージモデルは，意思の有無と，（　）カ月の継続期間を基準として（無関心，　　　　，　　　　，　　　　，維持）の五つのステージに分類される．

❸ 運動の習慣強度を構成する心理的プロセスには，固定化行動，否定的結果のほかに（　　　　）と（　　　　）がある．

❹ 目標設定の指針 SMART Goals の M [measurable] の意味は（　　　　）で，A [action-oriented] は（　　　　），そして T [time-bound] は（　　　　）である．

❺ 運動習慣の形成に役立つソーシャルサポートの種類には，（　　　　），（　　　　），（　　　　），（　　　　），（　　　　）の五つがある．

8章 運動とダイエットの心理

8章の POINT

- ◆ 健康と体型に関わる課題と，運動・スポーツとの関わりについて学びます．
- ◆ やせの増加と摂食障害，女性アスリートの3主徴について学びます．
- ◆ 肥満の増加と運動の果たす役割について学びます．
- ◆ 適正体重の維持や，健康づくりの支援に必要な行動科学の基礎知識を修得します．

1 はじめに

近年，生活習慣の変化による肥満と，それに起因する**メタボリックシンドローム**の増加を背景として，幅広い年代でダイエットがブームとなっている．健康のために肥満を解消することは重要であるが，メディアで紹介されるさまざまなダイエット方法には誤った情報も存在し，不適切なダイエットによる弊害も懸念されている．

この章では，適正体重の維持や健康的なダイエットと運動・スポーツの関係について概観する．

2 日本人の体型の現状

日本人の体型をめぐる課題として，「若年女性のやせの増加」と「中高年男性の肥満の増加」があげられる．体型の診断基準には，**BMI**（body mass index）が用いられている．BMI は，体重（kg）／身長（m）^{2} で算出する．BMI は体脂肪率と相関するため，世界的に肥満の判定基準として広く使用されている．日本人の BMI による肥満度の分類は表 8.1 のとおりである．男女とも 15 歳以上の標準は 22 とされている．6〜14 歳の場合は，年齢別，身長別標準体重を用いて学校保健統計調査方式による肥満度を算出し，体型を判定する．

図 8.1 は，平成 25 年度国民健康・栄養調査における各年代の体型の分布を男女別に示したものである．この図を見ると，やせは，男性より女性に多く見られ，20 代・30 代に顕著であることが見て取れる．逆に肥満は，女性より男性が多く，とくに 40 代・50 代の肥満者の割合が高い．

表 8.1 肥満度分類

BMI	判定
18.5 未満	低体重
18.5 〜 25 未満	普通体重
25 〜 30 未満	肥満（1 度）
30 〜 35 未満	肥満（2 度）
35 〜 40 未満	肥満（3 度）
40 以上	肥満（4 度）

日本肥満学会（2011）．

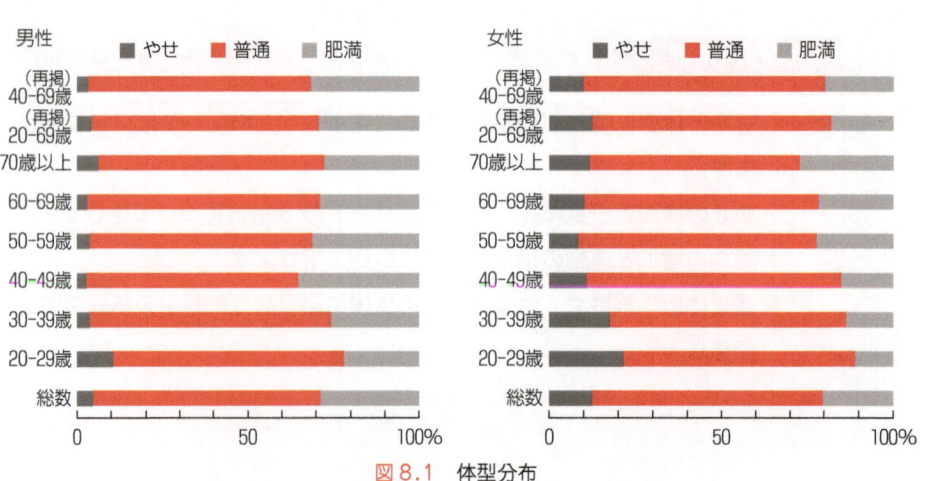

図 8.1 体型分布
やせ BMI 18.5 未満，普通 BMI 18.5 以上 25 未満，肥満 BMI 25 以上．
平成 25 年度国民健康・栄養調査．

BMI 22 前後の体型が最も有病率や死亡率が低く，やせすぎても太りすぎても健康上のリスクが上昇することがわかっている．私たちが健康を維持するためには，適切な体型を維持することが重要である．

3 若い女性のやせと摂食障害

　20代女性のやせは，20％を超える高い値を維持しており，30代をはじめ女性全体のやせの割合が増加傾向にある（図8.2）．このような現状を踏まえ，健康日本21（第2次）では，20代女性のやせを平成34年までに20％に引き下げることを目標としている．

　女性のやせの増加原因として，若い女性を中心に自身の身体に対する不満足感ややせ願望の増加，およびそれらが原因となる極端なダイエット行動の実施があげられる．たとえば，女子大学生を対象に行われたボディ・イメージの意識調査の結果，「体重を減少させたいと思う」学生が86.9％，「自分の体型に対して不満を持っている」学生が87.2％存在し，対象者の87.2％がダイエット経験者であることが報告されている．また，中学生から大学生までを対象としたダイエット内容に関する調査では，「おやつを食べない」，「運動をする」，「甘いものを食べない」などのほかに，「食事を抜く」，「野菜やカロリーのない食品だけを食べる」，「下剤を使用する」，および「嘔吐する」などの好ましくない食事制限や減量方法が行われていた．過度の食事制限や減量法は，摂食障害をはじめとした健康障害を引き起こす危険性がある．

　摂食障害とは，おもに神経性やせ症，神経性過食症，過食性障害を指す．**DSM-5**の診断基準をもとに，表8.2にそれぞれの症状を示す．

DSM-5
米国精神医学会が発表する精神疾患の診断基準・診断分類．Diagnostic and Statistical Manual of Mental Disorders のことである．

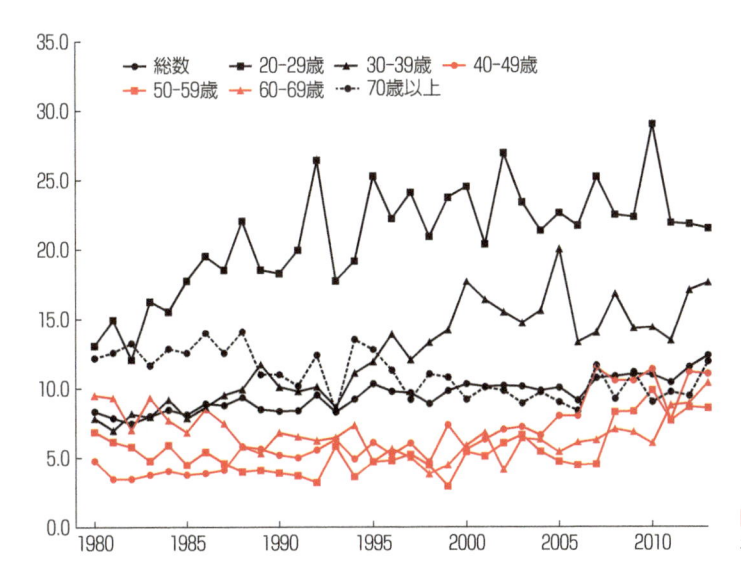

図8.2 女性のやせの割合の推移
平成25年度国民健康・栄養調査

日本摂食障害学会は，摂食障害治療ガイドラインにおいて，日本の現状として，欧米と同様に患者の9割が10代から30代の女性であること，日本における死亡率は7％ときわめて高いこと，症例の報告数は，1980年代と比較して10倍にも上っているが，治療施設や治療者が不足していることをあげている．その発症には，社会・文化的要因（やせを賞賛する社会の影響），心理的要因（自尊感情の低さ，性格，ストレスなど），生物学的要因（中枢神経系の異常，遺伝）などが相互に関連していると考えられている．

4　スポーツと摂食障害

激しいトレーニングを日常的にこなし過酷な試合に挑むアスリートは，強靭な肉体を持ち，一見，摂食障害と関連が薄いように思われる．しかし，実際には，女性アスリートを中心に多くの症例が報告されており，アスリートでの発症率は一般女性より高いといわれている．表8.3は，摂食障害を生じやすいスポーツをまとめたもので，体重ややせていることが競技成績に影響する種目に多いことが示されている．

（1）女性アスリートの3主徴

摂食障害は，1992年にはアメリカスポーツ医学会によって，無月経（3カ月以上の月経停止），骨粗鬆症（骨が脆くなり，骨折リスクの増加を招く骨障害）とともに女性アスリート特有の三つの健康障害にあげられており，**女性アスリートの3主徴**（female athlete triad，**FAT**）と名づけられ，注意喚起がなされている．また，2007年には，「摂食障害」

表8.3　摂食障害を生じやすいスポーツ

1. 中長距離競走
   競技能力を高めるためにやせが求められる
2. 体操，新体操，フィギュアスケート，バレエ
   容姿が採点に影響を与えるため
3. 柔道，ボクシング，レスリング
   体重階級制のため
4. その他
   ダイビング，水泳，ダンス，モダンダンス，チアリーディング，ボディビルディング

切池信夫，『摂食障害―食べない，食べられない，食べたらとまらない 第2版』，医学書院（2009），p.94 より作成．

表8.2　神経性やせ症，神経性過食症，過食性障害の特徴

神経性やせ症／神経性無食欲症
・必要量に比べてカロリー摂取を制限したために正常を下回る体重に至る（重症度の特定にはBMIが用いられ，成人の場合軽度は17以上で最重度は15未満）
・低体重であるにもかかわらず，体重増加や肥満に対する強い恐怖や体重増加を防ぐための持続した行動が見られる
・自分の体重や体型の体験の仕方に障害が見られ，自己評価が体重や体型に大きく影響を受け，現在の低体重の深刻さに対する認識が欠如している

神経性過食症
・ほとんどの人が同じ状況・時間帯で食べる量より明らかに多い食物を食べ，その間は食べることを抑制できないという感覚を持つような過食エピソードが繰り返される
・過食による体重の増加を防ぐために，自己誘発性嘔吐や下剤・利尿薬などの医薬品の乱用，過剰な運動などの不適切な代償行動が見られ，過食エピソードや代償行動が平均して3カ月にわたって少なくとも週に1回は起こっている

をエネルギー不足の原因の一つと捉え「利用可能なエネルギーの不足（摂食障害の有無を問わない）」に改め，FAT の発症には個人の**エネルギー利用率**，月経機能，および骨塩密度の状態が相互に関連しており，症状として摂食障害，機能的視床下部性無月経，および骨粗鬆症が現れるとされている．

　図 8.3 に，FAT のメカニズムを表す．矢印による右の三角形は，健康的なアスリートの状態を表している．エネルギー摂取量とエネルギー消費量のつり合いが取れ，正常な月経，骨の健康が保たれている最適な健康状態である．しかし，過度の減量や摂食障害，ハードなトレーニングなどにより摂取エネルギー量を消費エネルギー量が上回る状態がつづくと利用可能なエネルギー不足となり，ホルモン分泌が乱れて骨の正常な代謝や月経機能が低下し，矢印による左の三角形のような FAT を発症した不健康な状態に移行していくと考えられている．

（2）スポーツにおける相対的エネルギー不足

　また，近年では，利用可能なエネルギーの不足がアスリートの健康に及ぼす影響は男性にも深刻であることから，IOC（国際オリンピック委員会）は FAT の解釈を拡大して，スポーツにおける**相対的エネルギー不足**（relative energy deficiency in sports，**RED-S**）の問題として声明を出している．その中では，RED-S の人体に及ぼす影響とそれによるスポーツパフォーマンスへの悪影響が図 8.4，および図 8.5 のようにまとめられている．これによると，月経機能や骨の健康への影響は RED-S の引き起こす人体への影響の一部であり，エネルギーが不足することで免疫系や代謝，心理的側面などアスリートの心身のさまざまな

エネルギー利用率
（エネルギー摂取量－運動によるエネルギー消費量）／除脂肪量（kg）で算出する．1日当たり30 kcal を下回るとエネルギー不足状態となり，基礎代謝や日常生活のためのエネルギーが不足する．

表 8.2 つづき

- 自己評価が体重や体型に大きく影響を受ける．軽度では，不適切な代償行動が週に平均して 1～3 回だが，最重度になると週に 14 回以上に上る

過食性障害
- 神経性過食症と同様に過食エピソードが繰り返されるが，不適切な代償行動は伴わない
- 過食エピソードは，下記のうち三つ以上を伴う
  1）通常よりずっと速く食べる
  2）苦しいくらい満腹になるまで食べる
  3）身体的に空腹を感じていないときに大量の食べ物を食べる
  4）自分がどんなに多く食べているか恥ずかしく感じるため一人で食べる
  5）後に，自己嫌悪，抑うつ気分，強い罪責感を感じる
- 過食に明らかな苦痛が存在し，平均して 3 カ月にわたって少なくとも週に 1 回生じている

機能が低下することが示されている．さらにその結果として，ケガのリスクの増加やトレーニング効果の減少，うつなどアスリートのパフォーマンスや日常生活に深刻な影響を与える可能性があり，競技の離脱や生命の危険をも招くことが考えられる．

表 8.4 はスポーツ参加のための RED-S のリスク評価モデルである．このモデルでは，アスリートの示す症状をハイリスク，中リスク，低リスクの 3 段階に分類しており，ハイリスク群は即時に競技を離脱する必要があり，中リスク群は治療計画に基づいて競技を行い，定期的な受診が必要であるとされている．アスリートの健康を維持しながら競技生活を送らせるためには，このような障害に対するアスリートと指導者の理解を深めるための健康教育の実施や定期的なスクリーニング，専門家との連携体制の充実などが望まれる．

5 肥満と運動・スポーツ

日本人の肥満の推移を見ると，中高年の男性を中心に増加傾向にあることがわかる（図 8.6）．また，肥満の増加とともにメタボリックシンドローム該当者も増加しており，平成 25 年度国民健康・栄養調査では，男性の 23.6％が「メタボリックシンドロームが強く疑われる者」，25.0％が「メタボリックシンドロームの予備群である者」であると報告されている．

肥満の原因としては，日本人が十分な栄養を摂取できるようになったことと，生活の利便化によって日常の歩数など活動量が低下していることがあげられ，なかでも，活動量の低下の影響が大きいと考えられる．

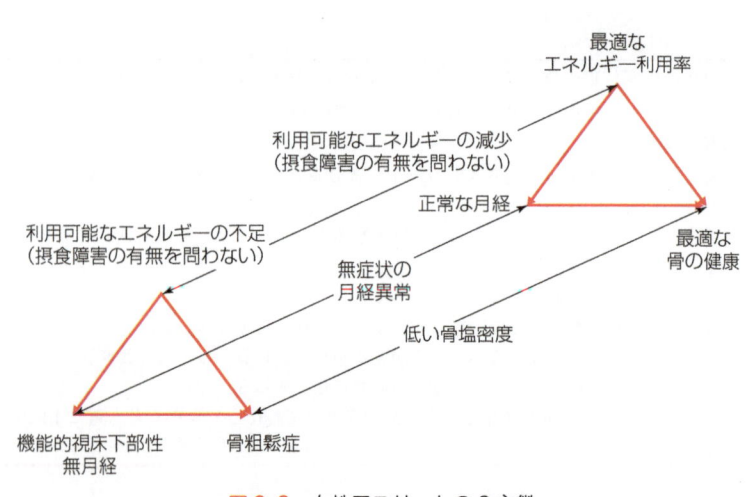

図 8.3 女性アスリートの 3 主徴
A. Nattiv, A.B. Loucks, M.M. Manore, C.F. Sanborn, J. Sundgot-Borgen, M.P. Warren, *American College of Sports Medicine*, 39 (10), 1868 (2007) より作成．

5 肥満と運動・スポーツ

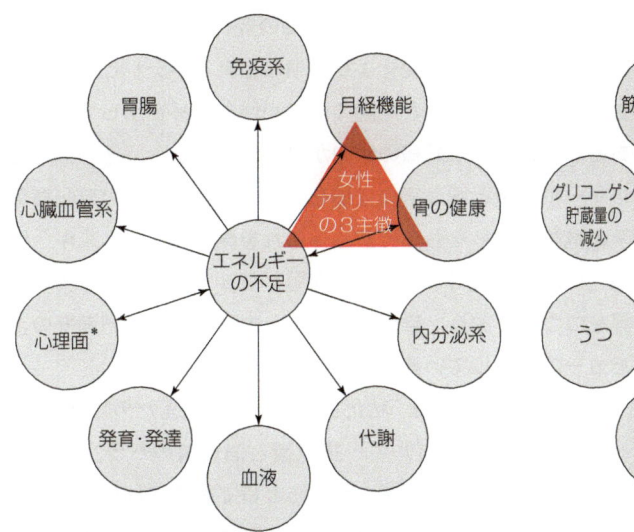

図8.4 RED-Sが人体に及ぼす影響
＊心理的影響はRED-Sに先行して発症したり，結果として生じたりする．
M. Mountjoy, et al., The IOC consensus statement: beyond the Female Athlete Triad — Relative Energy Deficiency in Sport（RED-S）, *British Journal of Sports Medicine*, **48**, 493（2014）より作成.

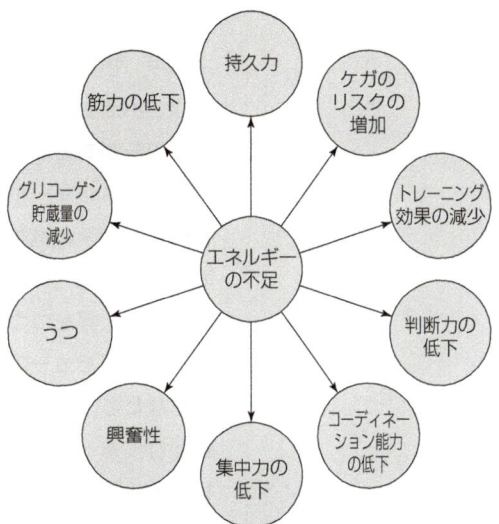

図8.5 RED-Sによる潜在的なパフォーマンスへの悪影響
M. Mountjoy, et al., The IOC consensus statement: beyond the Female Athlete Triad — Relative Energy Deficiency in Sport（RED-S）, *British Journal of Sports Medicine*, **48**, 493（2014）より作成.

表8.4 スポーツ参加のためのRED-Sのリスク評価モデル

ハイリスク：停止　赤信号	中リスク：注意　黄色信号	低リスク：青信号
・神経性やせ症やそのほかの深刻な摂食障害 ・エネルギーの不足に関連するその他の深刻な身体的・心理的疾患 ・脱水や血行動態の不安定，その他の生命の危機をもたらす過度な減量	・長期にわたる異常な低体脂肪率（DXA法，国際キンアンソロポメトリー推進学会の手法，その他の手法による測定） ・大幅な減量（1カ月に5〜10％） ・思春期のアスリートにおける発育・発達不良 ・月経周期の異常：6カ月以上の視床下部性無月経 ・遅発月経 ・男性におけるホルモン異常 ・骨密度の減少（最新の測定結果との比較，あるいはz値<－1SD） ・1度以上のホルモン機能障害または月経不全に関連する疲労骨折歴 ・エネルギー不足による身体的・心理的合併症 （摂食障害，心電図の異常，検査所見の異常） ・長引くRED-S ・チームメンバーに悪影響を与える食行動の異常 ・治療効果が見られない，あるいはコンプライアンス不足	・健康的な食習慣でエネルギー量が適切である ・ホルモン機能，代謝機能が正常である ・スポーツ実施，年齢，人種に即した健康的な骨密度 ・健康的な筋骨格系

M. Mountjoy, et al., The IOC consensus statement: beyond the Female Athlete Triad — Relative Energy Deficiency in Sport（RED-S）, *British Journal of Sports Medicine*, **48**, 495（2014）より作成.

英国では，肥満率の推移と食行動や身体活動の変化を比較し，1日のエネルギー摂取量や脂肪摂取量の変化より，車の保有率やテレビの視聴時間など不活動を表す指標の変化と肥満の増加が似た推移を示しているという報告があるが，日本でも同様の傾向が見られている．図8.7は，日本人のエネルギー摂取量と肥満率の推移を，図8.8は日本人の自動車保有率と肥満率の推移を示したものである．これを見ると，エネルギー摂取量は減少傾向にあるのに対し，とくに課題となっている中高年男性の肥満率が上昇をつづけており，自動車保有率と中高年男性の肥満率の上昇はよく似たカーブを示していることがわかる．

すなわち，近年の肥満の増加は，私たちの食事量が増えたのではなく，動かなくなったことによりエネルギー摂取量と消費量のバランスが崩れ，そこで生まれた余剰のエネルギーが脂肪として蓄積された結果であると考えられる．したがって，肥満の改善，予防には，運動・スポーツの増強が不可欠であるといえる．

6 健康的なダイエットにおける運動・スポーツの役割

食物によるエネルギー摂取量より，基礎代謝量を含むエネルギー消費量が上回れば，体重は減少する．エネルギー量で見ると，ご飯茶碗1杯（150 g）が222キロカロリーであり，運動で同量のカロリーを消費しようとすると，普通歩行で約80分，平泳ぎで約20分の活動が必要となり（20代女性，体重50 kgの場合），食事を制限した方が楽に減量できそうに思える．食事制限のみでも現在のエネルギー消費量より少なくエネルギー摂取量を抑えれば，体重を落とすことが可能である．しかし健康

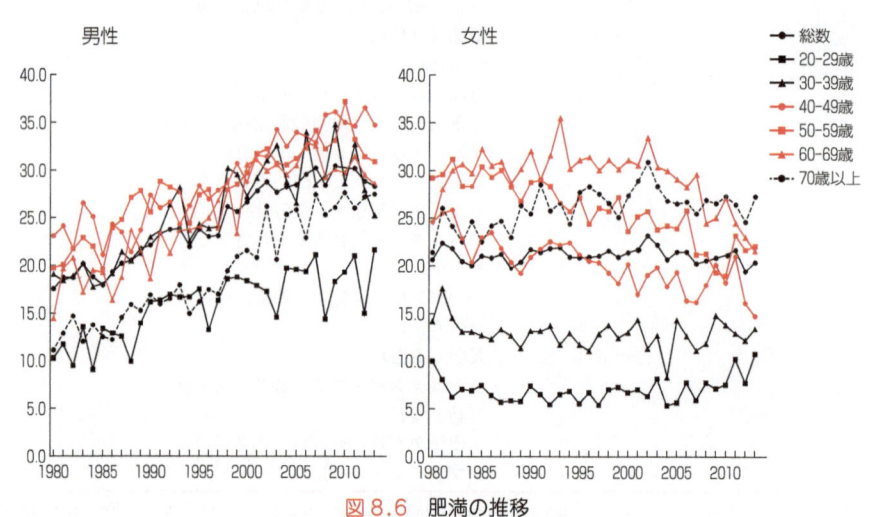

図8.6 肥満の推移
平成25年度国民健康・栄養調査．

という視点から見ると，食事制限だけのダイエットは適切ではない．食事制限だけの減量を行うと，不必要な体脂肪とともに筋肉や骨など健康維持に必要な組織も減少し，基礎代謝量が低下することが知られている．基礎代謝量の低下はエネルギー消費量の低下をまねき，体重が減ったとしても以前より太りやすい身体となってしまう．これに対して，食事制限とともに運動・スポーツを行うと，身体に必要な組織の減少を最小限に抑えながら減量することができる．つまり，健康的なダイエットには，運動・スポーツの実施が不可欠なのである．

また，運動・スポーツは，減量後の体重維持にも大きく影響する．National Weight Control Registry に登録されている中から，18歳以上で 13.6 kg 以上減量し，1年以上維持している 784名（女性 629名，男性 155名）のデータを使用し，長期の体重維持に成功した者の特徴を検証した報告がある．その結果，食事制限の手法や身体活動の内容はさまざまであるものの，実に 89% が，食事制限と身体活動を併用して減量を行っていたことが示されている．このことからも，健康的なダイエットの達成のためには，食事制限と運動・スポーツの実施を組み合わせることが必要であるといえる．

National Weight Control Registry
米国の研究者による減量維持成功者の追跡調査プロジェクト．

7　ダイエットの行動科学

　肥満を改善する際には，リバウンドをいかに予防するかが重要な課題となる．減量した体重を維持していくためには，目標体重までの減量を達成した後も，健康的な食習慣，および身体活動習慣を生涯にわたって継続する必要がある．しかし，長期にわたる食習慣や活動習慣の変容・

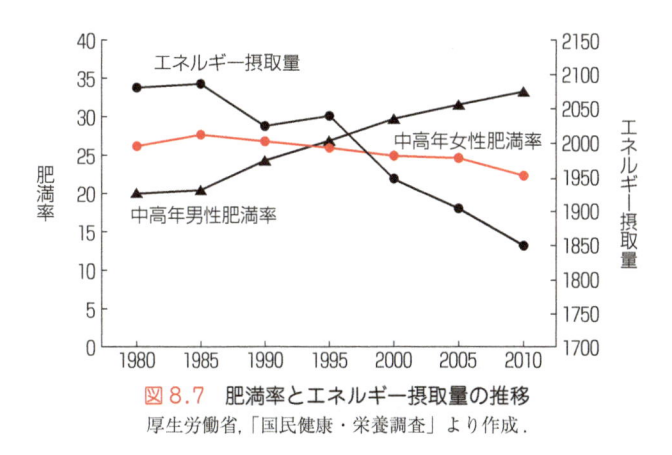

図 8.7　肥満率とエネルギー摂取量の推移
厚生労働省，「国民健康・栄養調査」より作成．

8章 運動とダイエットの心理

＊個別のモデルに関しては7章を参照．

維持は大変難しく，こうしたライフスタイルの変容には行動変容の理論やモデルを活用することが有効である＊．

特定健診・特定保健指導においても，検診の結果，メタボリックシンドロームのリスクが高い者に対しては，変容ステージに基づいた動機づけ支援，積極的支援が実施されている．行動科学に基づいた専門家の支援を行いながら，最終的には行動の自己コントロールができるようになることが，ダイエットの成功には不可欠である．ここでは，減量の達成や維持に関わる行動科学として，逆戻りの予防を紹介する．

逆戻りとは，一度変容した行動習慣が，再び元に戻ってしまうことで「ターゲットの行動の変容や修正を試みる中で，破綻や後退すること」と定義される．図8.9 は逆戻り予防モデルを運動用に改良したものである．このモデルでは，運動中止のハイリスク状況において誤った対処を行うと，**セルフ・エフィカシー**（できるという見込み感）が低下し，やがて逆戻りを引き起こすと考えられており，その予防法として，ハイリスク状況，および抑制妨害効果への対処をあげている．

ハイリスク状況とは，「人のコントロール感を脅かし，逆戻りの危険性を増加させるあらゆる状況」を指す．減量におけるハイリスク状況としては，「いらいらを解消するために食べすぎてしまう」などの否定的感情や「サークルでの飲み会を断われず，摂取エネルギーが増えてしまう」のような家族や友人との関係，「テスト期間中でフィットネスクラブに通えない」などの学業，「雨が続いて外出が減り，活動量が落ちる」などの天候などの要因が考えられる．このような状況に上手に対処するためには，まず，自分のハイリスク状況を認識する必要があり，それには**セルフモニタリング**を行うことが役立つ．自分のハイリスク状況が何

セルフモニタリング
セルフモニタリングとは，自分の行動の記録をとることである．行動記録を蓄積し，その結果を見返すことによって，自身のハイリスク状況や課題を明確化でき，現状に見合った適切な目標設定につなげることができる．記録項目と評価基準を決めておけば，スケジュール帳の余白でも実行できる（図8.10）．

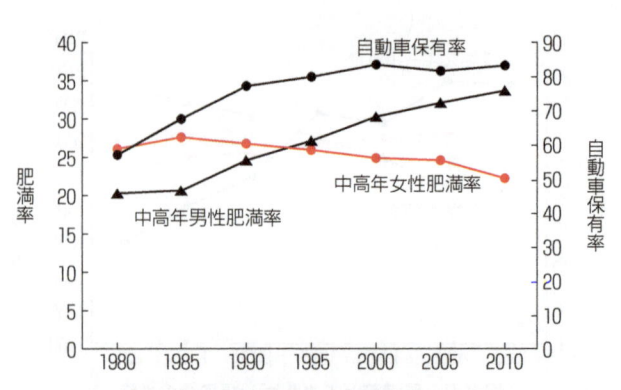

図8.8 肥満率と自動車保有率の推移
厚生労働省，「国民健康・栄養調査」および内閣府「消費動向調査」より作成．

であるかを認識した後は，それぞれの状況にどのように対処するのかを決める．たとえば，「テスト期間中は自宅でできる簡単なトレーニングメニューを用意しておく」，「雨の日には屋内で行う活動を決めておく」，「友人からの誘いの上手な断わり方を考えておく」などである．

　逆戻りを起こすときには，「お菓子をひと口食べてしまったから，もう後はいくら食べても同じだ」，「せっかく毎日ウォーキングをしていたのに，今日はバイトで遅くなってできなかった．来週までサボっても同じだ」のような考え方に陥ることが見られる．このように，1度の失敗ですべてが終わりだと思い，完全に逆戻りしてしまう傾向のことを**抑制妨害効果**と呼ぶ．しかし，実際には，お菓子一つで我慢し食事制限をつづけるか，すべて食べてしまうか，翌日から気を取り直してウォーキングを再開するか止めてしまうかでは，減量結果は大きく異なる．したがって，抑制妨害効果に陥らないためには，失敗は一時的なもので，取り返しのつかない最悪の事態などではなく，単なるミスであると認知を変える必要がある．たとえば，「お菓子を一つ食べてしまったとしても，その分多めに身体を動かせば十分取り戻せる．つづけることが肝心だ」，「今日できなかった分，明日少し長めにウォーキングをして取り戻そう」など，自分の気持ちを上手に切り替える言葉を用意しておくとよい．気持ちをすぐに切り替えて，失敗をその一度限りのものにし，長期的な中断にしないことが，ダイエット継続のポイントである．

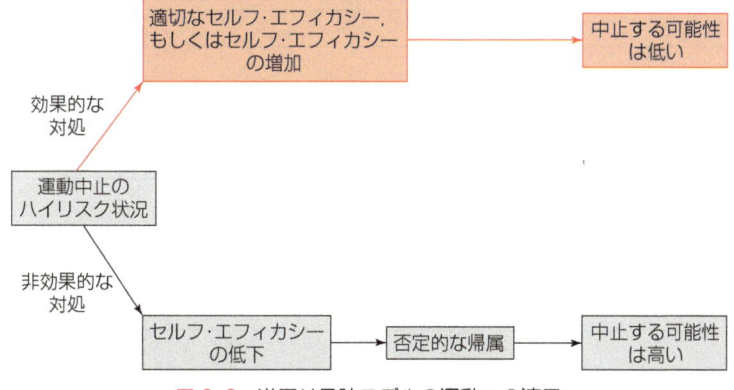

図8.9　逆戻り予防モデルの運動への適用

スチュワート J. H. ビドル，ナネット・ムツリ，竹中晃二，橋本公雄　監訳．『身体活動の健康心理学：決定・安寧・介入』，大修館書店（2005），p.129 より作成．

復習トレーニング

次の文章のカッコの部分に適切な言葉を入れなさい.

❶ 自分のBMIを算出し，表8.1に沿って適正体重であるかどうか判定してみよう．BMI（　　　　）体型（　　　　　　）

❷ 日本人の体型分布の特徴は，（　　　　　　　）にやせが多く，（　　　　　　　）で肥満が増加していることである．

❸ 女性アスリートの3主徴とは，（　　　　　　），（　　　　　　），（　　　　　　）の三つの症状を指す.

❹ 逆戻りを起こさず運動を継続するためには，（　　　　　　）や（　　　　　　）に対処することが必要である．

	記入例	月　日 月	月　日 火	月　日 水	月　日 木	月　日 金	月　日 土	月　日 日
1日の歩数	7320歩	歩	歩	歩	歩	歩	歩	歩
階段を利用する	○							
間食を控える	×							
目標の達成度	△							
ひとことメモ	晴れ レポートを書きながらお菓子に手が伸び，1袋食べてしまった							

今週の目標：

記入方法
できた：○　半分くらいできた：△　できなかった：×

図8.10　セルフモニタリングシート

9章 身体活動のヘルスプロモーション

9章のPOINT

◆ わが国におけるヘルスプロモーションの必要性を学びます．

◆ 健康づくりに効果的な身体活動量を学びます．

◆ 運動の習慣化に役立つ行動科学的理論を具体的に学びます．

9章 身体活動のヘルスプロモーション

1 ヘルスプロモーションと身体活動

（1）健康とは

　現在のように医療が発達する前は，病気でない状態，あるいは長生きを健康とする考えが支配的であった．**世界保健機関**（World Health Organization, **WHO**）は，第二次世界大戦直後の1946年に，「健康とは，たんに病気あるいは虚弱でないというだけではなく，身体的・精神的・社会的に完全に良好な状態をいう」という健康の定義を示した（図9.1）．これは，身体的状態に限定せず，精神や社会的状態をも含む**安寧**（well-being）を目指すという積極的な考え方を反映している．

（2）少子高齢化と生活習慣病の増加

　わが国では，1947年からの3年間，ベビーブームに沸いた．そして，1971～74年に，このベビーブームに生まれた**団塊の世代**の人たちが親となり，第二次ベビーブームを迎えた．これ以降，子どもの数は減少している．その一方で，65歳以上の高齢者が総人口に占める割合を示す高齢化率は，2014年の26.0％から，2025年に30％，2060年に40％に増加すると予測されている．少子高齢化は，ますます深刻化する見込みである．

　病気は時代とともに変化する．医療の進歩に伴って，かつて「死の病」とされた感染症，結核による死亡は激減した（図9.2）．その反面，三大生活習慣病〔がん（悪性新生物），虚血性心疾患，脳血管疾患〕による死亡者が増えており，全体の約6割弱を占める．

団塊の世代
第二次世界大戦の終結〔1945年8月〕により平和が回復したことで，ベビーブームを迎えた．とりわけ1947～49年の3年間に生まれた人が約806万人と著しく多い．ビートたけし，西田敏行，武田鉄矢などは，この「団塊の世代」の代表的な著名人である．

World Health Organization

Health is a state of complete physical, mental and social well-being and not merely the absence of disease or infirmity.

健康とは，たんに病気あるいは虚弱でないというだけではなく，身体的・精神的・社会的に完全に良好な状態をいう

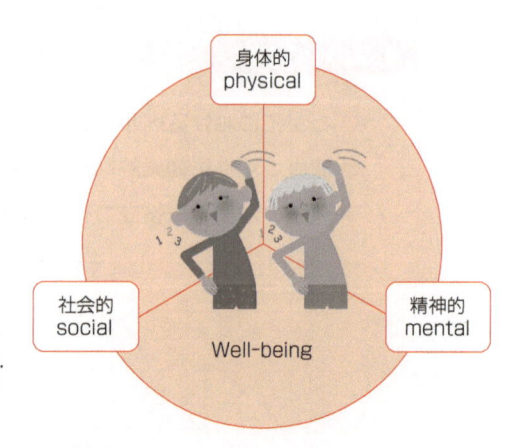

図9.1　健康のイメージ

このように，わが国では，少子高齢化と生活習慣病の増加が同時に進んでおり，その結果として虚弱な高齢者が増加しつづけることは避けられそうにない．これに歯止めをかける鍵が**ヘルスプロモーション**（health promotion）にある．

（3）一次予防とヘルスプロモーション

国民の健康には，重い病気から社会復帰する**三次予防**や，病気を早期に発見・治療する**二次予防**が貢献してきた．ところが，近年増加している生活習慣病の発症の根源には，運動不足やタバコなどといった健康に悪い生活習慣がある．そのため，これを健康的に改善して病気を未然に防ぐ**一次予防**がクローズアップされている．こうした現代社会の健康問題の変化に対応するため，WHOは，1986年に，ヘルスプロモーションを「人びとが自らの健康をコントロールし，改善する能力を高めていくプロセス」と定める**オタワ憲章**を採択した．これは，疾病予防のみならず，健康の定義の後半部分，すなわちwell-beingを目指す「一次予防」の推進を意図している．

わが国では，ヘルスプロモーションを「健康づくり」と表す．これは，図9.3に示すように，教育的支援と環境的支援の両面から健康社会の構築を目指している．たとえば，人びとにウォーキングの健康効果を教える教育的支援は，好ましい意志決定・行動選択を導くことにつながる．しかし，健康知識を得るだけでは，身に染みついた怠惰な生活習慣を改善することは難しい．歩きやすい道の整備や仲間づくりなど，人びとを取り巻く環境的支援も合わせて行うことが重要である．

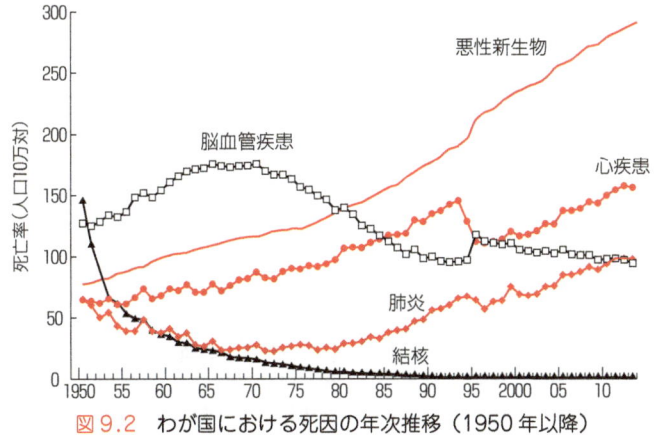

図9.2 わが国における死因の年次推移（1950年以降）
厚生労働省，人口動態調査をもとに作図．

（4）身体活動

スポーツ，運動，生活活動，そして身体活動．これらは，似たような概念であるが，どう違うのであろうか？　掃除，洗濯，食事の支度などで家の中を歩くのは，**生活活動**である．ラジオ体操や腕立て伏せは，**運動**である．サッカーや野球など，一定のルールの下で遊戯的かつ競争的に行う活動は，**スポーツ**である．通勤や犬の散歩など，比較的長く歩く場合は，運動とも生活活動とも捉えることができる．また，毎朝1時間ウォーキングを習慣的に行っている人にとっては，運動ともスポーツとも捉えることができる．身体活動とは，これらすべての筋活動を含んだものである（図9.4）．

（5）健康の維持増進に必要な身体活動量

健康づくりには，最大酸素摂取量の約50％強度（**ニコニコペース**）での有酸素運動を週3時間以上行うことが理想的である．しかし，多くの人にとってこれを実践するのは難しい．近年の研究成果から，10分程度の歩行を1日に数回行ったり，家事・庭仕事などを含めた身体活動量を増やすことでも，理想的な運動と同等の効果が得られることが明らかにされてきた．そこで，一般の人びとにとって実行可能性が高い身体活動量の増加に焦点が当てられるようになってきた．

わが国では，**健康づくりのための身体活動指針（アクティブガイド）**において，23メッツ・時/週以上（その内4メッツ・時/週は運動）を18〜64歳の目標値に定めている．身体活動量は，図9.5に示したように，「身体活動の強さ（**メッツ**）×行った時間」の1週間の合計量で

ニコニコペース
福岡大学の進藤宗洋と田中宏暁が，健康づくりに最適な運動強度である乳酸閾値（lactate threshold）をわかりやすく名づけたもので，最大酸素摂取量の約50％に相当する．文字通り，「ニコニコ」して運動できる強度であり，心拍数は138 −（年齢÷2），RPE（自覚的運動強度）は11（楽である）〜13（ややきつい）を目安にする．

アクティブガイド
厚生労働省は，2013年からの「健康日本21（第二次）」の開始に合わせ，従来の基準に新たな科学的知見を加えた「健康づくりのための身体活動基準2013」と，その実践手引き「健康づくりのための身体活動指針（アクティブガイド）」を発表した．

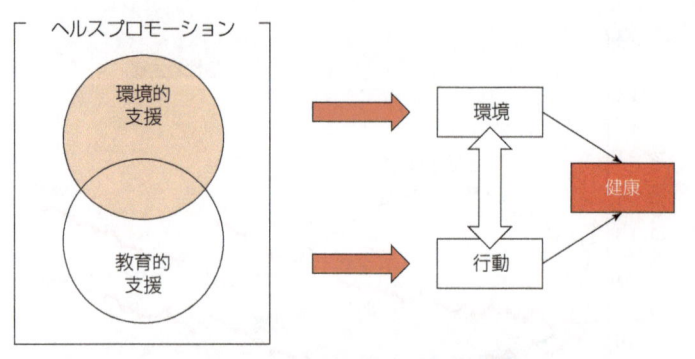

図9.3　ヘルスプロモーションの概念
L.W. グリーン，M.W. クロイター，神馬征峰，岩永俊博，松野朝之，鳩野洋子 訳，『ヘルスプロモーション — PRECEDE-PROCEED モデルによる活動の展開 —』，医学書院（1997），p.21.〔L.W. Green, M.W. Kreuter, Health promotion planning : An educational and environmental approach. Mountain View, Mayfield Publishing Company（1991）.〕

表す．23メッツ・時／週は，歩行またはそれと同等（3メッツ）以上の身体活動を毎日1時間，4メッツ・時／週は，息が弾み汗をかく程度の週1時間の運動にそれぞれ相当する．しかし，一般の人びとが，どの身体活動をどれくらい行ったのかを自分で把握することは難しい．

そこで役立つのは，**歩数計**である．これは安価で操作が容易であり，身体活動量の把握に優れたツールである．アクティブガイドに求められる身体活動量は，1日8,500歩から10,000歩に相当する．しかし，わが国の平均値は，男性7,139歩，女性6,257歩と目標量を充たしていない．国が**プラス・テン（+10）**というキャッチフレーズで推奨しているように，歩数計を頼りにすれば，1日1,000歩（約10分の歩行）を増やすような行動変容は比較的容易である．その結果として，望ましい身体活動量である「1日1万歩」を達成できる可能性が高くなる．

（6）ヘルスプロモーションに必要な心理的方策

身体活動量が多いほど，虚血性心疾患や脳血管疾患の発症や死亡の危険性，またこれらの基礎疾患である高血圧症や糖尿病の発症率が低く，メンタルヘルスや生活の質（QOL）の改善，高齢者における寝たきりや死亡の減少に効果的である．逆に，身体活動量の不足は，冠動脈性心疾患，2型糖尿病，乳がん，大腸がんの原因の6〜10%と推定されている．身体活動量の不足は，肥満や喫煙と同等の悪影響を及ぼすことが報告されている．

ところが，実際には運動を習慣的に行っている人（1回30分以上，週2回以上，1年以上）は，男性36.1%，女性28.2%にすぎない．それ以外のほとんどの人びとは，「運動は健康に役立つ」と頭の中で理解し

> **メッツ（METs）**
> metabolic equivalents の略．安静時の酸素摂取量（3.5 mL/kg/分）を基準にして，運動時の酸素摂取量がこの何倍に当たるかを示す運動強度．平地でのウォーキング（分速100 m程度）は4メッツ．消費カロリー（kcal）は，メッツ×時間×体重（kg）で算出できる．

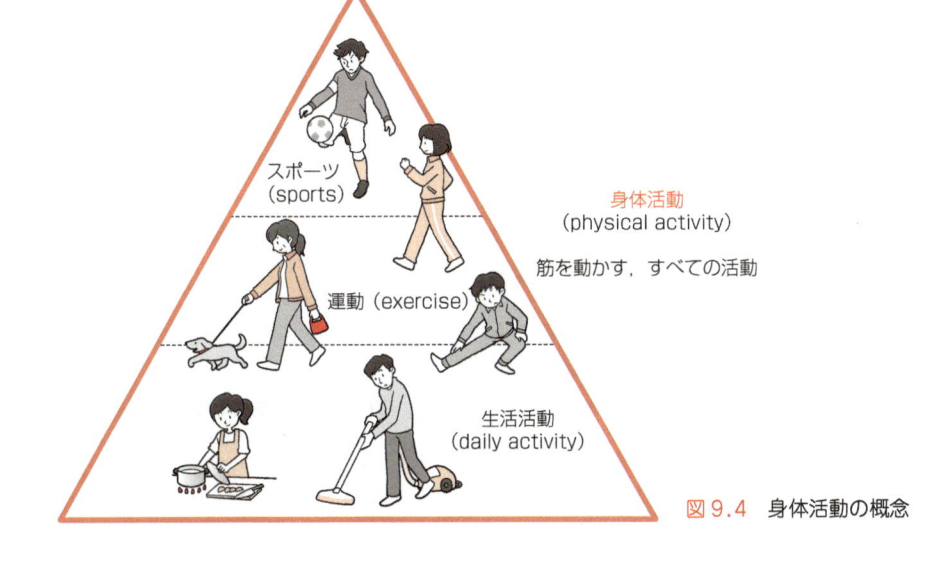

図9.4 身体活動の概念

ているだけで実行していない．身体活動のヘルスプロモーションとは，運動実践者の継続を支援するとともに，「考えているだけで運動をしていない人」をアクティブに変化させようとする挑戦である．これを現実化するためには，効果的な運動の方法を正しく教えることに加え，次節で解説する行動科学的な心理的アプローチを行っていくことが大切である．

2　身体活動量を高める，おもな行動科学的手法

「毎朝 6 時半からラジオ体操」という運動習慣は素晴らしいと誰しもが認めるだろう．しかし，多くの人は張り切って始めても，三日坊主に終わる．ラジオ体操のためには，1) いつもより 30 分早く起床，2) そのために早く寝る，3) グズグズしないで布団から勢いよく出る，4) すぐに着替えるなど，今までの行動を新しい行動に修正しなければならない．これを**行動変容**という．ところが，体に染みついた行動が蓄積して形成された行動パターン，つまり習慣を変えることは意外にも難しい．これを手助けする行動科学的手法を考えてみよう（表 9.1）．

(1) 目標設定

適切な目標設定は，モチベーションを高める．目標は，自分の目につくところ（机，手帳，トイレなど）に示して，成功している自分を常にイメージするとよい．目標設定の留意点を以下に示す．

① 難易度

多くの人は，最初から難しすぎる目標を設定してしまい，結局失敗してしまう．その結果，**自己効力感**が上昇しない．目標のレベルは，少し

自己効力感（self-efficacy）
自己効力感は，アルバート・バンデューラ（Albert Bandura）の社会的学習理論において中核となる概念の一つである．難しい課題の克服に必要な行動を上手く遂行できるかという可能性（効力予期）の認知のことをいう．

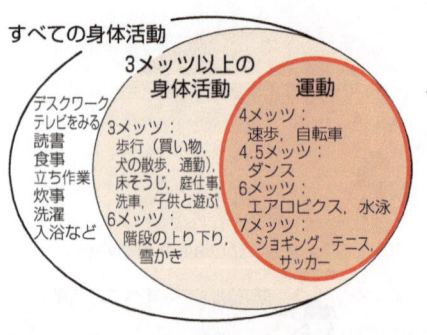

図 9.5　アクティブガイドの考え方
Ex：エクササイズ．

2 身体活動量を高める，おもな行動科学的手法

表9.1 おもな行動科学的手法とその内容

おもな行動科学的手法	具体的内容
目標設定	現在よりも20%増しの努力で達成できそうな具体的目標を設定する．それを目につく場所に掲げる．常に目標を達成した自分をイメージする
セルフモニタリング	記録票に体重，1日歩数，間食などを記録．記録することで自分の癖に気づき，それを修正する具体的な行動を考え実行する
グループワーク	同じ目的をもつ人たち7人程度で気楽に話し合う．仲間の話すエピソードに共感したり，まねができそうなヒントを得る
オペラント強化法	ウォーキングをした後に，よい結果が得られると，歩くという行動が強化される．目標運動量に達したら大好きなビールをごほうびとして自分に与える
ソーシャルサポート	家族や友人からの社会的な強化を活用．近所のウォーキング友達に声をかけてもらって一緒に運動する
刺激統制法	目につく所に目標を書いた紙を貼るなど，ウォーキングをしたくなる刺激を増やす．ダイエット中は，お菓子を目の前におかない
反応妨害（習慣拮抗）法	不安やイライラに刺激され，食べて解消したいとする衝動を，歯を磨く，運動するといった別の行動をすることで抑える
社会技術（自己主張）訓練	節酒中に宴会で酒を勧められたとき，うまく断る方法をロールプレイなどで練習しておく
認知再構成法	ささいなつまずきに過剰反応したり，それまでの努力を投げ出さないように不適応的な考えに気づかせて，現実的な思考におき換えるようにする
再発予防訓練	禁煙した人が酒を飲むとタバコを吸いたくなるといった再発しやすい状況をあらかじめ予測し，その際にとるべき行動を準備しておく

頑張れば（現在よりも20%増し）達成できるものが適切である．初めてでよくわからないときは，ほぼ100%達成できるレベル設定で構わない．次により難しくなるよう，上方修正すればよい．このように難易度は容易なものから少しずつ段階的に高めるとよい．これを**スモールステップの法則**という．少しずつでも自分の向上を認識できれば，これが成功体験となって自己効力感が確実に上昇する．

② 期限を定める

期限を1年間とすると，先が長すぎて途中で見失ってしまったり，不測の事態に対処できなかったりする可能性がある．そのため，1年先の大きな目標を見据え，自分の将来が見越せる2週間〜1カ月で期限を設定するとよい．たとえば，1年後にフルマラソンに初挑戦する人であれば，「この2週間は，最低でも15 km走る」という具合である．

③ 具体的で測定可能な目標

目標を設定するとき，「この2週間は，一生懸命に走る」というような抽象的な表現を避ける．「一生懸命に走る」とは，何なのかを具体的に数値で示し，それを評価する．

（2）セルフモニタリング

クライアント
臨床心理学では，カウンセリングなどの心理療法を受ける人を患者（patient）ではなく，クライアント（client）と呼ぶ．「来談者」と訳されることが多い．クライエントともいう．

セルフモニタリングは，**クライアント**に，体重，1日の歩数，運動時間，食事内容などを記録してもらうものであり（図9.6），身体活動のヘルスプロモーションの中核をなす行動科学的手法である．ただし，記録内容が詳しすぎると長続きしないので，健康づくり指導者は記録しやすいように工夫しなければならない．

多くの人は，今日どれくらい歩いたのか，ぼんやりとしか覚えていない．しかし，歩数計を装着し記録をつけていくと，たとえば，「平日はよく歩いているが，土日は歩数が落ちる」ことに気づき，「歩数を増やさないといけない」と評価する．こうなると，「買い物に行ったときに店の中を歩き回ってきた」などの具体的な対処行動を起こすことになる．

また，「歩数を増やさなければ，恥ずかしくて記録票に書けない」という意見をよく聞く．これは，記録自体が，歩数の増加につながる**刺激**

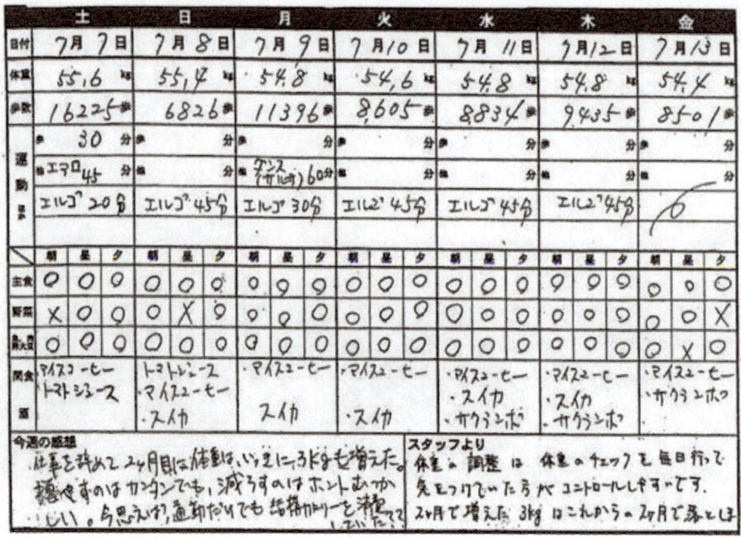

	土	日	月	火	水	木	金
日付	7月7日	7月8日	7月9日	7月10日	7月11日	7月12日	7月13日
体重	55.6 kg	55.4 kg	54.8 kg	54.6 kg	54.8 kg	54.8 kg	54.4 kg
歩数	16225歩	6826歩	11396歩	8605歩	8834歩	9435歩	8501歩
運動	30分	分	分	分	分	分	分
運動	エアロ45分	分	ダンス（サルサ）60分	分	分	分	分
運動	エルゴ20分	エルゴ45分	エルゴ30分	エルゴ45分	エルゴ45分	エルゴ45分	0

	土 朝	土 昼	土 夕	日 朝	日 昼	日 夕	月 朝	月 昼	月 夕	火 朝	火 昼	火 夕	水 朝	水 昼	水 夕	木 朝	木 昼	木 夕	金 朝	金 昼	金 夕
主食	○	○	○	○	○	○	○	○	○	○	○	○	○	○	○	○	○	○	○	○	○
野菜	×	○	○	○	×	○	○	○	○	○	○	○	○	○	○	○	○	○	○	○	×
乳製品	○	○	○	○	○	○	○	○	○	○	○	○	○	○	○	○	○	○	○	×	○

	土	日	月	火	水	木	金
間食・酒	アイスコーヒー トマトジュース	トマトジュース ・アイスコーヒー ・スイカ	・アイスコーヒー スイカ	・アイスコーヒー ・スイカ	・アイスコーヒー ・スイカ ・サクランボ	・アイスコーヒー ・スイカ ・サクランボ	・アイスコーヒー ・サクランボ

今週の感想	スタッフより
仕事を辞めて2ヶ月目は体重は，いっきに3kgも増えた。増やすのはカンタンでも，減らすのはホントむつかしい。今思えば，通勤だけでも結構カロリーを消費していたって	体重の調整は体重のチェックを毎日行って気をつけていた方がコントロールしやすいです．2ヶ月で増えた3kgはこれからの2ヶ月で落としましょう．

図9.6　セルフモニタリングの例

因子となっている．さらに，「以前に比べて歩数が増えた」，「体が軽く感じる」などの成功体験は，努力している行動を自分自身で**強化する**．さらに，指導者から励ましの言葉が書き加えられると，行動を強化する**正のフィードバック**が反復して与えられる．このように，セルフモニタリングは，行動と状況の関係に気づき（**自己観察**），行動の善し悪しを評価し（**自己評価**），望ましい行動を促進（**自己強化**）するという一連の好循環を生み出す．セルフモニタリングを通して，小さな行動変容を積み重ねていくことで，望ましい行動パターンが形成され，やがて習慣化していく．

（3）グループワーク

健康づくり指導者の大部分は，クライアントに「しっかりと知識や実技を教えれば，きっとやってくれる」と思い込んでいる．しかし，指導者が，「血糖値が130もありますから，毎日1時間はウォーキングしないと，ひどい糖尿病になって十年後には人工透析になりますよ」とクライアントに教えても，歩き始めることはまずない．指導者が真剣に教えても，当の本人は他人事のように捉えているからである．しかし，同じような情報を兄弟や友人から聞くと，「このままではまずい！」と認識を改め，酒を減らしたり歩き始めたりする．つまり，行動変容に大きな影響を及ぼすのは，正しい情報それ自体よりも，自分の状況に近い人から発せられた言葉なのである．

グループワークは，7人程度のグループになって，ざっくばらんに近況を話し合うものである（図9.7）．たとえば，「職場で配られるお菓子を断わりつづけている」というエピソードを話した人は，他の参加者か

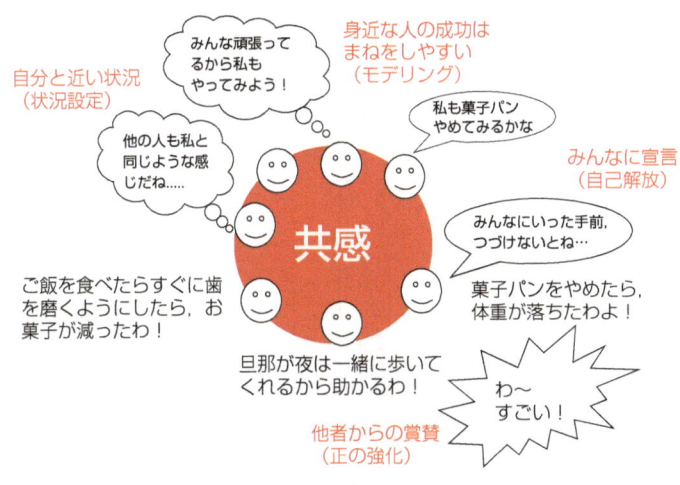

図9.7 グループワークの展開例

モデリング
モデリングは，自分自身が実際にしたことがない行動を，他人が上手く行っていることを観察して模倣することにより，適応的な行動パターンを習得し，不適応な行動パターンを消去する学習過程を意味する．自己効力感を高める四つの要因の一つにあげられている．

ら拍手とともに賞賛される．それを聞いたクライアントは，「自分の職場と同じような状況だわ．あの人と同じような行動ができそうだ．」というモデリング（代理体験）をしていることになる．グループワークには，モデリングに必要な三つの要素，すなわち，1) 状況設定（自分と近い状況），2) モデル行動（その状況下での望ましい行動），3) 正の強化（他者からの肯定）が自然な形で含まれている．

指導者は，明らかに間違った方向に話が進んでいない限り口出しせず，参加者が発言しやすい環境を提供することに徹する．クライアントに伝えたいことは，参加者に代弁してもらえばよい．

（4）意思決定バランス

シェイプアップのためにウォーキングをしたいが，外はとても寒い．**意思決定バランス**（decision making balance）とは，戸外の寒さ（負担）とウォーキングによる爽快感（利益）を天秤にかけ，どちらを強く感じるかで行動が変わるとするという理論である．

爽快感を得たいと考えればウォーキングを行い，寒さが嫌であれば室内にいることを選ぶ（図9.8）．身体活動量を増やすには，利益と負担に対する認知を変化させなければならない．つまり，爽快感，喜びといった身体活動による利益をさらに強く感じ取り，悪天候，運動場所がない，時間がない，仕事で疲れたなどの運動遂行上の障害に対する対処策を講じることで，負担の度合いを下げる．

（5）オペラント強化法

行動した後に心地よい刺激（正の強化子）を得ることは，行動の頻度

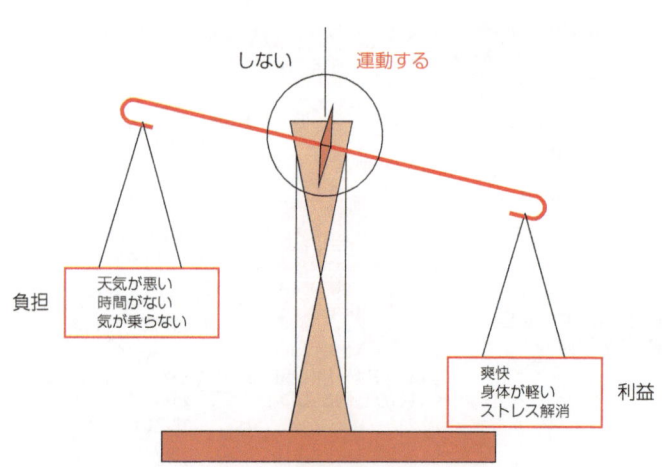

図9.8 意思決定バランス
利益をより強く感じれば運動し，負担を重く感じれば運動しない．
I. L. Janis, L. Mann, Decision making : A psychological analysis of conflict, choice, and commitment, Collier Macmillan（1977）．

を高める．これを**オペラント強化**という．たとえば，休まずに 1 カ月間毎朝ウォーキングをしたら，欲しかった運動靴を買うなどの自己強化を意識的に用いたり，家族や友人からほめてもらうなどの社会的強化を活用することで，ウォーキングを継続しやすくなる．

3 身体活動のヘルスプロモーションの実践例

（1）教育的支援の例

　公的な健康づくり施設で行った，身体活動量増加を目指す運動習慣獲得教室の実際例を示す．対象者は，運動習慣のない一般市民，男性 100 名，女性 678 名，計 778 名（平均 48 歳，22 ～ 75 歳）である．教室は，全 12 回（3 カ月間），毎週 1 回 2 時間の運動指導＋行動変容教育から成る．参加者は，配布された記録票に 1 日歩数，運動時間，体重，簡単な食事チェック・間食などを毎日セルフモニタリングした．ほかには，目標設定，グループワーク，オペラント強化など行動科学的手法を用いた．身体活動量の目標は，有酸素運動を週 180 分以上，1 日 1 万歩以上とした．教室前後に自己効力感・健康度測定を行って効果を評価した．

　その結果，参加率は平均 74.9％，期間中の半分以上の日数で記録した人は 77.8％ であった．自己効力感は，運動，食生活，健康管理，および総合点のいずれも上昇した（図 9.9）．1 日歩数は平均 8,678 歩から 9,597 歩へ，有酸素運動の実施量は週 13 分から 227 分にそれぞれ増加した．さらには，体重，体脂肪率，および総コレステロールが低下し，最大酸素摂取量が上昇した．これらの得点の変化は，すべて統計学的にも有意

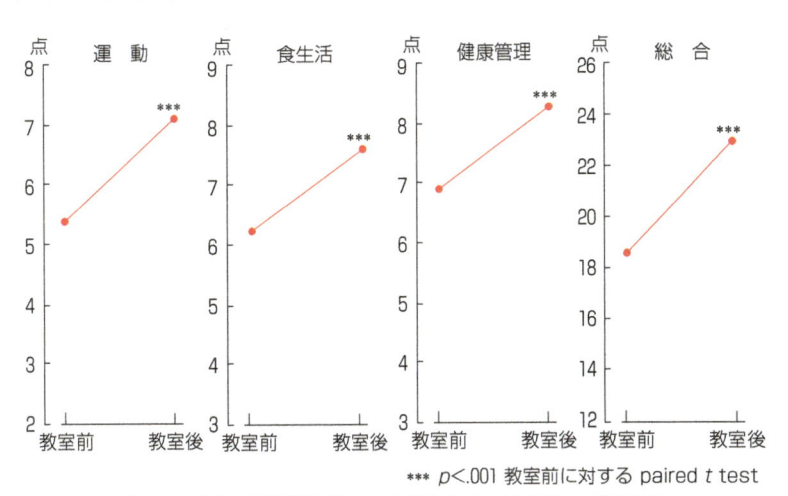

*** $p<.001$ 教室前に対する paired t test

図 9.9　運動習慣獲得教室への参加による自己効力感の変化

であった．

　大部分の運動指導者は，提供する運動によって目前のクライアントを満足させることには目が向く．しかし，指導をしていない日に彼らが行う身体活動には，意外にも興味が薄い．クライアントの身体活動量を増やすには，指導者が教えた日の運動よりも，それ以外の日に彼らが自発的に行う運動の方がむしろ重要である．指導者は，これに気づき，意識を改革しなければならない．そして，指導者は，クライアントのセルフモニタリング継続を励まし，努力しているプロセスをほめることで，彼らのモチベーションを高め，自発的に運動を実践するように導く．そうすれば，クライアントは自ずと努力している自分自身を肯定的に捉え，問題点に気づいて行動を変容するようになる．

　行動科学的手法を取り入れた生活習慣変容プログラムは，実施場所や対象者に応じて柔軟に対応できる．たとえば，大学生の体育授業の中で，食事・運動・睡眠などのセルフモニタリングを宿題として課すものや，高齢者の転倒予防教室の一環として，記録を通して家庭で実施可能な運動の実践を促すプログラムなどが行われている（図9.10）．インターネットを経由した非対面によるプログラム開発も進んでいる．クライアントの学習機会をさらに増やし，健康習慣を守る社会が一般化していくことが期待される．

（2）環境的支援の例

　テーマパークや大型のショッピングセンターで休日を過ごせば，歩き回っているうちに自然と1万歩を達成してしまう．身体活動のヘルスプロモーションには，先にあげた教育的支援に加えて，人びとが動きたく

図9.10　行動科学的手法を用いた生活習慣変容プログラムの実例
左：大学体育授業の中で実施する「健康になりま帳」を活用したヘルスプロモーション．
右：地域高齢者向けの転倒予防運動のセルフモニタリング．

なるような環境を創設する環境的支援も重要である．

　隣国の韓国では2008年頃からウォーキングの大ブームが起きている．この火つけ役となったのは，済州島を周回するウォーキング専用道「済州オルレ」（約420 km）である（図9.11）．これは，ソウルでジャーナリストとして活躍していた徐明淑女史（ソ・ミョンスク）が，スペインの巡礼路「サンティアゴ・デ・コンポステーラ」を歩いて旅したことに感銘を受け，数多くの民間ボランティアの協力を得て，行政の力に頼らず5年間かけて故郷につくった道である．美しい自然の中を歩く済州オルレ旅行者は，年間100万人以上に上り，地元の経済活性化にも大きく貢献している．

　また，韓国第二の都市である釜山市は，海岸，川辺，森，山に全長264 kmに及ぶウォーキング道「カルメッキル」を整備した（図9.11）．そして，行政と民間団体が協力して，市民の参加を募るウォーキングイベントを頻繁に開催している．カルメッキルは，土日には1日4万人が歩いていると推計され，市民の健康づくりに貢献していることはもちろん，観光資源にもなっている．韓国ではウォーキング道の整備が急速に進み，その総距離は東京～大阪間の約34倍に相当する17,671 kmに達している（2013年7月現在）．このような国をあげた環境的支援が，一種の文化現象ともいえるウォーキングブームを牽引している．

　わが国は，世界一の速度で高齢化が進行し，虚弱高齢者のさらなる増加が確実視されているため，身体運動のヘルスプロモーションは，他国にもまして求められる国民的課題である．ところが，昨今の財政難から，運動環境の整備は，細々とつづけられているにすぎない．官民一体となって知恵を絞り，大胆かつ急ピッチで人びとが運動をしたくなる環境をつくっていかなければならない．

図9.11　韓国で整備されているウォーキング道
a, b：済州オルレ，c, d：釜山カルメッキル．

a：私有地の牧場の中を歩く
b：馬の向きが行く先を示す
c：人口湖の水辺を歩く
d：海の断崖に沿って歩く

復習トレーニング

次の文章のカッコの部分に適切な言葉を入れなさい．

❶ 生活習慣病の発症には，運動不足や喫煙などの悪い（　　）が深く関与している．世界保健機構（　　）は，1986年に（　　）憲章を採択し，（　　）を進めている．わが国では健康づくりと呼ばれ，（　　）的支援と（　　）的支援の両面から推進されている．

❷ 生活習慣病の予防には，週3時間以上の（　　）運動を行うとよい．しかし，一般の人びとがこれを実行するのは難しい．そこで，掃除や洗濯などの（　　），犬の散歩や腹筋運動などの運動，そして野球やサッカーのような（　　）のすべてを合わせた（　　）量を増やすことが注目されている．健康づくりのための身体活動指針（　　）に定められた目標量の達成には，（　　）を活用して（　　）で推奨される毎日千歩（約10分の歩行）の増加を目指すとよい．

❸ 自分の願望を明確にするには，まず（　　）を行う．ただし，いきなり難しいものに挑まず，少しずつ難易度を上げて克服し，成功体験を積む．これによって（　　）を高めることが重要である．

❹ 一日歩数や体重などを毎日記録する（　　）は，これまでの怠惰な行動を改める（　　）の定着に役立つ方法である．また，グループで近況を話し合う（　　）は，成功した他者の行動をまねる（　　）や，成功体験を他者からほめられることで，その行動の実施頻度を高める（　　）強化が自然な形で起こりやすい．

❺ 寒い日のウォーキングの場合，爽快感（利益）を強く認知すれば歩き，寒さ（負担）が嫌ならば歩かない．これを（　　）という．

10章

運動の個人的含意の探求
:作家・ランナー村上春樹の事例から

10章のPOINT

- ◆ 運動・スポーツを行う意味，意義とは何かについて考えます．
- ◆ 運動・スポーツの個人的含意研究の意義と困難さを理解します．
- ◆ 個人的含意を一人の市民マラソンランナーの事例を通して考察します．

10章 運動の個人的含意の探求：作家・ランナー村上春樹の事例から

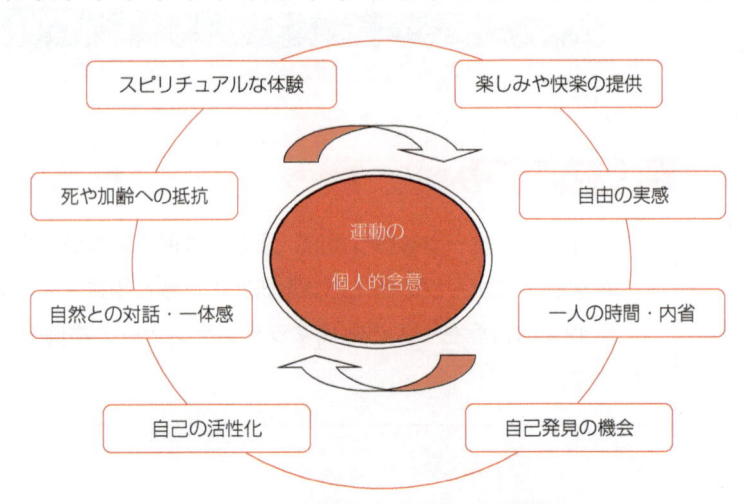

1 運動の個人的含意

（1）運動の個人的含意とは？

「あなたにとって，運動することにはどのような意味がありますか？」この問いに対して読者はどのように答えるだろうか．また，他人の答えを考えてみた場合，人によって千差万別であることが予想される．

「走ることでバランスを保てるし，楽観的な気持でいられる．」とは，ビル・クリントン氏（第42代米国大統領）が語った言葉である．たとえ同じ運動やスポーツをやっているにしても，それが自分にとってどのような意味を持っているのかは，その人自身にしかわからないものである．しかしそれは，運動やスポーツをやっている自分自身の核心部分であり，運動実践者の心理を理解するうえでも最も重要な要素だといえる．運動の**個人的含意**（personal meaning）とは，運動することから得られる心理的な体験内容や運動実践をどのように認識しているかという，各個人にとっての「運動する意味や意義の総称」である．

つまり，運動の個人的含意とは，本人によって生々しく語られる運動経験の本質そのものであり，運動の種目，目的，実施環境，強度，仲間，過去の運動経験など，さまざまな要素から成り立っていると考えられる．運動の個人的含意は，実際に成されている運動行動を理解するうえで不可欠なものであり，とくに個人に対して運動実践を増進させる介入を行う際には，最も留意すべき心理的要因である．

運動の個人的含意は多種多様であるが，共通する要素として図10.1の八つが考えられている．**楽しみや快楽の提供**は，日常生活の中で運動

個人的含意
（パーソナルミーニング）
特定の行為や出来事が表面的，客観的に観察される姿かたち以上に，個人的な意味を内蔵していること．またはその人にとっての意味や意義の総称である．

図10.1 運動の個人的含意の共通要素
G.B. Berger, D. Paragman, R.S. Weinberg, Foundations of Exercise Psychology, (2nd Ed.,), WV: Fitness Information Technology (2007), p.321〜326 より作成.

が楽しみや快楽を提供する役割を果たしているということである．**自由の実感**は，主体的な運動実践において目標や方法を自由に決めることから得られる自由な感覚を意味する．**一人の時間・内省**は運動する時間が，自分一人だけの時間になって自分を振り返る機会になるという意味である．それに続き，**自己発見**は運動している自分を通して自己の性格を認識し，新たな側面に気づく手段となることである．さらに**自己の活性化**は，運動することで自分の心身を強化して積極的な生活態度を支えるという意味合いである．また，自然の中での運動は現代人にとって，**自然との対話・一体感**を感じさせる重要な機会にもなっている．**死・加齢への抵抗**はとくに成人期以後の者にとって，加齢や心身の衰えという現状に流されずに能動的に年齢を重ねていく重要な手段としての意義である．最後に**スピリチュアルな体験**とは，運動の中でふだんとは異なる意識状態になることから感じられる心身の統一感や日常では感じらない自分の存在感を体験させるという意義で，宗教的な修行とも重なる内容である．

自己活性化（エンパワーメント：empowerment）
個人や集団が，自分自身の生活や環境をより主体的にコントロールし，自分自身の力で問題や課題を解決していく能力を獲得すること．また，個人の能力を本人自身の内発的な動機により向上させ社会生活に役立てること，およびそのための援助を意味する．

（2）個人的含意探求の困難さ

上述してきたように運動の個人的含意は，ある個人の運動行動を理解するうえで出発点となるものである．また，今実践している運動がその人にとっての意味を充足するものであるかどうかが，メンタルヘルスへ肯定的な影響を及ぼすのかどうかの基盤になっている．しかしながら，運動の心理学的影響を検討するうえで，個人的含意の問題はほとんど扱われなかった．個人的含意の重要性は心理学者の中でこれまでも共通認識されていたものの，スポーツ心理学の概論書や雑誌で紙面を割いて取り上げられることもほとんどなかった．その理由については，三つの原

因が指摘されている．

　一つ目は，運動の心理的効果を検証するうえで，実用的で汎用性がある気分改善やストレス解消などの理解しやすい指標を重視してきた傾向である．また精神的な疾病の治療や予防効果への関心は，個人差の大きい運動の主観的体験である個人的含意の研究とは結びつきにくかったのである．次に研究方法の問題があった．近年まで科学的研究の主流であった統計手法を用いた量的研究は測定しやすい対象には効果を発揮するが，主観的な個人的含意を研究するには限界があった．個人的含意の研究には，面接データなどを用いた質的研究の蓄積が必要なのである．最後に考えられるのが，私たち自身が自分の内面を探索する困難さである．私たちは自分の内面に眼を向ける方法を十分に持ち合わせているわけではなく，また日常生活において運動の個人的含意を深く考える余裕がなく，一つひとつの活動に意味を問うことを避ける傾向にある．

　運動の個人的含意の研究は困難なものであるが，今後の運動心理学の発展に避けて通れない研究テーマの一つであることは間違いない．そこで，ここでは日本を代表する著名な作家でありマラソンランナーでもある村上春樹氏（以下敬称略）を事例にして，彼にとっての運動（ランニング）の個人的含意を分析し，研究への足掛かりとしたい．

2　作家・村上春樹の走ることの個人的含意

（1）マラソンランナー村上春樹

　1979年の『風の歌を聴け』で作家としてデビューした村上春樹は，

2 作家・村上春樹の走ることの個人的含意

2006年に国際的な文学賞であるフランツ・カフカ賞を受賞した．それ以後は，日本でノーベル文学賞に最も近い作家として作品を発表し続けている．代表作には『ノルウェイの森』（1987年）や『1Q84』（2009年）がある．またアメリカ文学を中心とした翻訳家としても毎年のように翻訳書を発表し，小説の執筆と翻訳を交互に行うスタイルを長年継続している．そんな彼が走ることを始めたのは1982年の秋で，専業小説家としてやっていく意志を固めた頃であった．ジャズ喫茶経営から小説家への転身は体重増加と体力低下を生み，一日60本のタバコを吸う状態になっていた．「これからの長い人生を小説家として送っていくつもりなら，体力を維持しつつ，体重を適正に保つための方法を見つけなくてはならない．」（後掲書, p.53）というのが直接の動機であった．随筆集『走ることについて語るときに僕の語ること』（図10.2）が刊行されたのは，2007年である．そこにはランナーとしての自分自身を以下のように記述している．

> 僕は1982年の秋に走り始め，以来23年近く走り続けてきた．ほとんど毎日ジョギングし，毎年最低1度はフル・マラソンを走り（計32回），そのほか世界各地で数え切れないくらい，長短様々の距離のレースに出場した．長い距離を走ることはもともとの性格に合っていたし，走っていればただ楽しかった．走ることは，僕がこれまでの人生の中で後天的に身に付けることになった数々の習慣の中では，おそらくもっとも有益であり，大事な意味を持つものであった．そして二十数年間途切れなく走り続けることによって，僕の身体と精神はおおむね良き方向に強化され形成されていったと思う．(p.20)

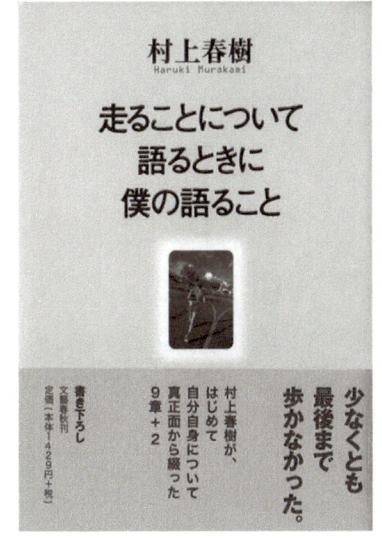

図10.2 村上春樹著，『走ることについて語るときに僕の語ること』，文藝春秋（2007）．
2011年までに21カ国語に翻訳された．

一般には知られていないが，彼は市民マラソンランナーでトライアスロンにも参加している．冬はフルマラソン，夏はトライアスロンというのが数年続いた時期もあった．毎朝5時前には起床して数時間を重要な仕事に当て，その後の時間で運動したり雑務をこなしたりしていく．日が暮れたら仕事はせずに，夜10時前に就寝するのが20年以上続けている彼のライフスタイルである．ほぼ毎日10 km程度をジョギング，週に何度か水泳，ときにはスカッシュなどもする「作家ランナー」が村上春樹である．

(2)「走ることについて語るときに，僕の語ること」で語られた個人的含意

　ここからは本書で語られた，走ることの個人的含意を読み解いていくが，この本を彼は「走ることについて正直に書くということは，僕という人間について（ある程度）正直に書くということでもあった．（p.4）」と述べている．

> ここには「哲学」とまではいかないにせよ，ある種の経験則のようなものはいくらか含まれていると思う．たいしたものではないかもしれないが，それは少なくとも僕が自分の身体を実際に動かすことによって，オプショナルとしての苦しみを通して，きわめて個人的に学んだものである．汎用性はあまりないかもしれない．でも何はともあれ，それが僕という人間なのだ．（p.5）

　前節で個人的含意の研究が困難な理由の一つに，私たち自身が自分の内面を探索する難しさがあると述べたが，本書は世界的にも評価が高い作家が自分の内面を卓越した文章表現力で241ページにわたって語った

ものである．そこには，走ることの意味が多様な側面から記述されており，1983 年にマラソン発祥のアテネーマラトン間を一人で走ったことや 2005 年のニューヨークシティマラソン出場に至るまでの回想，1996 年の北海道サロマ湖 100 km ウルトラマラソンの体験などが書かれていた．

そこで，それぞれの場面で記述されていた「走ることから得ている実感」「ランニングの意義とは？」「ランニングの身体的心理的恩恵」「自分自身への内省」「小説を書くこととのつながり」これらの内容の部分を抽出した．最終的に得られた文章単位は 53 個になった．次にそれらを意味内容から分類，グルーピングし，個々に命名して個人的含意の構成要素を明らかにした．最後にそれらの構成要素をもとに図を作成し，個人的含意を考察した．

（3）個人的含意の構成要素

① 核心「希望する墓碑銘」

本書は，前書きと九つの章，あとがきから構成されている．そのすべてから該当する文章が抽出された．なかでも最も個人的含意が集約されている部分が，最終章である第 9 章で，最後の一文が以下のような内容で締めくくられている．その一文はここまで語られた内容が凝縮されたもので，個人的含意の核心として位置づけられる．

> もし僕の墓碑銘なんてものがあるとして，その文句を自分で選ぶことができるのなら，このように刻んでもらいたいと思う．

> 村上春樹
> 作家（そしてランナー）
> 1949 − 20XX
> 少なくとも最後まで歩かなかった
> 今のところ，それが僕の望んでいることだ．(p.233)

　彼が死んでも，彼の作品は現代を代表する文学作品として後世まで語り継がれるだろう．しかし，村上自身にとって自分は「（そして）ランナー」なのである．そして希望する墓碑銘は，ランナーとしてのメタファー（隠喩）である「少なくとも最後まで歩かなかった」で表現されている．客観的に見ると稀代の現代作家の一人が走っているのだが，個人的含意の世界ではランナーとしての彼が，歩くことにあらがって生み出される所産が数々の小説であるというのも，彼の真実の姿なのである．彼にここまでいわしめる走ることの意味とは何か，次の七つの要素から読み解いてみる．

② 自己の活性化（作家とランナーの連関）

　本書の中で最も頻繁に述べられていたのが，「自己の活性化」というキーワードでまとめられるものである．いい換えれば書くことと走ることが連関し相互に影響し合い，小説を書くことが走ることの動機づけになり，走ることで小説執筆に向かう自分を心身ともに活性化しているという内容である．図10.1の「自己の活性化」に該当するものである．

> 僕自身について語るなら，僕は小説を書くことについての多くを，道路を毎朝走ることから学んできた．自然に，フィジカルに，そして

> 実務的に，どの程度，どこまで自分を厳しく追い込んでいけばいいのか？　どのくらいの休養が正当であって，どこからが休みすぎになるのか？　どこまでが妥当な一貫性であって，どこからが偏狭さになるのか？　どれくらい外部の風景を意識しなくてはならず，どれくらい内部に深く集中すればいいのか？　どのくらい自分の能力を確信し，どれぐらい自分を疑えばいいのか？　もし僕が小説家になったとき，思い立って長距離を走り始めなかったとしたら，僕の書いている作品は，今あるものとは少なからず違ったものになっていたのではないかという気がする．(p.113〜114)
>
> 走り終えて自分に誇り（あるいは誇りのようなもの）が持てるかどうか，それが長距離ランナーにとっての大事な基準になる．同じことが仕事についても言える．(p.22)

　彼は小説家になるとほぼ同時にランナーになっている．走ることも書くことも彼にとっては可能性への挑戦であった．そして，仕事とランナーの流儀を共振させることで自分の活力を維持し，作家としての高い生産性に結び付けている．

③ 死や加齢への抵抗，現役の維持

　小説を書くという心身ともに疲弊する仕事に立ち向かえる自分を維持し，現役作家としてあり続けたいという思いも，また走ることによって具現化されている．彼にとって走ることは，納得のいく年齢の重ね方でもあるのだ．

> 　　肉体は時間の経過とともに否応なく滅びていく．遅かれ早かれ敗退し，消滅する．肉体が滅びれば，（まずおそらく）精神も行き場を失ってしまう．そのことはよく承知している．しかしそのポイント（中略）を少しでも先に延ばせればと思う．それが小説家としての僕の目指していることだ．とりあえず今のところ，僕には「やつれている」ような暇はない．だからこそ「あんなのは芸術家じゃない」と言われても，僕は走り続ける．（p.136〜137）

④ 人生の楽しみ

　走ることやマラソンやトライアスロンのレースへの参加は，人生の楽しみを提供するという意義もある．他のランナーとの出会いやレースで受けた援助や応援への感謝も述べられている（p.240）．またマラソンの楽しみが「まず自分自身を楽しむこと」であることに繰り返し言及している（p.165, 229）．

⑤ 一人の自由な時間

　走っている時間そのものにはどんな意義が認められているのか．そこには「一人の自由な時間」という意義が浮かび上がる．走る時間は「誰とも話さなくてもいいし，誰の話を聞かなくてもいい．ただまわりの風景を眺め，自分自身を見つめていればいい貴重なひととき」（p.31）なのである．一人でいることを好む性格（p.29）の彼にとって，ランニングの時間はかけがえのない自分自身だけと向き合える時間になっていることがわかる．

　しかし一方でその時間に彼が考えている，脳裏に浮かんでいることは，「空の雲であり通り過ぎて消えてゆく，そして空だけが残る」と表現し

ている（p.32）．何かの考えに捉われていない自由な空白の時間であることが，村上春樹の走っている時間なのである．

> ときどき（そういうことはほんのたまにしか起こらないのだが），小説のちょっとしたアイデアが頭にふと浮かぶこともある．でもそれにもかかわらず，実際にはまともなことはほとんど何も考えていない．僕は走りながら，ただ走っている．僕は原則的には空白の中を走っている．逆の言い方をすれば，空白を獲得するために走っている，ということかもしれない．（p.31〜32）

⑥ **スピリチュアル体験**

第6章で村上は1996年に参加したサロマ湖100 kmウルトラマラソン完走を，ランナーとして浅くない意味を持つ出来事として回想している．彼にとってこのマラソンは，自己に対する観照に新たな要素を付加し，「人生の光景の色合いや形状を変容させる」（p.143）ような，人生観を変容させる意味を持っていた．

> 僕は僕であって，そして僕ではない．そんな気がした．それはとても物静かな，しんとした心持ちだった．意識なんてそんなにたいしたものではないのだ．そう思った．もちろん僕は小説家だから，仕事をするうえで意識というのはずいぶん重要な存在になってくる．意識のないところに主体的な物語は生まれない．それでも，そう感じないわけにはいかなかった．意識なんてとくにたいしたものではないんだと．（p.156〜157）

彼自身が書いているように，意識が空白化するような非日常的な体験

に宗教的な趣を感じ，それが走ることの意味を問い直すことにもなっている．さらに非日常の意識体験はスピリチュアルな諦観を生んで，次に述べる自己の認識を深める機会にもつながっている．

⑦ 自己発見

これまでのマラソン経験を振り返った彼は，「苦しくて情けない思いでゴールしても，すぐに忘れて次の決意を固めている．この同じことを20年間繰り返している」(p.95)と自嘲気味に述べている．しかし，その繰り返しにも自分の本性に気づいていく意義を見出して以下のように述べている．

> 結局のところ，僕らにとってもっとも大事なものごとは，ほとんどの場合，目には見えない（しかし心では感じられる）何かなのだ．そして本当に価値のあるものごとは往々にして，効率の悪い営為を通してしか獲得できないものなのだ．たとえむなしい行為であったとしても，それは決して愚かしい行為ではないはずだ．僕はそう考える．実感として，そして経験則として．(p.231)

そして，その繰り返されたプロセスは，小説化としての深い洞察力を自らに向け，彼自身の本質的な部分〔ネーチャー（総合的傾向・性格）〕に気づき，次のように述べている．

> 筋肉の特性は，専門的なことはよくわからないけれど，ある程度まで生まれつきのものではないかと思う．そしてそのような筋肉の特性は，そのまま僕の精神的な特性に結びついているような気がする．（中略）それとも精神と肉体はお互いに密接に影響し，作用しあっている

> ものなのだろうか？　僕に言えるのは，人には生まれつきの「総合的傾向」のようなものがあって，本人がそれを好んだとしても好まなかったとしても，そこから逃れることは不可能ではないかということぐらいだ．傾向はある程度まで調整できる．しかしそれを根本から変更することはできない．人はそれをネーチャーと呼ぶ．(p.117)
>
> 　たとえタイムがもっと落ちていっても，僕はとにかくフル・マラソンを完走するという目標に向かって，これまでと同じような—ときにはこれまで以上の—努力を続けていくに違いない．そう，誰がなんと言おうと，それが僕の生まれつきの性格（ネーチャー）なのだ．サソリが刺すように，蝉が樹木にしがみつくように，鮭が生まれた川に戻ってくるように，カモの夫婦が互いを求め合うように．(p.203)

　彼にとって20年以上のランニング生活は，この自己の本質部分（ネーチャー）に気づく旅路でもあったのだ．彼のネーチャーの自覚は「効率の悪い営為」を通して得られた「本当に価値のあるもの」なのである．深い自己洞察力と何万キロに及ぶランニングから得られた身体的感覚に裏づけられた，強烈な自己発見といえる．

⑧ **自己の肯定**

　「少なくとも最後まで歩かなかった」と命名された最終の第9章では，前章までを総括した走ることの個人的含意がまとめられている．そこで語られていることを端的にいえば，自分のネーチャーを受け入れて，自己のアイデンティティを自覚しているのである．また，それをぶれない人生の指針にして，小説家としての生涯を積み重ねていこうという深い「自己の肯定」になっている．

> 苦しいからこそ，その苦しさを通過していくことをあえて求めるからこそ，自分が生きているという確かな実感を，少なくともその一端を，僕らはその過程にみいだすことができるのだ．生きることのクオリティーは，成績や数字や順位といった固定的なものにではなく，行為そのものの中に流動的に内包されているのだという認識に（うまくいけばということだが）たどり着くことができる．(p.230)
>
> 僕はこの冬に世界のどこかでまたフル・マラソン・レースを一つ走ることになるだろう．そして来年の夏にはまたどこかでトライアスロン・レースに挑んでいることになるだろう．そのようにして季節が巡り，年が移っていく．僕はひとつ年を取り，おそらくは小説をひとつ書き上げていく．とにかく目の前にある課題（タスク）を手に取り，力を尽くしてそれらをひとつひとつこなしていく．一歩一歩のストライドに意識を集中する．しかしそうしながら同時に，なるべく長いレンジでものを考え，なるべく遠くの風景を見るように心がける．なんといっても僕は長距離ランナーなのだ．(p.232)

20年間のランニングは20年間の小説執筆と共振し，自分でも変えることができないネーチャーをあぶりだした．人は誰でも自分のネーチャーと折り合いをつけなければならない．しかし，そのプロセスをどれだけ自覚しているのかは人により異なるだろう．作家・ランナー村上春樹は，走ることを介して自らのネーチャーを突きつめて自覚し，優れた文筆力で目に見えるものにした．それが**『走ることについて語るときに僕の語ること』**の主題なのである．そして，自分のネーチャーを充足

させていくことは重要な人生の指針となる．なぜならそれは，他者の人生訓や感銘した出来事よりも，ぼう大な時間とエネルギーをかけて深い自分の本質から汲み上げられた「内なる羅針盤」だからである．

3 「運動の個人的含意」の意義

村上春樹の走ることの個人的含意の要素八つを，図10.3にまとめた．七つの要素は相互に時間を越えて影響し合い，核心である「少なくとも最後まで歩かなかったランナー（そして作家）」に凝縮されている．村上にとって走ることの意味は，作家，ランナーであり続けるという行為そのものであった．

村上春樹の走ることの個人的含意を探究してみると，改めて個人の運動行動を理解するうえで，その人の個人的含意に着目することが不可欠であると明示できる．小説家である村上が，なぜ毎日 10 km を走り，毎年のようにマラソンやトライアスロンのレースに参加して，時折あんなのは芸術家じゃないといわれても走り続けるのか (p.137)，それを理解するためには，彼の走ることの個人的含意をありのままに了解しなければならない．「村上さんみたいに毎日，健康的な生活を送っていたら，そのうちに小説が書けなくなるんじゃありませんか？」(p.132) という偏狭な問いにも，彼にとってはまったくの逆であることがわかる．

近年，心理学が発展する方向性として，人間の肯定的な側面を研究対象とする**ポジティブ心理学**が提唱されている．その特徴の一つは，精神的疾病を遠ざけて総合的な生活の質（QOL）を向上させる**人間的強さの態勢**（a set of human strengths）に着目することである．適切な

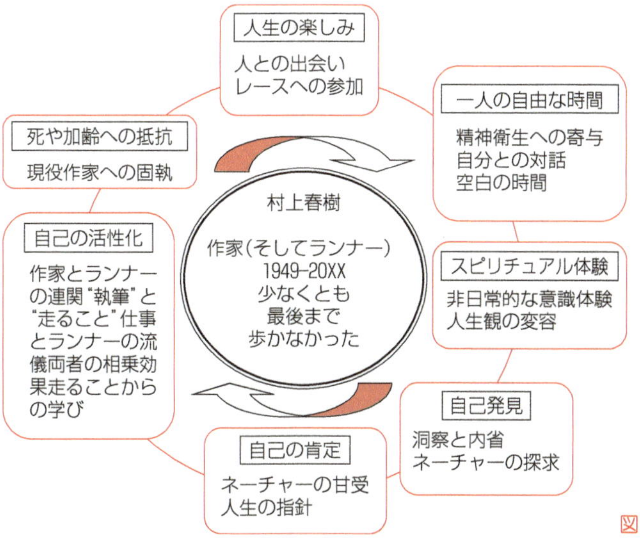

図10.3 村上春樹の走ることの個人的含意

個人的含意を伴った運動実践は，まさしく心と体の両面から人間的強さを高める有効な方法にもなる．運動の個人的含意自体のさらなる探求と，個人的含意への介入を通した運動行動変容の実践的研究が大いに望まれる．

復習トレーニング

次の文章のカッコの部分に適切な言葉を入れなさい．

❶ 運動の個人的含意とは，（「　　　　　　　　　　」の総称）のことである．

❷ 運動の個人的含意には以下の八つの共通要素がある．
（　　　　　　　）（　　　　　　　　　）
（　　　　　　　）（　　　　　　　　　）
（　　　　　　　）（　　　　　　　　　）
（　　　　　　　）（　　　　　　　　　）

❸ 村上春樹にとってランニングの個人的含意の一つは，深い自己認識から自分の生まれつきの性格である（　　　　　）に気づき，受け入れることにある．それが最も凝縮される墓碑銘には「少なくとも最後まで（　　　　　）」と刻むことを希望している．

第 III 部

パフォーマンス心理学

11章から15章では，競技スポーツや身体的技能の卓越した能力発揮について解説する．

- 11章　競技力の向上に寄与する心理学
- 12章　アスリートへの心理サポート
- 13章　心理的コンディショニング
- 14章　チームビルディング
- 15章　武術の心理学的叡智：忍術における心身のあり方

11章
競技力の向上に寄与する心理学

11章のPOINT

◆ 複雑な心理的構成要素からなる競技力について理解します．
◆ アスリート心性について光と影の視点から考えます．
◆ 若いアスリートの心の特長と彼らを指導する際の留意点について理解します．
◆ 競技力の向上になぜ心理的なトレーニングや支援が必要とされるのか，その背景について考えます．

11章 競技力の向上に寄与する心理学

1 はじめに

おもに競技スポーツの現場では、「心・技・体のバランス」という言葉が頻繁に聞かれるように、競技力の向上あるいは実力発揮には、「心」のあり方が大きく関係するようである。古くは 1964 年に開催された東京オリンピックに向けて、アスリートの「あがり」対策に心理学を基盤とした専門家が関わったことが知られている。近年では、競技力向上についていえば、**スポーツメンタルトレーニング**（以下、**SMT** と表記）や**スポーツカウンセリング**（同様に **SpC** と表記）の二つの立場から論じられることが多くなった（図 11.1, 図 11.2）。

いずれのアプローチもスポーツ心理学や心理臨床学あるいは関連分野における学術的基盤を持つものであり、そして選手あるいは指導者の競技力および指導力の向上に関する実践的な支援や教育を行う。この二つの概要や方法について、12 章で詳しく論じる。

続く 13 章では、SMT 技法の一つであるモニタリングについて、IZOF 理論を中心に紹介する。そして 14 章では、チームに対しての心理サポートとして、チームビルディングについて触れる。さらには、わが国独自の文化・発展を持つ武道における心理サポートが 15 章では扱われる。

これらの章に先立ち 11 章では、競技力向上を広く捉え、さまざまな心理サポートがある中で、それらに共通する事柄について学習する。これらは、実際に競技を行っているアスリートや彼らを指導するコーチ、あるいは心理サポートなどを行う専門家といった、いずれの立場においても必要な知識である。

あがり
重要な試合に臨むときなどに、心拍が上昇する、冷静な思考ができなくなる、動きがぎこちなくなるなど、強い緊張や不安を感じることがある。そのような心身の状態を「あがり」という。1964 年のわが国初の五輪に向けて、選手のあがり対策の研究班が組織され、研究が進められた。

知っておくと役に立つ！

JOC
公益財団法人日本オリンピック協会（Japanese Olympic Committee）。オリンピック競技大会をはじめとする各種の国際大会への選手派遣に関する事業を担う。そのほかにも、将来国際大会で活躍できる若いアスリートの育成や、国際競技水準での指導を実践できる指導者の養成、引退した選手のセカンドキャリアに対する教育・支援など、競技力の向上に関わる事業を展開している。

図 11.1 スポーツカウンセリングルームのパンフレット
写真は筑波大学スポーツクリニック心理部門が開設しているスポーツカウンセリングルームの案内である。大学生アスリートの競技生活における悩みや競技力向上に関することなど幅広い相談内容を扱う。

2 競技力をどのように考えるか

競技力の向上や実力発揮にふさわしい心理面のコンディションが存在するため，そのための取組み，すなわち心理的コンディショニングが重要である．従来，心理的コンディショニングは，指導者や選手自身が経験的に行ってきた．

現在でも一部の環境ではそうであるように，「精神力」や「根性」といった抽象的な言葉で表現され，日々の苦しいことにも堪(た)え忍び，自身を鍛錬することがよい競技結果に繋(つな)がると信じられ，それが美徳とされている．形のない心であるため，結果の善し悪しにかかわらず，精神面が充実していたから勝てた，精神面の準備が足りなかったから負けたなどと，その原因について都合よく使われる．しかし，競技力に関する心理的な要因について改めて考えると，それはとても広範で複雑である．

（1）心理的スキルの評価：心理的競技能力診断検査

心を具体的に捉えられるようにしようと，1970 年代，80 年代には科学的な分析による多くの研究が行われた．スポーツ選手の心理適正要因の解明や，メンタルマネジメントに関する研究である．それらの研究の積み重ねの一つとして，競技に関する心理的な要素を測定する**心理的競技能力診断検査**（**DIPCA**）が開発された．競技意欲，精神の安定・集中，自信，作戦能力，協調性の五つの心理側面を質問紙によって把握することができる．試合に向けて，「ほどよい緊張感」，「みなぎる自信」「理想的な試合展開」などを目指して，心を日々調整していく際に，それらを客観的に評価できる．このような自信，不安，集中力，気持ちのコント

DIPCA
Diagnostic Inventory of Psychological -Competitive Ability for Athletes の略.

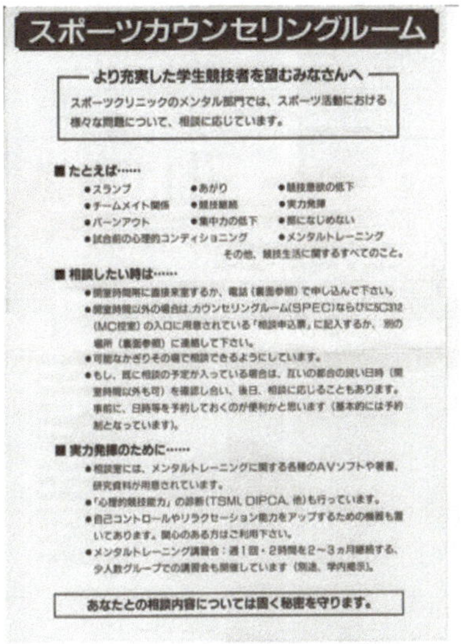
スポーツカウンセリングルーム

より充実した学生競技者を望むみなさんへ
スポーツクリニックのメンタル部門では、スポーツ活動における様々な問題について、相談に応じています。

■たとえば……
●スランプ　●あがり　●競技意欲の低下
●チームメイト関係　●競技継続　●実力発揮
●バーンアウト　●集中力の低下　●部になじめない
●試合前の心理的コンディショニング　●メンタルトレーニング
その他、競技生活に関するすべてのこと。

■相談したい時は……
●開室時間帯に直接来室するか、電話（裏面参照）で申し込んで下さい。
●開室時間以外の場合は、カウンセリングルーム(SPEC)ならびに5C312(MC控室)の入口に用意されている「相談申込票」に記入するか、別の場所（裏面参照）に連絡して下さい。
●可能なかぎりその場で相談できるようにしています。
●もし、既に相談の予定が入っている場合は、互いの都合の良い日時（開室時間以外も可）を確認し合い、後日、相談に応じることもあります。事前に、日時等を予約しておくのが便利かと思います（基本的には予約制となっています）。

■実力発揮のために……
●相談室には、メンタルトレーニングに関する各種のAVソフトや著書、研究資料が用意されています。
●「心理的競技能力」の診断(TSMI, DIPCA, 他)も行っています。
●自己コントロールやリラクセーション能力をアップするための機器も置いてあります。関心のある方はご利用下さい。
●メンタルトレーニング講習会：週1回・2時間を2～3ヵ月継続する、少人数グループでの講習会も開催しています（別途、学内掲示）。

あなたとの相談内容については固く秘密を守ります。

図 11.2　リーフレットの内容
心理サポートを紹介するリーフレットには，相談のきっかけや相談のための手続きなどが記されている．

ロールなどは，日常のトレーニングの中で鍛えられる競技力に関わる要素である．これらは意識的にトレーニングすることで向上させることのできる心理側面として，**心理的スキル**と呼ばれる．

（2）内的課題や発達課題への取組み

一方で，時に競技力向上が停滞する，意欲が著しく低下するなどの体験は競技をある程度継続していると，しばしば経験される．このような時に，積極的に考えようとしたり，よいイメージを働かせようとしたりしても，上手くいかないことがある．またほかに，ある程度の競技経験を積んだところで，自分で考えてトレーニングする，指導者から求められることと自分のしたいことを吟味する，ということも選手は経験する．とくに大学生の年代になると，なぜ自分がスポーツに一生懸命取り組むようになったのか，または自分にとってスポーツをすることの意味などを考えることもある．これらは，競技のことだけでなく，自分自身の考え方や価値観，さらにいえば生き方に関わることである．このような事柄については，内的課題や発達課題への取組みなどとして扱われる．

（3）競技力向上に関する複雑な要素

心理的スキルや内的課題のように学問的に整理されているが，実際の現場ではそれらの心理的要素がとても複雑に関係していることがわかる．しばしば，SMTは心理的スキルの教育・指導を担い，SpCは内的課題に触れると便宜的に分けられ説明されることがある（図11.3）．しかし，実際の心理サポートでは，はっきり区別をしたうえで展開されることは少ない．

心理的スキル
試合で実力を発揮するための心理的な能力があり，DIPCAで測定できる忍耐力，自己コントロール，判断力などや，イメージ想起能力，目標設定，自尊感情など多岐にわたる．これらはトレーニングすることで向上させることのできる技術として捉えられ，心理的スキルと呼ばれるようになった．欧米の一部ではメンタルトレーニングをサイコロジカルスキルトレーニングと呼ぶこともある．

図11.3 学術的背景の違いによる専門家の対象領域
従来，スポーツカウンセリングとスポーツメンタルトレーニングの一般的な棲み分けとして図のような説明がされてきた．人間の行動を「異常」（重大な心理的問題を抱えている状態）から「優れた」（優れた身体能力にふさわしい心理スキルを必要とする状態）までの連続体上に位置づけ，真ん中に「ふつう」をおいている．「異常」から「ふつう」までをスポーツカウンセリングや心理臨床的アプローチを得意とする専門家が担い，「ふつう」から「優れた」までをスポーツメンタルトレーニングを得意とする専門家が担うと説明されてきた．しかし，実際には「異常」「ふつう」「優れた」と明確に区別することは困難である．それは，競技力の高いアスリートは優れた行動を発揮する側面と異常とも思えるような側面を持っていることが多いからである．
マートン（1991）の図に筆者が一部加筆．

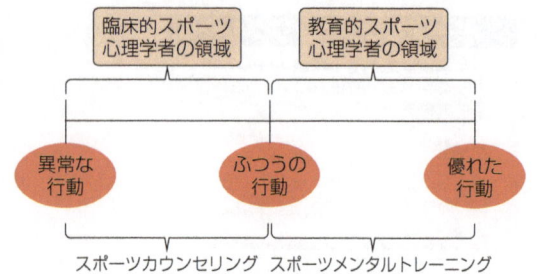

臨床的スポーツ心理学者の領域／教育的スポーツ心理学者の領域

異常な行動 — ふつうの行動 — 優れた行動

スポーツカウンセリング　スポーツメンタルトレーニング

たとえば，SMTに限定されるが，出版されている多くの書籍に紹介されているプログラムをレビューしたところ，SMTプログラムの内容にはさまざまな立場や主張が存在し，それぞれ採用される理論的背景が異なるとされている．それらは，社会学習理論や認知行動理論，深層心理学の理論，実存心理学の理論など多岐にわたる．つまり，SMTは心理的スキルのトレーニングに重きをおくが，実際の実践では，そのトレーニングを通じて内的課題や発達課題に関わる部分にも触れている．反対に，内的課題を大切にする立場でも，心理的スキル教育を行う場合もある．

競技力向上に関する心の要素は，辛いことに耐えうる「精神力」と単純に考えられたものではなく，幅広くかつ複雑な要素が絡み合うものであることを理解する必要がある．そして，選手であれば自身の競技生活を振り返りながら自分の心理的特徴を把握する努力が必要である（図11.4）．一方，選手の競技力向上に関わる専門家は，表層的で捉えやすい心理的スキルを重視するのか，あるいは深層にある内的課題や発達課題に注目するのかといった，自身の関わりが心理的要因のどの水準に焦点を当てているのかについて考え，それを自覚する必要がある．

3　アスリート心性

いわゆるメンタルの強い選手とは，どのような選手であるのかといった疑問は誰しもが抱くようである．一般的なスポーツ選手のイメージとして，明るく爽やかで，忍耐力や我慢強さを持ち，悩むことは少ないなどがある．とても健康的なイメージであるが，深くスポーツに携わって

> **心性**
> ここでは心のあり方，あり様の特徴，さまざまな心の側面のことを指す．明るい，爽やかである，こだわりの強さなど性格傾向を表す側面や，怒りやすい，心配性であるなどの情動に近い側面，あるいは強迫的，過敏的など病理的意味合いを含む側面など，幅広い使い方をする．

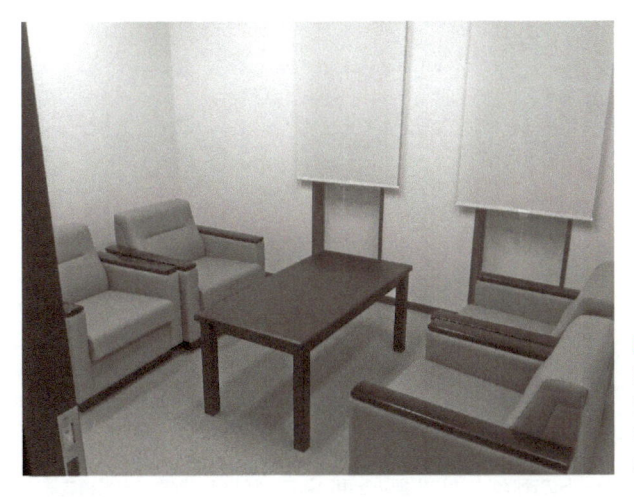

図 11.4　面接室
落ち着いた雰囲気のある面接では，選手は安心して自由に自分のことを語ることができ，その語りは固有の物語となる．
筑波大学内施設にて著者撮影．

いる者は，このようなイメージがそのまま自分自身に当てはまるだろうか．

（1）アスリート心性の特異性とは

　競技スポーツの世界は特殊である．たとえば，まるでその競技にしか興味がないかのような固執的心性がなければ，厳しいトレーニングを毎日全うすることはできない．体重のわずかな変化に対して敏感になる体重制限を伴う競技をしている者は，あたかも強迫神経症のように体重計に頻繁に乗ることもある．また，レギュラーを取るためには，他者に対する思いやりの心が邪魔になることもあれば，相手を壊してしまうような攻撃的・破壊的なエネルギーが競技力に活かされることもある．

　このように，競技に専心すればするほど，いわゆる一般的な健康イメージとはかけ離れた世界を生きることになる．むしろ，実際には精神的に不健康にならざるを得ないことの方が多いかもしれない．競技者を対象とした心理サポートや臨床心理査定技法を用いた研究からは，アスリート心性の特異性が報告されている．たとえば，アスリートが実施する**風景構成法**には，病理を連想させるような作品が多いが，同時に健康的な側面も描かれることが指摘されている（図11.5）．また，日常的に自身の身体を巧みに扱う競技者は，対人関係に対して感受性が高いともいわれており，他者との関わりに困難を感じる者も少なくない．このような対人関係の特殊さや身体性もアスリート独自の様相を持つ．このほかにも，幼さ，成功恐怖，完璧主義や強迫性なども，高いレベルの競技者に共通する心性である．

図11.5　風景構成法の作品
一部の専門家はアスリートの理解のために描画法を用いることがある．写真の風景構成法はアスリートの作品を著者が模写したものである．風景構成法はアスリートの心理サポートで使われることが多くなった．

（2）アスリート心性の光と影

　仮に，健康的なイメージを光とし，そうでない部分を影として便宜的に置き換えてみると，一般的にはアスリートの光の部分だけに注目が集まる．しかし，実際には影の部分も存在しており，彼らを支援する際には，アスリート心性の光と影の両面に注目しなくてはいけない．高いレベルでのパフォーマンス発揮には，先に紹介した固執的態度や強迫性などの影の部分が不可欠な要素となっていることも事実である．教育現場で指導する立場にある者は，彼らの競技力の支えには影の部分も含まれることを知らねばならない．下手なコーチングは，影の部分を抑制し，結果として「よい子にはなったが競技力は落ちた」ということにもなる．ただし，その影の部分は，社会生活を送るうえでは彼らを苦しめるものになり得ることも考えておかねばならない．

　たとえば，溢れんばかりの攻撃的なエネルギーは，格闘系の種目には大いに役立つ．しかし，競技以外の場面で，このエネルギーがコントロールできなければ社会不適合者ともなる．だからといって，このエネルギーがなくなってしまうと，アスリートして存在できなくなる可能性もある．このあたりにスポーツにおける競技力の向上と人格形成の二律背反的なテーマが存在する．スポーツを手段として人を育むことは，スポーツの魅力の一つとして一般的に受け入れられているが，実際にはとても難しく複雑な課題がある．

心の光と影
人の心にも光の当たる部分（意識される部分あるいは受け入れやすい部分）と影の部分（意識できない部分あるいは見たくない部分）がある．その両方が存在して個性となる．

4　タレント発掘と発達課題

（1）タレント発掘する際の指標

　近年，将来的に大きな活躍を見込める次世代の若いアスリートを見つけ出し，特別な教育プログラムを提供する取組みがある．**タレント発掘**と呼ばれることが多い．たとえば，日本オリンピック委員会では，複数の種目において中学1年生から高校3年生のアスリートを集めて，エリート教育を実施している（図11.6）．

　タレントを発掘する際には，その指標が何であるのかを考える必要がある．指導者をはじめとする競技団体関係者を対象とした意識調査では，体格，体力，心理，知的の観点から競技に必要とされる側面の重要さの程度を明らかにしている．ここであげられている側面の多くは可変的であり，それらをいかに育むかという視点が必要となる．心理面に限っていえば，自信，不安，情緒コントロールなどの心理的スキルを育むことは競技力向上に有益である．

（2）「自分づくりの始まり」への配慮

　心理的スキルの育み以上に配慮すべきことが，発達課題である．競技能力に長けたアスリートといえども，内面は思春期あるいは青年期に当たる．この時期の発達課題は，エリクソンの発達段階でいう**アイデンティティ形成**となる．

　思春期では，男子の声変わりや女子の初潮などに知られるとおり，身体的変化が本人の意識的統制を超えた次元で生じる．彼らは，それまで

知っておくと役に立つ！

エリートアカデミー事業
日本オリンピック委員会の展開するエリートアカデミー事業は，将来的に国際大会で活躍できるアスリートの育成が目標である．中学生から高校生年代のアスリートには定期的な心理チェックが行われているが，競技力の側面だけでなく，思春期心性やアイデンティティ形成なども考慮した，包括的な視点からのサポートが実施されている．

アイデンティティ
エリクソンにより概念化された青年期における心理社会的発達課題である．競技にエネルギーを注ぐ者は，「私は競技者である」といった自己確認がなされ，アスリートアイデンティティの感覚が強くなる．一方で，競技を中心とした自己価値（随伴的自己価値）が高まることで，本来の自分らしさ（本来感）が育ちにくいという指摘もある．

図11.6　スポーツをする子ども達
子どもの心はそのほとんどにおいて可塑的である．自然環境と見守り手の存在は彼らのタレントを育む上で重要である．

は意識することなく親や教師など周囲の大人の考えや価値観を受け入れてきたが，それらから距離をおき，自分自身の内面深くから生じてくるものを取り入れながら，これまでの考えや価値観を再構築する．つまり，「自分づくりの始まり」であり，この時期の子どもの内面は非常に不安定になる．彼らの心の安定を補うのは，周囲の大人が彼らの内面に起こっていることを理解することである．そして続く青年期でのアイデンティティ形成へと繋がっていく．青年期は，競技に最も強く自己を投入する時期であり，アスリートとしての自己がアイデンティティの中核となってくる．サッカーをしているものであれば，サッカー選手であるという意識が自分の存在の拠り所となる．

（3）若いトップアスリートの自分づくり

ところで，トップレベルの若いアスリートの自分づくりは容易でないという指摘もある．彼らはそもそも才能があるため，指導者からの指示に対して，たいした苦労を伴わずパフォーマンスを発揮することができる．一般的には，自身の身体と対話しながら試行錯誤し技術を身につけるが，トップレベルのアスリートではその過程が省略されることが多く，アイデンティティ形成において，自分について考える**レディネス**（readiness）が育まれていない場合がある（図 11.7）．

著者の行った心理サポートで，ある成年選手が次のようなことを語った．「今回ケガをしたことで，自分の身体を上手く使って練習する工夫をした．そうすると自分が力を入れていることに気づいた」と．著者が，それまではどのようにして感覚を確かめていたのかと尋ねると，「これまではコーチが，力が入っているいないを教えてくれていたから，考え

レディネス
一般的な心理学用語の一つであり，準備性ともいう．ある行動を学習するために必要な素地（準備）ができている状態のことで，たとえば，まだ自ら歩くことのできない乳児に歩行のトレーニングを行っても効果はない．元々は学習領域から生まれた概念であるが，現在ではさまざまな領域や文脈で使われる用語である．

図 11.7　心理サポートの様子
守られた空間，限られた時間の中で選手は安心して自由に自分のことを語ることができる．

たこともなかった」と自身を振り返った．

この短いエピソードからだけでも，トップレベルの選手のアイデンティティ形成の特異さ，困難さ，そして幼少期での競技体験のあり方がその後の人生に大きな影響を与えることを想像できるだろう．また，競技に没入することで，それ以外の対象から自分について考えることが少ないアスリートの場合は，**競技のみへの同一化**（sport only indentification）が大きくなり，時に深刻な問題へと発展することもある．

このように若い世代のアスリートに対する指導では，目先の大会の勝負にこだわりすぎず，将来どのようなアスリートとして活躍するかといった生涯発達の視点から，彼らの内面を育むという考えを持つことが求められる．

5 競技力向上に心へのアプローチが必要とされる背景

最後に，競技力の向上に心理サポートが求められるようになってきた背景について触れる．

（1）競技レベルと内的課題

一つは，競技レベルの高い試合での実力発揮は簡単でないことがあげられる．そこでふだんのトレーニングから本番に向けた心理面のコンディショニングが行われ，それにSMTが積極的に導入されている．

ほかには，現代の競技スポーツにおける競技生活での心理的ストレスの増加があげられる．年間にわたり数多く開催される大会や周囲の期待の大きさ，マスコミや社会からの注目など，アスリートの競技環境には

多くのストレス要因がある．そこで，ふだんの競技生活を豊かにあるいは充実して送るために心理面のマネジメント能力を高めることになる．ここでもSMTによる心理的スキルの向上は役に立つが，競技以外の日常生活にも広げて競技生活を考える場合，アスリートの抱える困難は心理的スキルの向上だけには留まらず，第2節で述べた内的課題に触れる場合が多い．また，競技レベルが高くなれば，そのような内的課題に対峙しなくてはならなくなるといった報告が，心理サポートの実践家からは多く聞かれる．

（2）競技環境の変化

　さらにほかに考えられる背景は，現代社会の様相とも関わりがある．私たちの生活は科学・技術の発展により効率的で便利なものとなった．たとえば携帯電話やスマートフォンといった携帯端末は，今や生活になくてはならないものとなっている．一昔前は電車の駅に黒板があった．これは人との待ち合わせがうまくいかなった時に，伝言を残すための機能を果たした．ふだんは時間をしっかり守る友人が約束に遅れている時には，道中で事故にでも遭ったのだろうかなどと心配しながら相手を想像した．現在は携帯端末ですぐに連絡ができる．むしろ相手が電話に出なかったら怒り出す人もいて，これは自己中心的になっていることを表している．便利さを獲得したと同時に大切なものを失っているのかもしれない．これは競技環境においてもいえる．

　現在はさまざまなトレーニング方法が開発され紹介されている．アスリートはそれほど考えずに，指導者の与えるメニューを実施すればそれなりに競技力が向上する．昔はこのような方法論が少ないため，指導者

と選手がともに試行錯誤していた．たとえば，動画のない時代は，連続写真を並べて動きのメカニズムを調べた．そして，調べられた動きをするためにはどのようなトレーニングが相応(ふさわ)しいのか考えた．このような泥臭い試行錯誤を伴う日々のトレーニングが，自然と心を強化していたのである．科学トレーニングにより，身体や技術は効率よく向上させることができるようになった．しかし，その身体の変化に応じた心の成長が見られない事例が報告されるようにもなった．心の強化は必要であるが，それは簡単にマニュアル化できるものではない．現代社会の様相とその中で展開される競技環境のありようを捉えつつ，選手個々の内面を包括的に捉えることが，競技力の向上には必要である．

復習トレーニング

次の文章で正しいものには○，誤っているものには×を付けなさい．

❶ （　　）アスリートの心理的側面に関わる心理サポートにはさまざまな理論的背景があるが，いずれかの理論のうち一つを学ぶことで専門家として活躍できる．

❷ （　　）トップレベルのアスリートは，明るく爽やかで，忍耐力や協調性などを持ち合わせており，悩むことは少ない．

❸ （　　）アスリートへの心理支援に対しては，パフォーマンスの向上や成績の上昇といった目に見える結果だけに注目するだけでなく，競技力を支えている心的エネルギーの源泉を理解するよう努めることが必要である．

❹ （　　）思春期や青年期のアスリートに対する心理サポートをする場合は，彼らの競技体験が主体的なものであるかを見極める必要がある．

12章 アスリートへの心理サポート

12章のPOINT

- ◆ 現在の競技環境における,アスリートへの二つの主要な心理サポートアプローチを理解します.
- ◆ スポーツメンタルトレーニングの基礎的知識や方法を学びます.
- ◆ スポーツカウンセリングで大切にしている内的課題について学び,カウンセリング開始のきっかけとなる主訴を理解します.
- ◆ アスリートの語るパフォーマンスや動きは,彼らの競技を通じた心理的成熟に関わる独自性を持つことを学びます.
- ◆ スポーツメンタルトレーニングとスポーツカウンセリングの関係と,将来的発展について理解します.

12章 アスリートへの心理サポート

1 はじめに

現在における競技環境は以前より変わり，選手や指導者とは異なる役割を持つ専門家が増えた．食事の摂り方を指導・管理する専門家，フィジカルトレーニングやコンディションづくりを専門とするトレーナー，様々な情報を収集・分析するアナリストなど，種々の役割に特化した専門家が競技現場に関わるようになった（図12.1）．選手の心理的な部分に関する専門家も同じく認知されつつある．

ここでは総称として**心理サポート**とする．選手の心理面をサポートする方法や，その理論について学習する．運動・スポーツ・身体を研究対象とする学術研究団体が提唱する二つのアプローチ，すなわち，スポーツメンタルトレーニングとスポーツカウンセリングについて，ここで触れる．

2 スポーツメンタルトレーニング：基礎的流れ

現在では多くの**スポーツメンタルトレーニング**（以下，**SMT**）に関する書籍が出版されている．それぞれ著者の独自性が反映されており，初学者は混乱することもあるだろう．ここでは，多くのSMTプログラムにほぼ共通する基本的な流れや留意点を説明する．それらを理解しておくことは，いずれの方法を実践する際にも，実践者である選手自身の工夫が加味されていくうえで有益である．多くのプログラムは，一定のトレーニング期間にいくつかの段階を設定している．すなわち，アセスメント，リラクセーション技法の習得，イメージ技法の習得，メンタル

知っておくと役に立つ！

アスリートを支援する二つの専門資格

体育・スポーツ・身体活動を研究対象とする二つの学術団体が認定している．一つは，日本スポーツ心理学会が認定する「スポーツメンタルトレーニング指導士」である．スポーツ心理学あるいは関連領域を専攻し，修士号を取得していることが資格取得の基礎条件の一つである．もう一つは，日本臨床心理身体運動学会が認定する「スポーツカウンセラー」である．2級以上は臨床心理士と同レベルあるいはそれ以上の能力・技量が求められ，修士号の取得が基礎要件にあるが，体育・スポーツ領域，心理臨床学領域の科目の履修が必要である．

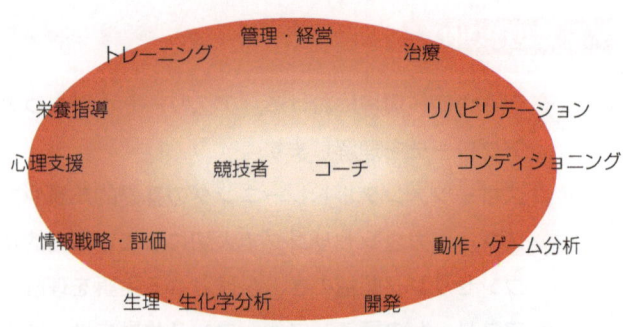

図12.1 競技者を支える周囲の専門分野
多くの専門家・専門分野が競技者を支えている．このほかにも，審判，大会運営者，マスコミが競技環境に関わっている．

リハーサル，評価といった流れである（図 12.2）．以下に，各段階のエッセンスを紹介する．

（1）アセスメント

心は漠然としているため，視覚化・数値化を試み，トレーニング対象を明確にする必要がある．これを **課題の明確化** といい，SMT の動機づけにもなる．現在幅広い対象者に使われているのが，**心理的競技能力診断検査**（DIPCA.3）である．競技における，さまざまな場面や状況を反映した 52 項目の質問から構成されており，回答者自身に当てはまる程度を答える．測定される心理要因は，**競技意欲** に関する「忍耐力」「闘争心」「自己実現意欲」「勝利意欲」，**精神の安定・集中** に関わる「自己コントロール能力」「リラックス能力」「集中力」，また **自信** を構成する「自信」「決断力」，**作戦能力** の「予測力」「判断力」，そして，**協調性** である．

各要因を 20 点満点で評価することができる．基本的には得点の高さがその能力の高さを示すが，心理アセスメントでは一義的な解釈はしない方がよい．ほかの検査結果からも選手に関する情報を得て，その選手にとっての得点の意味を考える必要がある．自身をよく見せたいと思う傾向の強い選手は，質問項目に対して本来の自身とは異なる評価をすることもある．つまり，数字だけで評価するのでなく，その他の情報と併せて，選手の全体像を把握することが大切である．選手の全体像を把握しようとする態度は，選手と関わり手（スポーツメンタルトレーニング指導士，スポーツカウンセラーなど）の信頼関係（**ラポール**）の構築・強化に繋がる．

DIPCA
11 章参照．

図 12.2　スポーツメンタルトレーニングの基本的流れ

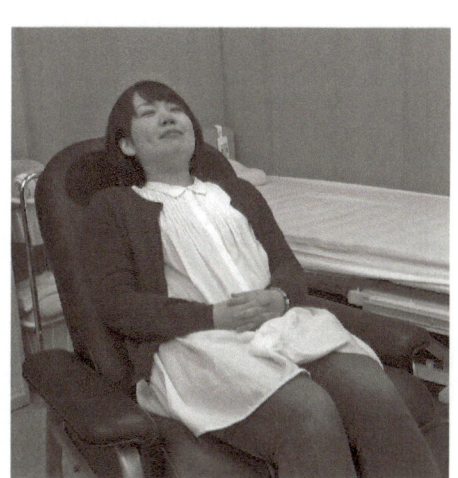

（応用←→基礎）
- アセスメント：課題の明確化
- リラクセーション技法：体を手がかり
- イメージ技法：鮮明性とコントロール性
- メンタルリハーサル：各種応用技法
- 評価，振り返り：多次元的評価

各段階でのキーポイント

（2）リラクセーション

いわゆるリラックスした状態とその状態をつくり出そうとする過程を**リラクセーション**といい，アセスメントに続いて行われることが多い．これはその後継続されるトレーニングでは，リラックスした状態が高い効果を導くからである．筋弛緩法，自律訓練法（この技法を適用する際には専門資格を持つ者が行う），自己統制法などがある．ここでは，身近に実施できる**呼吸法**を紹介する．深呼吸に近いが，トレーニングとして意識すると意外と大変である．

図12.3の第1段階に示すように，ゆっくりと深く息を吸い込み，2～3秒間息を止める．ここで一度筋の緊張状態をつくるのである．そして吸う時間と同じくらいの長さでゆっくりと息を吐く．息を吐いている時に，体の緩みに注意を向け，その感覚を味わう．慣れてきたところで第2段階，第3段階へと進む．それぞれ息を吐く時間を長くしていく．いずれの段階でも，体が緩んでいく感覚に注意を向ける．つまり，体にリラックスの手がかりを求めるのである．SMT全体にも言えることだが，心のことは心（頭）で行わず，体に働きかけるのがポイントである．

呼吸法は比較的簡単に取り組めるので，すぐに「やり方」は習得できる．しかし大切なのは，自分のリラックスした状態を「体で味わう」ことである．深いリラックス状態では試合に臨めないが，その状態を理解していなくては，試合で必要とされる緊張とリラックスとのバランスのよい状態をつくり出すことはできない．自身の体の状態を把握する「物差しづくり」の作業である．

自律訓練法
ドイツの精神医学者シュルツ（J. H. Schultz, 1884～1970年）によって確立された，心身の安定をもたらすセルフコントロール法である．スポーツメンタルトレーニングでは，リラセーションを中心とした基本段階の中でも，とくに四肢の重感や温感をベースとしたトレーニングを行うことが多い．心身の状態に対して「あるがままに」感じることが大切である．

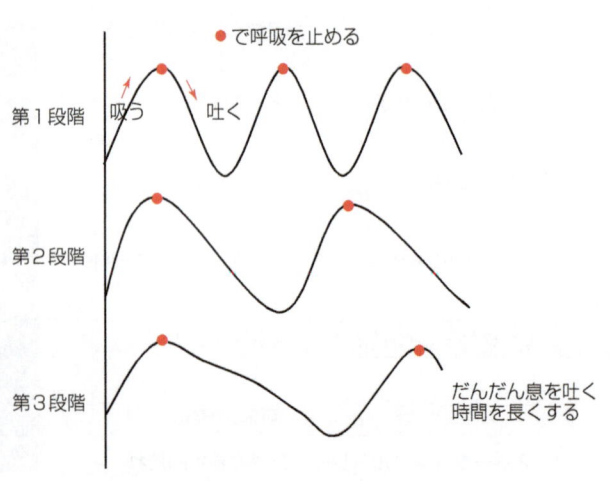

図12.3　呼吸法の練習方法
中込四郎，『メンタルトレーニングワークブック』，道和書院（1994），p.27の図を筆者が一部改変．

（3）イメージ技法

　SMTの中心的技法である．しかし，イメージとは厄介なものである．他者のつくり出すイメージは把握することができないため，実施する側も指導する側も「できたつもり」になりやすいからである．イメージ技法のキーポイントは，**鮮明性**と**統御性**（コントロール性）である．

　画質のよいテレビと，そうでないテレビに美味しそうな食べ物が映し出されていたときに，食欲を喚起するのは前者である．つまり，実際の競技体験をリアルにイメージすることで，その時の感情や思考を再現できる．さらには，主要動作に関わる筋感覚にも刺激を与えることができる．映像的な視覚だけでなく，聴覚，嗅覚，筋運動感覚，感情，思考のすべてを研ぎ澄ますことが，よいイメージ想起に重要である．

　次に統御性であるが，録画映像を見ている場面を思い出してほしい．自分の意思と関係なく早送りされたり，停止されたりすると不快である．すなわちイメージ想起においても，自身のコントロールによりイメージ内容を繰り返したり，ある部分をズームアップしたりすることが重要である．イメージのタイプは二つあり，自分の動きを第三者の視点から見るものを**観察イメージ**といい，イメージの中に自身が入り込み，実際に実施しているものを**体験イメージ**と呼ぶ．どちらのイメージもトレーニングには有効で，意図的に想起できることが大切である．

　図12.4はイメージ技法の一連の手順である．まず何をイメージするのかを決める（内容設定）．最初は静的なもの，たとえばふだん使う道具などをイメージする．トレーニングが進むと具体的な流れのある場面などをイメージする．この時も具体的な内容，イメージ想起時のポイン

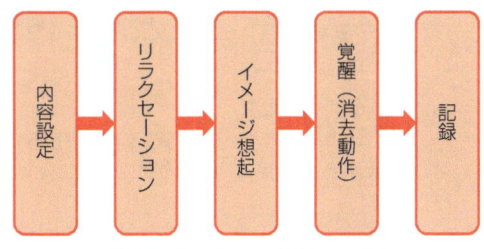

内容設定 → リラクセーション → イメージ想起 → 覚醒（消去動作） → 記録

図12.4　イメージ想起の手順

トなどを記述しておく．

次に**リラクセーション**を行う．リラックスした状態で働きが活発になる右脳が，イメージなどの創造的作業に使われるためである．そして実際のイメージを行う．

イメージ想起は，一回あたり長くても 10 分程度に留めておく方がよい．上手くイメージできない，イライラするなどでイメージ想起が阻害されることもある．この時に関わり手がいる場合には，そこを手がかりに選手の気づいていなかった大切な心理的課題を見出すことにもなる．しかし，一人で行っている場合は不快な感情のままで終わることや，立ち眩みが起こるなどもある．またイメージが深まると，自身のより深い内的な部分に刺激を与えることにもなる．これまで抑圧してきたネガティブな記憶が蘇ることで，その後のトレーニングが続かなかった報告もある．とくに専門の関わり手がついていない場合は長時間のイメージは避けた方がよい．

イメージ想起が終わると，**覚醒水準**を高めるために手足の曲げ伸ばしをするなど，体を軽く動かす．そして最後にイメージ想起の時の様子を記録する．この**記録**が新たな気づきを導くことにもなる．

（4）各種応用技法

さまざまな応用技法がある．目標を整理して，その達成のための方略を考えたり，意欲を高めたりする**目標設定技法**はよく使われる．また，最も調子のよかった状態を想起することで，意図的にその状態をつくるための手がかりを探るのは**ピークパフォーマンス分析**である（図 12.5，12.6）．あるいは劣勢な場面を分析し，そこでの感情や思考を変えてい

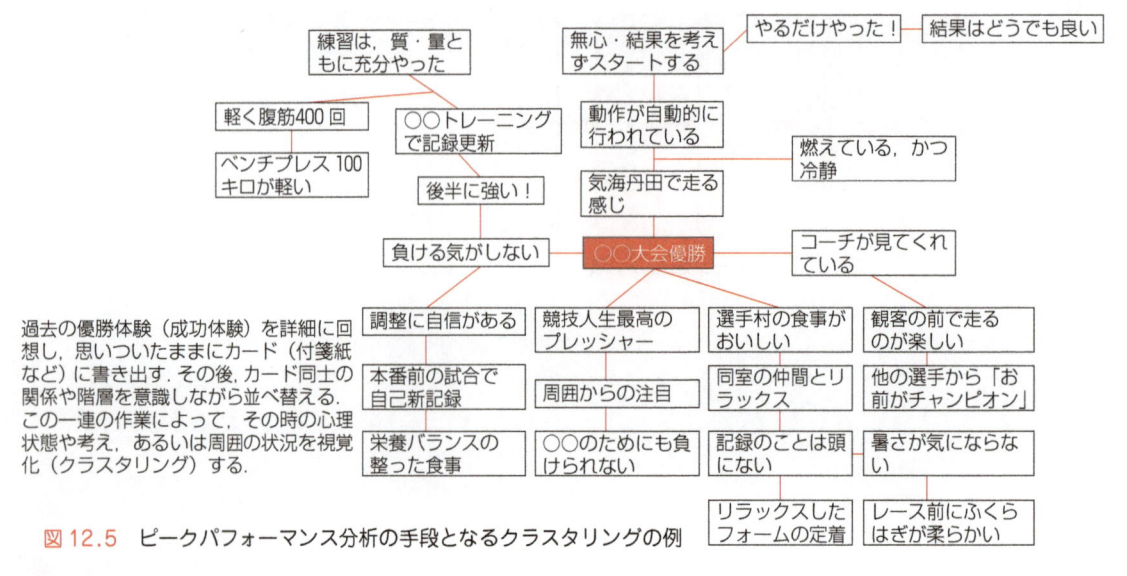

過去の優勝体験（成功体験）を詳細に回想し，思いついたままにカード（付箋紙など）に書き出す．その後，カード同士の関係や階層を意識しながら並べ替える．この一連の作業によって，その時の心理状態や考え，あるいは周囲の状況を視覚化（クラスタリング）する．

図 12.5 ピークパフォーマンス分析の手段となるクラスタリングの例

くために**メンタルペースメーカー**をつくるのも有効である．

　日々のトレーニングにおける感情をより詳細に分類して，自身にとっての最適な状態をつくるための**モニタリング技法**は後の章で詳しく論じられる．自分を取り巻く重要な人びとを整理することで，自身の特徴を理解するソーシャルネットワーク図の作成など（図 12.7，12.8），このほかにもさまざまな技法がある．

（5）評価

　トレーニングでは，その効果を検証する必要がある．SMT プログラムでも最後のセッションで**評価**が行われる．多くの場合，アセスメントで用いたツールを再び用いて，その指標の変化から考察を行う．たとえば DIPCA において，協調性の得点が 15 点から 10 点と低くなった場合には，SMT 効果がなかったといえるだろうか．検査得点は低下しているが，トレーニング日誌などの振り返りからは心理的な成長が見られる場合もある．これは，自分自身の捉え方，つまり自己概念の変容により，協調性に対する考え方が変容したとも考えられる．心理的な取組みでは数字の変化を一義的に捉えることなく，ＳＭＴを実施している本人にとっての得点の変化の意味を考察することが重要である．

　ここまでに述べた SMT の基本事項を理解したうえで，自分に合ったプログラムを試し，さらに自分なりのプログラムへと発展させていくことが望ましい．SMT の先駆者によると，「僅かな投資で奇跡を期待してはいけない」（ガーフィールド　A. C. Garfield　アメリカのスポーツ心理学者）といわれており，また別には「心のことも心を込めてトレーニングしなくてはいけない」（中込四郎．長年にわたってＳＭＴの講習会

側注

モニタリング技法
11，13 章参照．

ソーシャル・ネットワーク
家族，友人，指導者といったある個人にとって重要な他者から得られる様々な援助をソーシャルサポートといい，各個人の持つソーシャルサポートを可視化したものがソーシャルネットワーク図である．チームビルディングや，新たな環境に移行する人びとへの教育プログラムに使われることがある．また，内界探索型メンタルトレーニングでは，自己への気づきを深める効果が期待されている．

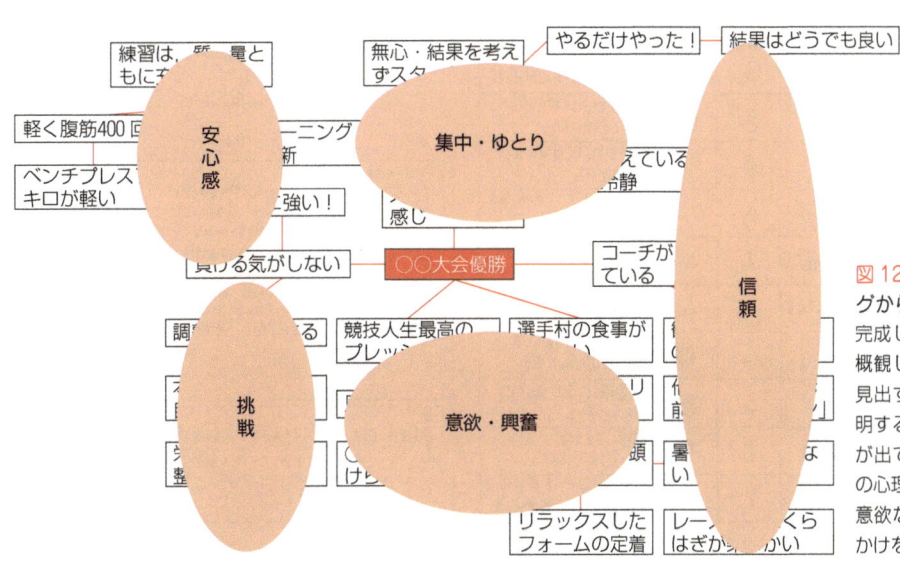

図 12.6　クラスタリングからの自己分析
完成したクラスタリングを概観し，自分の特徴などを見出す．この時に他者に説明することで新たな気づきが出てくる．自分にとっての心理的要因（安心感，自信，意欲など）を構成するきっかけを知ることができる．

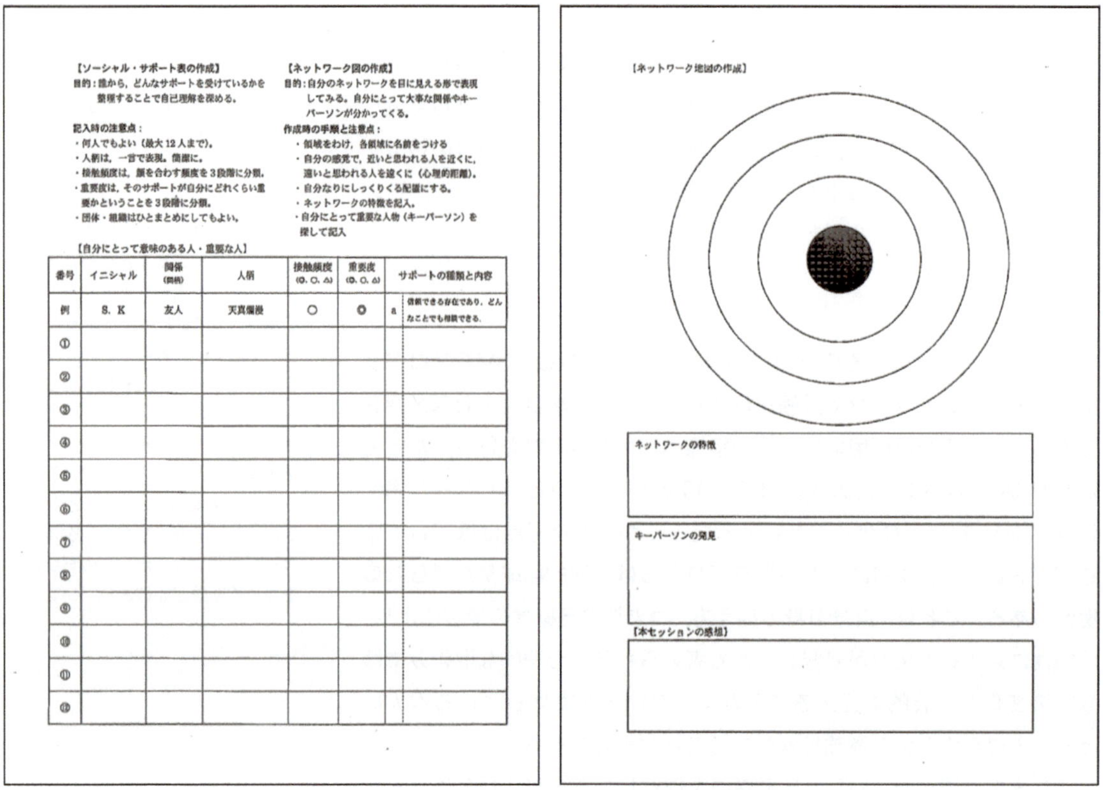

図 12.7　ソーシャルサポートネットワーク作成シート

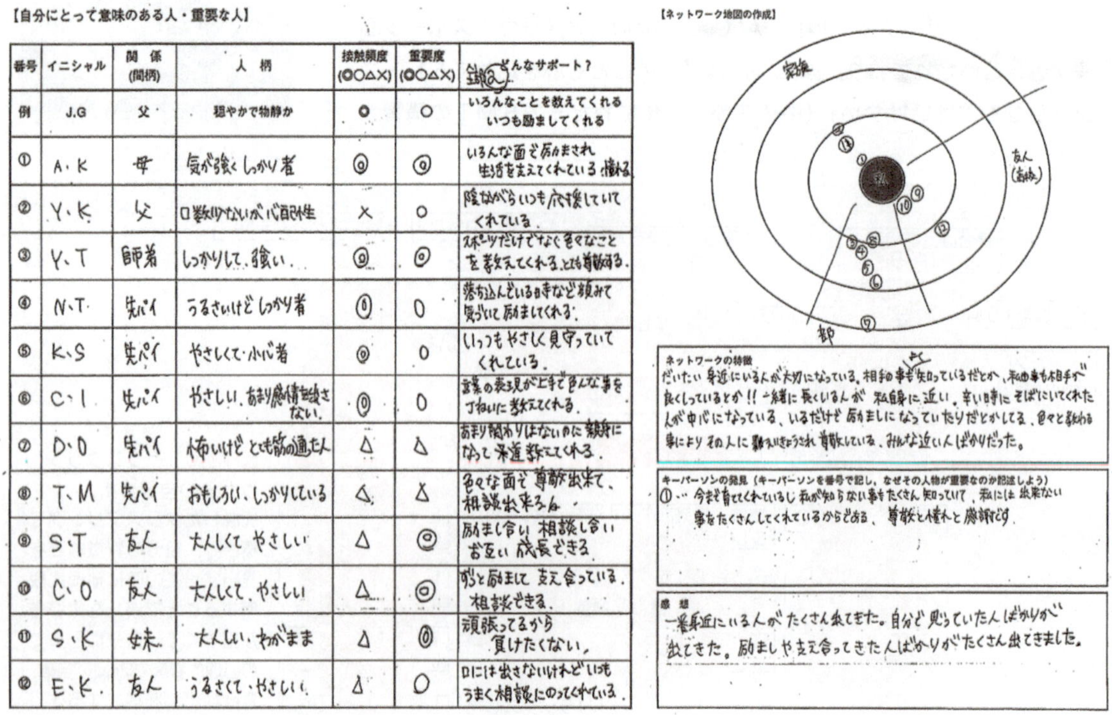

図 12.8　ソーシャルサポートネットワークの例

を主催）とも述べられている．

3 スポーツカウンセリング

　競技力を高めるために心を鍛えたい，あるいは競技生活を送るうえで困っていることを解決したいなど，心理的な取組みを求めるときには何らかの理由いわゆる主訴がある．**主訴**は，捉えることの困難な心の深い層にある課題が個人の内面に生じていることを表している．アスリートをはじめとする競技に関わる人びとが，主訴をきっかけとして自身の内面の課題を克服していく．その過程を傍に寄り添い支援するのが**スポーツカウンセリング**（以下，SpC）である．12 章では，臨床スポーツ心理学を基盤とする SpC を紹介する．

（1）主訴と内的課題

① 主訴とは

　主訴はおおよそ表 12.1 のようにまとめられる．競技意欲の低下や自信，不安，集中といった情緒的なものは想像しやすいだろう．また，競技の継続，引退は誰もが考えることである．コーチやチームメイトとの人間関係で苦しむこともある．これまでにできたプレーができなくなったというような動作失調は，スポーツの文脈独自のものである．そのほかには，減量や食事のコントロールといった食行動に関する主訴もあり，これは摂食障害への発展の可能性から精神科医や管理栄養士らとの連携が求められる．

　いずれの主訴であっても，SpC では主訴に表現された大切な課題を

> **知っておくと役に立つ！**
> **臨床スポーツ心理学**
> スポーツ現場で実際に生じる問題や課題の解決のために，心理臨床学を基盤とした新たな方法論を用いて事象を捉え直し，かつ新たな知見を導き出そうとする学問領域である．方法論に独自性があり，12 章で紹介した「身体性」のほか，専門家（研究者）と選手との唯一の関係のあり方を重視する「関係性」，個々の関わりを深く掘り下げることで普遍を導こうとする「個の尊重（事例研究）」が特徴である．

> **知っておくと役に立つ！**
> **アスリートの食行動問題**
> 身体の美しさやバランスが求められる，あるいは体重制限を伴う競技では，アスリート自身による体重のコントロールが必須であり，競技環境における食行動問題は重要なテーマである．食行動に問題があるとされるアスリートの特徴として，身体感覚の乖離や自我違和的な身体体験，歪んだ身体像が指摘されている．

表 12.1　主訴：心理サポートを求めるきっかけ

意欲低下	やる気が起きない，慢性的だるさ・疲労感
情緒的問題	不安になる，集中できない，怒り，など
継続・引退	やめたい，やめざるをえない，やめたくない
対人関係	コーチ，仲間，家族，恋人，その他
動作失調	これまでにできた動き（技）ができない
ケガ	突発的・慢性的ケガ，復帰までの不安
食事・睡眠	睡眠障害，過食，拒食，食行動問題
性格・気分	自分の性格について
その他	経済的問題，マスコミ，漠然とした主訴

武田大輔，中込四郎ほか編著，アスリートの心理サポート現場，『よくわかるスポーツ心理学』，ミネルヴァ書房（2012），p.145.

見出していく．たとえば，「試合前になると緊張して，イメージ通りのパフォーマンスを発揮できない」という主訴で来談した場合，SMT技法のリラクセーションやイメージが有効となるだろう．しかしSpCでは，いつ頃からなのか，頻繁に起こるのか，どのようなイメージをしているのか，自分なりに解決してきたのかなど詳細に聴いていく．さらには，競技を始めたきっかけ，競技に対する父母の関わり方，どのような指導者・仲間と関わってきたのかも聴いていく．そうすることで，来談者（アスリートを含む心理サポートを求めてやってくる競技に関わる，あらゆる人々）になぜ今このような主訴が起きているのかが少しずつ見えてくるのである．

② **主訴の背景にある内的課題の解決**

主訴の背景にある心の課題，すなわち内的課題の解決がSpCの目標の一つになる．たとえば，青年期の競技者の場合には，エリクソンの発達段階説でいうアイデンティティ形成の課題はよく見られる．ほかには，強さや逞（たくま）しさ，激しさが特徴となる競技を行う女性アスリートの中には，スポーツの中で必要となるものと，社会の中で理想とされる女性像とのギャップに苦しむ者もいる．これは女性性のテーマとなり，母子関係のありようも関係してくる．あるいは指導者への過度の依存や反発には，幼少期の愛着に関連する基本的信頼感が関係することもある．このように，アスリートの訴える困難の背景には，無意識レベルに及ぶ課題が存在し，これらを解決することがアスリートの生涯発達において重要となる．

ところで，人は自分らしさを最もコミットしている対象に表現する．アスリートの場合は，競技パフォーマンスそのものにその人らしさが表

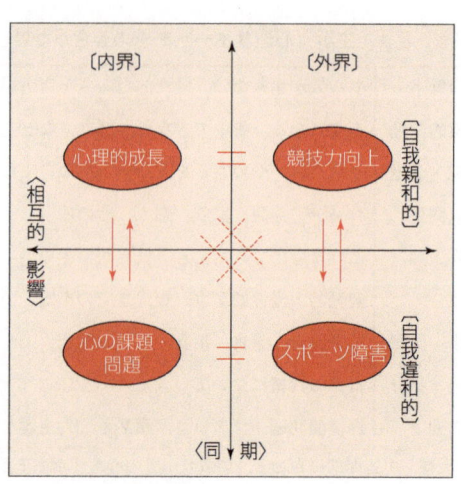

図12.9 心理的成長および心の課題との関係
中込四郎，『アスリートの心理臨床：スポーツカウンセリング』，道和書院（2004）p.11.

現され，そこには乗り越えなくてはならない課題も含まれる．アスリートの競技力の向上あるいは低下と，心理的な成長および心の課題との関係を，SpCでは図12.9のように捉える．外界は彼らの主訴あるいは意識された自分の課題を表し，内界は見えない内的な課題を示している．実際のサポートでは，アスリートは自身のパフォーマンスについて自分自身の持つ言葉で語る．その語りは動きに関することであるが，じっくりと聴いていると，彼らの内面に起こっていることが理解されてくる（図12.10）．アスリートの身体に関する独自的テーマであり，次項で触れる．主訴に囚われず，その背景にある心の課題を乗り越えることによっても心理的成長や競技力向上に結びつくと考えるのがSpCである．

（2）語れないものを語る身体

① 身体性

アスリートへのカウンセリングと一般のカウンセリングとの違いの一つが，身体のことである．**身体性**と称し研究対象とされている．著者のイメージでは，アスリートがどのように自分の身体を体験しているか，あるいはアスリートの身体を通じた自己表現と説明できる．ここでは，著者による心理サポートの事例を一つ紹介する．

② 身体症状と内的課題に関する事例から

20代半ばのAさんは，競技レベルが上がった頃をきっかけに，試合前に腹痛を起こすようになったと，身体症状を主訴に相談にやってきた．相談の中では，他人の目が気になり，自分の気持ちを抑え込み，周囲に合わせる生き方をしていたと自分を振り返った．しかし，その生き方を変えなくてはいけないと自覚しつつも，なかなか動き出せない様子で

> アスリートの心理的課題に対する身体の機能については他書を参照されたい．

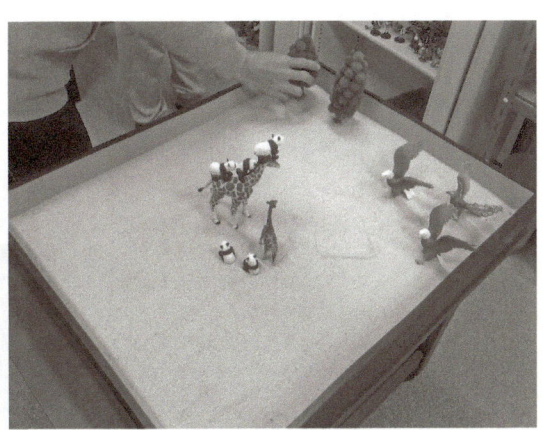

図12.10 箱庭療法

一部のスポーツカウンセラーは，箱庭療法を用いる．個人の内界を理解するための方法であるだけでなく，集団で一つの箱庭作品をおくことでイメージレベルでのコミュニケーションの促進を図るために利用されることもある．
筑波大学内施設にて著者撮影．

あった．一方で競技について，足元の道具を新しくすることが話題となっていた．これまで使っていたものは硬すぎて自由に動くことができず，むしろ道具に自分の動きを制限されているようだと語った．

　しばらくその話題が続く中で，道具に対して自ら積極的に働きかけている取組みが語られた．その取組みによって，道具が硬すぎず柔らかすぎず，縦にも横にもほどよく自らの意志で動かすことができるようになったと語った．それはパフォーマンスの向上に繋がった．また機を同じくして，人と接することも苦でなくなり，自分の意見をいえるようになったと語った．道具を自らの身体で能動的に動かすことを通じて，主体性が共時的に育っていった事例であった．

　このように，アスリートの体験する身体が彼らの内的な課題と関係していることがわかる．このような事例は，SpCの事例検討会でよく報告される．事例による報告だけでなく，投映法を使った研究からもアスリートの身体の独自性が報告されており，アスリートの語るパフォーマンスや動きの語りは，彼らの内界を理解する有益なものとして，「語れないものを語る身体」と表現される．

4　SMTとSpCの連携を目指して

　最後にSMTとSpCの関係および連携について触れる．わが国では，これまでに両者の違いや対象の棲み分けなどについて議論されてきた[*3]．これには，アスリートの行動を「異常」「ふつう」「優れた」と便宜的に区分し，「異常な行動からふつうの行動」を臨床的スポーツ心理学者の適用範囲とし，一方，「ふつうの行動から優れた行動」の範囲を対象に

*3 たとえば，日本スポーツ心理学会の学会大会では2003年と2007年にこの問題に対してシンポジウムが行われた．

図12.11　スポーツカウンセリングとスポーツメンタルトレーニングの連携
11章の図11.3で示したように，SpCは心理的問題に，SMTは競技力向上や実力発揮に貢献すると対峙的に議論がなされてきた．しかし，近年では互いの共通性や差異を明確にしつつ，相補的な関係になりつつある．
木塚朝博，スポーツカウンセリングが担うもの，体育の科学，64（1），2（2014）．

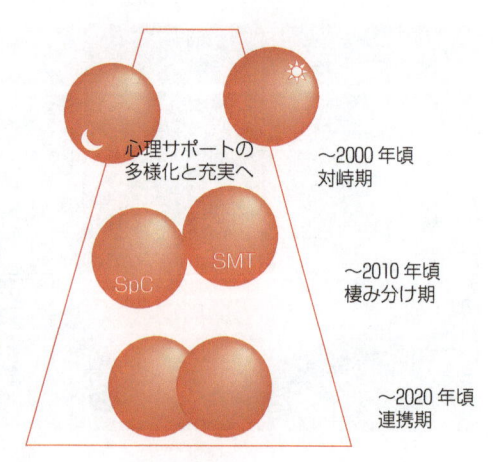

〜2000年頃　対峙期
〜2010年頃　棲み分け期
〜2020年頃　連携期

心理サポートの多様化と充実へ

するのが教育的スポーツ心理学とするとした欧米の傾向を受けて，わが国の心理的支援も発展した背景がある．さらに，SpCの理論的基盤となる臨床スポーツ心理学は，抑うつ，食行動異常，神経症などの臨床的あるいは準臨床的問題のみを扱うといった誤解にもよる．

しかし，このような区分によるアプローチの選択は実際的でない．選手個々の求めに応じたアプローチを見出すためには，両方の理論や方法を知っておく必要がある．現在のところ，二つのアプローチの差異は少しずつ明確になってはきている．しかし依然として，実際に相談にやってきた選手に最も適したアプローチや人材を提供できるだけのレベルには至っていない．心理サポートの需要は高まってきていることからも，今現在行われている心理サポートの実践研究や事例検討・事例研究の積み重ねが必要である（図12.11，図12.12）．

復習トレーニング

次の文章のカッコの部分に適切な言葉を入れなさい．

❶ 現在のわが国における心理サポートには，大きく二つのアプローチがあり，（　　）と（　　）と呼ばれ，それぞれ専門資格がある．

❷ 多くのSMTプログラムに含まれるリラクセーション技法とイメージ技法のトレーニングポイントは，それぞれ（　　）と（　　）である．

❸ SpCのアプローチでは，主訴として現れる意欲低下や対人関係などを直接的に改善させる，あるいは取り除くことをせず，その主訴の背景にある（　　）に注目し，選手にとっての主訴の意味を大切にする．

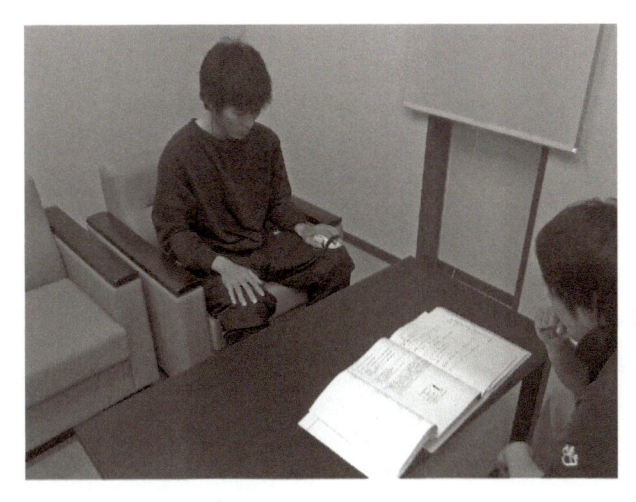

図12.12　関係性からなる心理サポート
心理サポートは専門家と選手との固有の関係をベースに展開される．そこから生み出されるものはほかにはない唯一の価値がある．専門家と選手双方が成長する場である．
筑波大学内施設にて著者撮影．

13章 心理的コンディショニング

13章のPOINT

- ◆ よい心の状態を学ぼう．ピークパフォーマンス，ゾーン，フローの特徴の違いを理解します．
- ◆ スポーツパフォーマンスには，覚醒水準が強く影響することを学ぼう．スポーツスキルの特性に応じて，適切な覚醒水準があることを理解します．
- ◆ リラクセーションとサイキングアップの違いを理解しよう．それぞれの適切な使用方法を学びます．
- ◆ 心の状態を把握するための方法（モニタリング）を理解します．
- ◆ IZOF理論に基づく心理的コンディショニングの考え方を理解します．

13章 心理的コンディショニング

1 はじめに

　重要な試合に向けて練習内容や練習量を調整することは一般的であろう．また，試合に合わせて食事の内容や摂取のタイミングを考える人も多いだろう．このように試合に向けて身体のコンディションを整えることは，多くの人が意識的に行っている．では心理面のコンディションについて，選手たちはどのように取り組めばよいのだろうか．

　この章では，心理的コンディショニングについて，まずはよい心の状態を理解することから始め，最終的にはよい心の状態を意図的につくりあげる方法を紹介する．

2 よい心の状態とは

　試合に向けてよい精神状態をつくるために，まず，よい精神状態はどのようなものであるのか，把握しておこう．試合に適した精神状態について，ピークパフォーマンス，ゾーン，フローの三つの概念について紹介する．

（1）ピークパフォーマンス

　これまでの競技生活で最高のプレーをしたときを振り返ると，常識では考えられない特異な体験をしていることがある．たとえば，「手とラケットが一体化したような感覚」「相手のしてくることがすべて読めた」「ボールが大きく止まって見えた」などである．冷静に考えるとそのようなことはありえないが，主観的な感覚としてそのように感じたのだ．

知っておくと役に立つ！

ピークパフォーマンス体験の例
「バレーボールで，相手からスパイクを打たれたとき，周りの音が聞こえなくなり，ボールの落下点がわかり，コート内の人とボールが止まっていて，私だけが動いていた」「サッカーでボールを受けた瞬間，ゴールシーンが頭に浮かび，その通りになった」「弓道で矢と的に白い線が引かれており，その通りに射ることができた」

このような特異な体験を**ピークパフォーマンス**（peak performance）と呼ぶ．

スポーツ選手へのインタビューなどを元にして，ピークパフォーマンス時に共通する八つの特徴が表 13.1 のようにまとめられている．

（2）ゾーン

ゾーン（zone）とは，よいパフォーマンスを発揮するには適正な水準（幅）が存在し，その適正水準の中に入っているときによいパフォーマンスが発揮されるという考え方に基づいている．そのため，「ゾーンに入っている」「ゾーンに入っていない」という考え方の適用が可能である．

ゾーン状態に入ると，「あらゆることが夢見心地で静かに経過し，まるで催眠術にかかったような感じになり，にもかかわらず心も身体も完全にコントロールされている」と表されている．そして，ゴルフ選手におけるゾーン状態の特徴として，「沈着冷静」「肉体的なリラクセーション」「恐れのない心」「十分なエネルギー」「楽天的な態度」「プレーを楽しむ」「淡々とプレーする」「オートマティックなプレー」「油断のなさ」「自信」「コントロールされたプレー」の 11 の要因をあげている．

（3）フロー

「全人的に行為に没入している時に人が感じる包括的感覚」の精神状態は，**フロー**（flow）という概念を用いて説明されている．人はあることに集中していると，その活動自体の面白さに入り込み，雑念や雑音，時間の経過も忘れてしまうということである．このフロー状態の特徴と

> **知っておくと役に立つ!**
>
> **チクセントミハイ**
> チクセントミハイ（M. Csikszentmihalyi）は，ハンガリー出身のアメリカの心理学者である．ジャーナリスト，芸術家として活動した後，アメリカで心理学を学ぶ．1975 年にフロー理論を発表．その理論は，現在では，教育・体育・スポーツ・芸術・医療・産業・福祉などさまざまな実践領域で活用されている

表 13.1 ピークパフォーマンス状態の特徴とその例

① 精神的リラックス：「気分がよい」
② 身体的リラックス：「身体が軽い」
③ 自信：「絶対成功する」
④ 今の状態への集中：「観客やヤジが気にならない」
⑤ 意欲：「最後まであきらめない」
⑥ 高度な意識性：「起こることが，すべてわかった」
⑦ 制御性：「思いどおりに身体が動いた」
⑧ 安全性（守られているという意識）：「自分だけは失敗しない」

して,「明確な目標」「自分の能力と課題の難易度とのバランス」「活動のコントロール感」「活動と意識の融合」「自己意識の低下」「課題への集中」「目的的経験（活動自体が楽しい）」「時間感覚のゆがみ」があげられる.

フローが生じる条件として,「挑戦とスキルのバランス」「明確な目標」「明確なフィードバック」の存在がある. 図13.1は, 自分の能力と課題の難易度とのバランスから見た**フローモデル**である. この図から, 課題の難易度が選手のスキルレベルに適する時にフローが生じることがわかる. スポーツ場面では明確な目標が存在し, 勝敗・成否といったフィードバックを即座に得やすいので, 課題の難易度がフローの発生に関係すると考えられる.

3　覚醒水準とパフォーマンスの関係

スポーツでは緊張しすぎて失敗すること, 反対に緊張感が足りなくて失敗することはよくあることである. このように, 緊張の程度はパフォーマンスに大きく影響する. この緊張の程度のことを, 心理学では**覚醒水準**と呼ぶ. 次に, 覚醒水準とパフォーマンスの関係について述べる.

（1）覚醒とは

覚醒とは目覚めている状態のことで, 大脳皮質が興奮していることを意味する. 通常の目覚めている状態から覚醒水準が低下すると, リラックスし, 眠気が生じる. さらに低下すると睡眠状態となる. 反対に通常の状態から覚醒水準が高くなると気分が高揚し, 活動的になる. さらに

> **知っておくと役に立つ！**
>
> 皮膚電気活動
> 緊張すると手汗が出やすくなる. この原理を利用して, 皮膚電気活動を測定して精神状態を把握することができる. GSR (Galvanic skin response, ガルヴァニック皮膚反応) は, 精神状態を音に変化させる機器で, 多くのスポーツ選手も活用している.

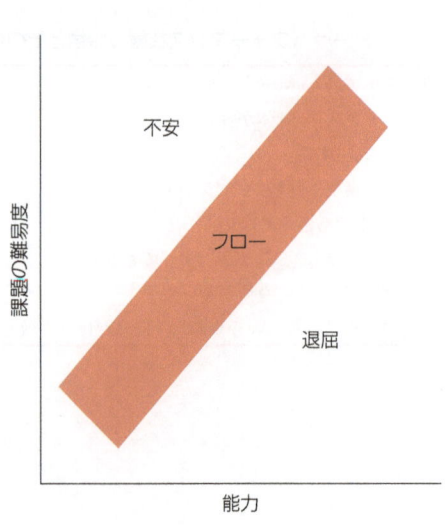

図13.1　フロー状態のモデル図

上昇すると興奮・緊張，パニック状態となる．つまり睡眠と興奮・緊張は同じ軸の上に存在しており，覚醒水準の違いによって区別できる．

覚醒水準を示す生理指標としては，脳波，心拍数，血圧，呼吸数，皮膚電気活動などがある．

（2）逆U字仮説

覚醒水準が低すぎる状態で運動をすると力が入らず，反応も鈍くなる．反対に覚醒水準が高すぎると力が入りすぎ，繊細なコントロールができなくなり，時には大事な情報を取り逃してしまう．つまり，覚醒水準が高すぎても低すぎてもパフォーマンスは低下し，適切な覚醒水準のときにパフォーマンスは最も向上する．図13.2はこのような関係を図示したもので，覚醒水準とパフォーマンスの関係は逆U字型の曲線を示す．これを**逆U字仮説**という．

（3）リラクセーションとサイキングアップ

逆U字仮説の図を参考にすると，覚醒水準が高すぎるときは，覚醒水準を引き下げて適切な覚醒水準にもっていくことでパフォーマンスは向上する．反対に覚醒水準が低すぎるときには，覚醒水準を引きあげるとよい．この覚醒水準を引き下げることを**リラクセーション**，引きあげることを**サイキングアップ（アクチベーション）**と呼ぶ．

リラクセーションの方法としては，呼吸法，筋弛緩法，自律訓練法，動作法，バイオフィードバック装置の利用，マッサージ，心地よい音楽を聴くなどがある．サイキングアップの方法としては，呼吸法，体を激しく動かす，大声を出す，体を叩く，イメージ法，自己暗示，軽快な音

知っておくと役に立つ！

ヤーキーズ・ドッドソンの法則
ヤーキーズ（R. M. Yerkes）とドッドソン（J. D. Dodson）は，ラットを使った実験を行い，電気刺激が強くなると正反応が増すが，ある水準を超えると正反応が減少することを見出した．さらに課題の難易度との関係を見たところ，容易な課題では強い電気刺激の方がパフォーマンスが高く，困難な課題では弱い電気刺激の方がパフォーマンスがよいことが示された．難しい課題に適する動機づけ水準は，易しい課題に適する動機づけ水準よりも低い水準にあることがわかった．このような関係をヤーキーズ・ドッドソンの法則と呼んでいる（図13.3）．

呼吸法
呼吸はリラクセーションの基本である．緊張すると呼吸は早くなり浅くなる．呼吸を整えることで，心身の状態をコントロールすることができる．呼吸には息を吸う部分（吸気相）と息を吐く部分（呼気相）がある．リラックスするには，ゆっくりとしたリズムで，とくに呼気相を長くして，しっかりと息を吐くことを心がけるとよい．反対に早いリズムで，一気に息を吐くようにするとサイキングアップの効果がある．

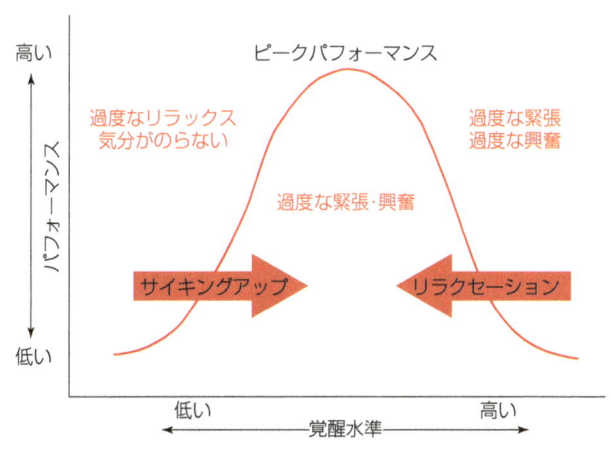

図13.2 覚醒水準とパフォーマンスの関係（逆U字仮説）

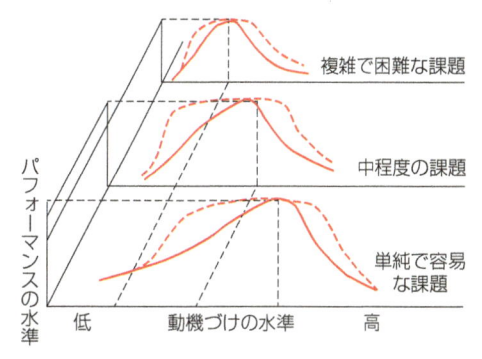

図13.3 ヤーキーズ・ドッドソンの法則の模式図
松田岩男・杉原　隆　編著，『新版運動心理学入門』，大修館書店（1987），p.66.

動作法
動作法とは，脳性マヒ児の動作改善を目的として開発されてきた動作訓練を，他の障害やスポーツ選手に適用する方法や理論のこと．動作訓練を通じて，自分の姿勢や緊張に気づき，発達の促進や心身の緊張緩和を図る心理療法である．スポーツ選手の動作やスキル改善にも活用されている．

バイオフィードバック
生体の生理的状態について測定機器を用いて測定し，知覚可能な情報（光，音，グラフ，数値など）で提示する技法のこと．皮膚温，心拍数，皮膚電気活動，筋電図，脳波などが該当する．

楽を聴くなどの方法がある．

十分リラックスしているにも関わらず，試合前にリラクセーションの活動を行っている選手たちを見ることがある．この場合，リラクセーションではなく，サイキングアップを行うことが適切である．むやみにリラクセーションを行うのではなく，自分の心身の状態がどのようになっているのか，覚醒状態がどの程度なのかを理解したうえで，そのときの状態に対応した最も適切な処方を用いることが大切である．

（4）スポーツスキルと覚醒水準

スポーツに求められるスキル特性によって，適切な覚醒水準が異なることが指摘されている．力強さ・持久力・スピードが求められる大筋群の運動では高い覚醒水準が適するが，複雑なスキル・繊細な筋コントロール・協応性・精確性・集中力が求められる小筋群の運動では高い覚醒水準は適さない．また，すべてのスポーツにおいて日常よりも少し高い覚醒水準が必要である．この原則に従って，適切な覚醒水準が5段階に分類されている．表13.2はこの分類を図示したものである．第1段階には，ゴルフのパットやバスケットボールのフリースローなど，ターゲット型の運動が該当する．第5段階には，ウエイトリフティングや短距離走など爆発的なパワーが必要な運動が該当する．

スポーツ種目やポジションによって適切な覚醒水準は異なるが，同じスポーツ種目でも，最も能力が発揮できる覚醒水準は個人によって異なる（図13.4）．自分に適した覚醒水準を理解することが重要である．A選手は，B選手やC選手に比べ，適切な覚醒水準が低い．

表13.2 スポーツスキルと適する覚醒水準（オキセンダイン）

覚醒水準	スポーツスキル
第1段階	ゴルフのパット，フリースロー，アーチェリー
第2段階	ピッチャー，バッター，クォーターバック，テニス
第3段階	サッカー，バスケット，体操競技
第4段階	競泳，レスリング，柔道
第5段階	ウェイトリフティング，短距離走（200〜400 m）

J. B. Oxendine, Emotional arousal and motor performance, *Quest Monograph*, 13, 23 (1970).

4 心の状態の把握（モニタリング）

自分の心の状態を理解するには，試合後に自分の心身の状態についてきちんと振り返ることが重要である．心身の状態を定期的に測定すること（**モニタリング**）は，心理的なコンディショニングのためのヒントを与えてくれる．ここでは，心身の状態の振り返りに有効な手法を紹介する．

（1）クラスタリング（ピークパフォーマンス分析）

ピーク（ベスト）パフォーマンス時には，これまでにない身体的・精神的状態が経験されることが多い．このようなピークパフォーマンスの状態は，単に偶然的に得られたものだろうか．このピークパフォーマンスの状態に導かれた過程や環境を整理すると，よいパフォーマンスが出たのは偶然ではなく，一定の行動や準備の結果として導かれていることが理解されてくる．自分のピークパフォーマンス時の状態やその過程・環境を理解することは，ピークパフォーマンスの再現にも役立つ．

クラスタリングでは，まずピークパフォーマンス時を同定し，その時の状況をできるだけ詳しく思い出して付箋紙に記入する．すべて記入し終わると，関連する事項が近くになるように付箋紙を配置する．この作業を行うだけでも，自分のパフォーマンスに何が影響しているのかを理解できるはずである．

これと同じ方法でワースト（最悪の）パフォーマンス時の分析を行い，ピーク時の状態と比較することによって，さらに詳細な分析が可能となる．図13.6はスキージャンプ選手のピークパフォーマンス時の状態を

> **知っておくと役に立つ！**
> 心理的コンディショニングのコツ
> 【試合前】
> ・時間的に余裕を持って行動する
> ・試合までの行動を計画する（ルーティン）
> ・事前の対策，下見
> ・最悪の事態に備える
> ・食事の内容や摂取のタイミング
> ・睡眠・休養・体調管理
> 【試合中】
> ・ルーティン
> ・状況に応じたリラクセーションとサイキングアップ
> ・心理的スキルの活用（ポジティブシンキング，セルフトーク，集中力のコントロールなど）
> ・間をとる
> 【試合後】
> ・パフォーマンスの評価（チーム，個人）
> ・試合前の行動や心理状態とパフォーマンスの関係を確認
> ・次の試合や練習に向けての課題の設定

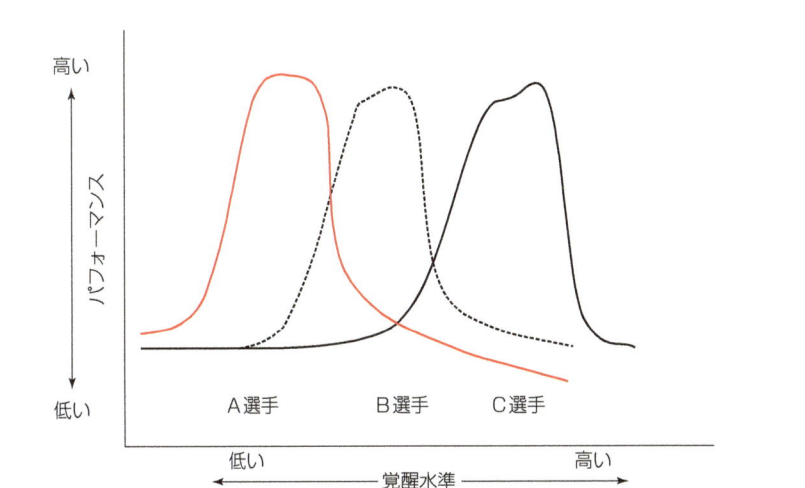

図13.4 最適水準の個人差（覚醒水準とパフォーマンスの関係）

知っておくと役に立つ！

リバーサル理論

リバーサル理論では，覚醒水準の効果は状況の認知の影響を受けるという考え方をする．高い覚醒水準であっても，勝たなければいけないと思っている人（目的志向）は高い不安を感じるが，楽しみたいと思っている人（活動志向）は心地のよい興奮を感じる．つまり同じ覚醒水準であっても，認知の仕方によって反応が異なり，パフォーマンスにも差異が出てくる．状況に対する認知を再解釈することによって，不安（不快）から興奮（快）へと移行させることができる（リバーサル現象．図13.5）．

示している．

（2）日誌（ログ），チェックシート

　試合や練習を振り返り記録として書き留めることは，その日のパフォーマンス内容や練習内容について自分自身で評価することになる．日々の評価は，今後の目標や行動を確認させ，コンディションの把握などにも役立つ．また，このように日誌（ログ）やチェックシートをつける作業は，自分自身を客観的に捉え，自分の個性や特徴を理解する機会を提供してくれる．この内容に精神的要因を加えると，精神・身体・パフォーマンスの関係の理解に役立つ．

　図13.7は，試合期間中のカーリング選手に記入してもらった日誌の例である．競技種目や個人によって振り返るべき対象が違ってくるので，記入する日誌内容は個人によって多少異なるものになる．また，精神面に限定せず，身体面や栄養，休養，睡眠など，各自のパフォーマンスに関連する項目を設定することで総合的なコンディショニングに活用できる．

（3）情動プロファイリング

　情動プロファイリングとは，後述するIZOF理論に基づいた精神状態を把握する手法である．この手法の特徴は，既成の心理尺度を用いるのではなく，自分用に心理尺度を作成するプロセスが存在するところであろう．自分でつくることで，自分で気づくことも多くなる．

　情動プロファイリングの手法は，まず，「不安だ」「楽しい」「緊張した」などの用語が記載されている情動チェックリストの中からベストパ

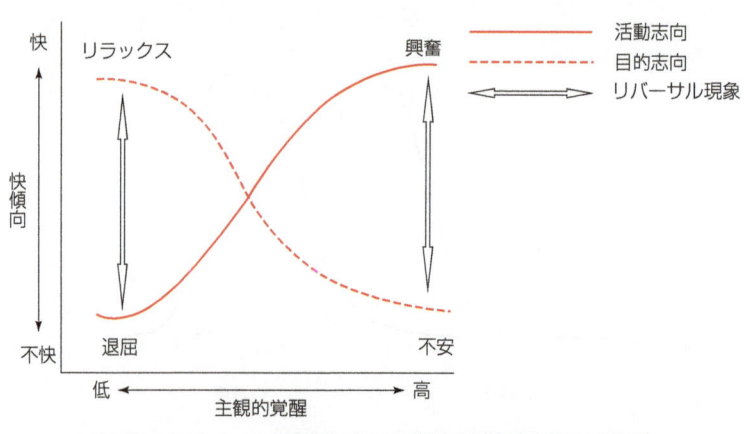

図13.5　リバーサル理論における主観的覚醒と快傾向の関係
蓑内　豊，『スポーツ心理学辞典』，大修館書店（2008），p.264.

4 心の状態の把握（モニタリング）

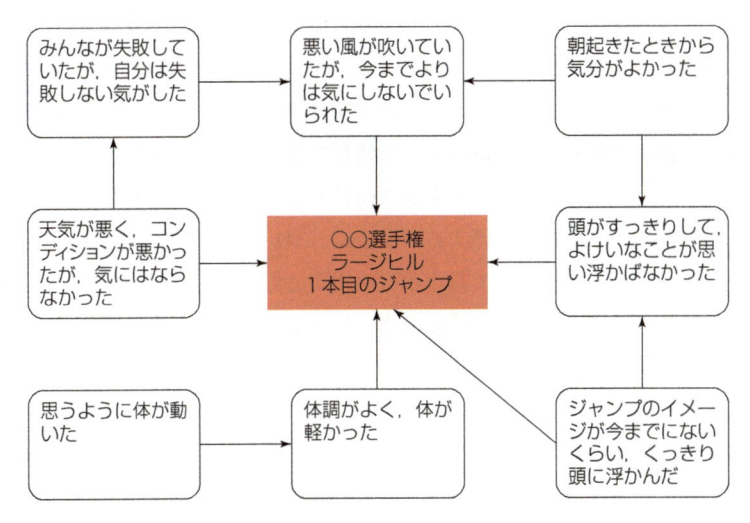

```
みんなが失敗して        悪い風が吹いていた       朝起きたときから
いたが，自分は失    →   が，今までよりは    ←   気分がよかった
敗しない気がした        気にしないでいら
        ↑               れた
                        ↑                       ↓
天気が悪く，コン                                 頭がすっきりして，
ディションが悪かっ  →  ○○選手権              ←  よけいなことが思
たが，気にはなら        ラージヒル              い浮かばなかった
なかった                1本目のジャンプ
                        ↑       ↑
                        ↑       ↑               ↑
思うように体が動    →   体調がよく，体が        ジャンプのイメー
いた                    軽かった                ジが今までにない
                                                くらい，くっきり
                                                頭に浮かんだ
```

図 13.6 スキージャンプ選手のピークパフォーマンス状態の例

図 12.5，図 12.6 も参照.

日誌：自分と仲良くなるために

__月__日（__）　場所：_____　相手チーム：_____　スコア：___-___

1. 今日の自分の出来具合いはどうでしたか？　　0 1 2 3 4 5 6 7 8 9 10 超
2. 今日のゲームプランはどのようなものでしたか？

3. そのゲームプランはうまくいきましたか？　はい・いいえ　もし，いいえなら，その理由を考え，次にはどのようにすればよいのか，考えてみましょう．

4. 今日のあなた自身のゲームの目標は何でしたか？

5. それは達成できましたか？　はい・いいえ　もし，いいえなら，その理由を考え，次にはどのようにすればよいのか，考えてみましょう．

6. 今日のゲームが始まるまでの準備はどうでしたか？
   身体面：
   精神面：

7. 今日のゲームの精神状態を振り返りましょう．

   全く興奮しなかった　0 1 2 3 4 5 6 7 8 9 10 超　すごく興奮した
   　　　　　　心配　0 1 2 3 4 5 6 7 8 9 10 超　安心
   　　　できなかった　0 1 2 3 4 5 6 7 8 9 10 超　自分をコントロールできた
   　集中できなかった　0 1 2 3 4 5 6 7 8 9 10 超　集中できた
   　自信がなかった　0 1 2 3 4 5 6 7 8 9 10 超　自信があった

8. ゲーム前やストーンを投げる前に考えていたことは何ですか．

9. 一番よいストーンが投げられた時，何を考えていたか，何に集中していたか書いて下さい．

10. 今日のゲームで役立ったメンタルスキルがあれば書いて下さい．

11. 次の試合までに取り組むべき課題は何ですか．

図 13.7 カーリング選手のチェックリストの例

知っておくと役に立つ！
PCIとDIPS

心理的コンディショニングを測る心理検査として，心理的コンディション診断テスト (psychological conditioning inventory, PCI) や試合前の心理状態診断検査 (diagnostic inventory of psychological state before competition, DIPS-B.1)，試合中の心理状態診断検査 (diagnostic inventory of psychological state during competition, DIPS-D.2) などがある．PCIは試合前の心理的コンディショニングについて，59項目7要因（一般的活気，技術効力感など）から評価する．DIPS-B.1は，競技前に大事な九つの心理的要因（忍耐度，闘争心など）の状態を測るものである．DIPS-D.2は試合が終わった直後に試合中の心理状態を振り返るように作成されたもので，10項目と簡潔に実施できるように配慮されている．パフォーマンスと心の状態の関係を知る手掛かりにもなる．

フォーマンス時に感じた情動，および，ワーストパフォーマンス時に感じた情動を選び出す．また，適切な表現がリストにない場合，あるいはより適切な語句がある場合は自分の言葉で表現し，リストに書き加える．次に，別の評価シートに選び出した情動を記入し，ベストパフォーマンス時およびワーストパフォーマンス時ごとに，それらの情動を感じた程度（水準）を10段階で評価する．最後に，これらの結果をグラフに示す．モニタリングの方法として繰り返し使用する場合，情動を選び出す作業を省略し，すでに選出した情動の強さを評価するだけで構わない．そうすることで負担が軽減され，頻繁にモニタリングすることが容易となる．

なお，ここでの情動は，N＋，N－，P＋，P－の四つに分類して表記する．N＋とは，一般的にはネガティブな情動であるが，その選手のパフォーマンスにとって肯定的（プラス）に働く情動のことを意味する．同様にN－は一般的にネガティブで否定的（マイナス），P＋は一般的にポジティブで肯定的，P－はポジティブで否定的に働く情動を指す．たとえば緊張は一般的にネガティブな情動であるが，その選手のパフォーマンスにプラスに働くのであればN＋に分類する．

図13.8は，クロスカントリースキー選手のベストパフォーマンス時とワーストパフォーマンス時の情動状態を示したものである．この選手の場合，「確信した」を除き，ほとんどの情動でベスト時とワースト時の間に大きな差のあることが理解できる．

5 IZOF理論に基づく心理的コンディショニングの事例

スポーツ選手の心理的コンディショニングを指導する場合，選手の訴

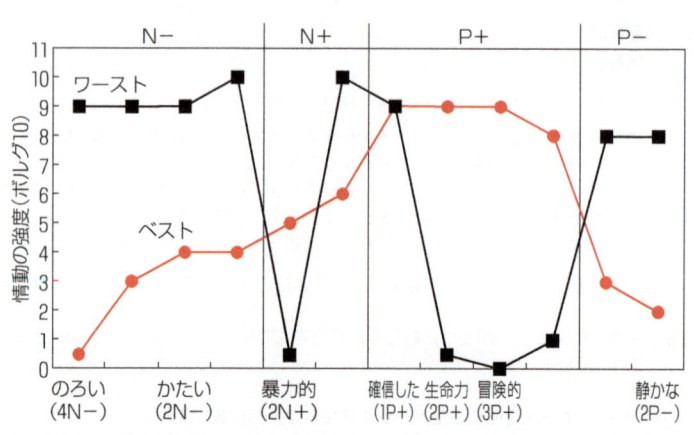

図13.8　情動プロファイリングの例：クロスカントリースキー男子選手

えや個人差も考慮した対応が必要になる．そこで，ここでは，個人差要因にも対応可能な IZOF 理論に基づいて行った心理的コンディショニングの事例を紹介する．

（1） IZOF（アイゾフ）理論とは

　覚醒水準や情動の強度がある範囲内（ゾーン）にあるときにはよいパフォーマンスが発揮されるが，この範囲を外れるとパフォーマンスが低下することが見出され，またこの傾向は不安などの否定的な情動のみならず，楽しさなどの肯定的な情動にも当てはまることから，**IZOF 理論**（Individual Zones of Optimal Functioning model）が提唱された．この理論では，スポーツパフォーマンスに影響する情動の種類は個人によって異なり，最適な水準（強度）にも個人差があるとされる．

　IZOF 理論では「個別性」の考え方が重視されている．そのため自分のパフォーマンスと情動状態を振り返り，パフォーマンスに影響する情動の種類を自分で探し出す．また，「ゾーン」の概念から，情動状態とパフォーマンスには一定の関係性があることを想定しており，一定の範囲内に情動状態を導くことでパフォーマンスの向上・安定が期待できると考える．

　このように IZOF 理論は，従来あまり扱われなかった情動の「個人差」「個人内変動」「パフォーマンスに及ぼす機能」などを取り扱うことを可能としたところに特徴がある．

（2） 情動と先行要因，パフォーマンスの関係

　これまでの研究成果から，情動状態がスポーツパフォーマンスに関係

IZOF 理論
ハニン（Hanin, 1997 年）は不安とスポーツパフォーマンスの関係を調べているうちに，IZOF 理論を見出した．

することがわかってきた．したがって，情動状態を意図的に調整することができれば，パフォーマンスが向上・安定することになる．では，どのようにすれば情動状態は調整できるのであろうか．図 13.9 は情動，パフォーマンス，情動の先行要因の関係を示したモデルである．このモデルに従えば，情動の先行要因を調整することで情動状態を意図的にコントロールし，その結果としてパフォーマンスが向上・安定することになる．

情動の先行要因とは，情動の生起・変動に関係する要因のことである．具体的には行動や認知が考えられるが，情動という心理状態をコントロールするために認知を用いることは，心を心でコントロールすることになり，選手にとっては非常にわかりづらい．そのため行動を調整することで情動状態をコントロールする方が，具体的に何をするべきなのかが明確になり，選手にとっても理解しやすい．実際のスポーツ現場では，情動の先行要因となる行動を探求し，その行動を調整する方法が適切である．

（3）クロスカントリースキー選手の事例

ここでは IZOF 理論に基づいて，情動状態のコントロールを試みたクロスカントリースキー選手の取組みを紹介する．

図 13.8 は，この選手のベストパフォーマンス時とワーストパフォーマンス時の情動状態を示したものである．グラフを見ても，ベスト時とワースト時の間に明確な違いがあることがわかる．ここで，すべての情動についてコントロールすることはかえって混乱を招く恐れがあるので，この選手にとってパフォーマンスに大きく影響する情動を考えても

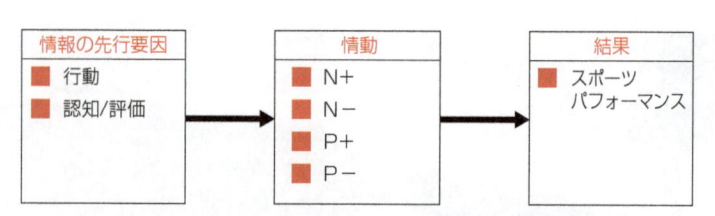

図 13.9 情動，パフォーマンス，情動の先行要因の関係
R. Vallerand, C. Blanchard, The Study of Emotion in Sport and Exercise, In Y. Hanin (Eds.), Emotions in Sport, Humam Kinetics (2000), p. 9 の図の一部を改変．

らったところ，「疲れ果てた」と「生命力」がパフォーマンスに大きく影響することがわかった．そこで，この二つの情動の強度をコントロールすることにしたが，そのための話し合いの中で，「疲れ果てた」と「生命力」は連動しており反比例するような関係であることが理解できた．どちらの方が知覚しやすいのかという判断基準から，「疲れ果てた」のコントロールを試みることになった．

「疲れ果てた」に影響する先行要因として，「段取りをよくすること」「よい休養」「栄養のある食事」「リラックスのできる音楽」があげられた．「段取りをよくすること」で時間的な余裕が生じ，疲れの軽減に関係していた．「よい休養」とは軽く身体を動かす程度に止めることで，疲労の蓄積を避けることに関わっていた．「栄養のある食事」は試合に向けて適切な食事を摂ることであり，「リラックスのできる音楽」は自室内や大会前に自分の心身を落ち着ける音楽を聞くことであった．これらは「疲れ果てた」をコントロールするうえで役立つ大会前の，あるいは，日常生活での行動であった．

また，この選手の疲労度を示す指標として「部屋のきれいさ」が考えられた．心身に余裕があるときはきちんと部屋が片づけられているが，心身に疲れが溜まると何もできなくなり部屋が汚くなり，さらに精神的にも落ち込むという選手の訴えから導き出されたものである．そこで，この「部屋のきれいさ」を自身でモニターしながら，「部屋のきれいさ」の評価が低くなってきたら（部屋が汚くなってきたら），「段取りをよくすること」「よい休養」「栄養のある食事」「リラックスのできる音楽」の行動を整え，「疲れ果てた」のコントロールを実践した．

このような取組みを行うようになった後の六つの大会の情動状態をプ

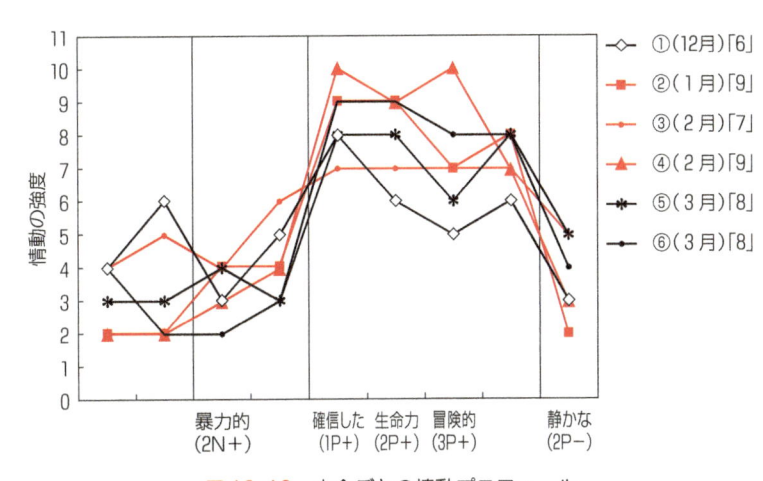

図13.10　大会ごとの情動プロフィール
注：凡例内の「」内の数値はパフォーマンス評価を意味する．

ロフィールしたのが，図 13.10 である．パフォーマンス評価が 10 段階の 9 と高かった ② や ④ の大会では，図 13.8 のベスト時に類似したプロフィールを描いていることがわかる．このような結果から，情動の先行要因に焦点を当てたコントロール方法は情動状態のコントロールを導き，さらにパフォーマンスの向上に対して有効に機能することが考えられた．また選手やコーチによる評価でも，情動状態のコントロールがパフォーマンスの安定・向上につながったことが示唆された．

復習トレーニング

次の文章のカッコの部分に適切な言葉を入れなさい．

❶ ピークパフォーマンス時に共通する特徴として，（　　）（　　）（　　）などがある．
❷ 覚醒水準とパフォーマンスは，（　　）型の曲線を示す．覚醒水準を引き上げることを（　　），引き下げることを（　　）と呼ぶ．
❸ スポーツスキルの特性によって適切な覚醒水準は異なる．第 1 段階が適切なのは（　　），第 3 段階が適切なのは（　　），第 5 段階が適切なのは（　　）である．
❹ 心身の状態を定期的に測定することを（　　）という．
❺ ハニンが提唱した（　　）理論は，情動の（　　），（　　），（　　）に及ぼす機能を取り扱うところに特徴がある．

14章

チームビルディング

14章のPOINT

◆ チームにはメンバーに共通する目標（チーム目標）があります．個人の能力の総和は，必ずしもチーム力とはならないので，チーム目標を達成するためには，チームワークが重要となることを理解します．

◆ チームワークを高めるためのスポーツ心理学の手法にチームビルディングがあります．その具体的な方法について学習します．

◆ チームビルディングは，チーム状況のアセスメント（事前評価），プログラムの立案と実施，振り返りのように計画的で系統的に実施すると効果的です．チームの成長を促すことで，所属する選手の個人的な成長にもつながることを理解します．

14章　チームビルディング

> **知っておくと役に立つ！**
> **心理サポート担当者の資格**
> 心理サポートの専門家の資格には，日本臨床心理身体運動学会が認定する「スポーツカウンセラー」と日本スポーツ心理学会が認定する「スポーツメンタルトレーニング指導士」などがある．

1　はじめに

　チームビルディングとは，訓練を受けたスポーツ心理学の専門家がチームに働きかけてメンバー間の相互作用を改善し，チーム目標達成に向けてチームとしての実力（チーム力）を発揮できるよう支援する，計画的で系統的な心理サポートのことである．

　この章では，強いチームをつくるための理論的背景と，チームビルディングの実際について，具体的な事例を元に学習する．

2　強いチームをつくるために

（1）チームとは

　私たちはさまざまな場面で集団に属している．大学生であれば，通学している大学，居住している地域の町内会といった集団に所属する．**集団**とは，何かの目的があって集まった複数の人びとが，お互いにコミュニケーションを取り合いながら相互に影響を与え合う関係を指す．同じ地域にいても，バス停に佇みそれぞれにスマートフォンを見ている人びとは，相互にコミュニケーションをとっていないので，集団ではなく単なる群集である．

　では，集団とチームの違いは何か．一番の違いは，達成しようとする共通の「チーム目標」があるかどうかである．したがって，チームは比較的少人数で構成され，この共通のチーム目標（例：インカレ優勝）を達成するよう，構成員（チームメンバー）が協力し合ったり，役割を分

> **インカレ**
> 全日本大学選手権．

図14.1　インカレ決勝戦に望むサッカーチームとベンチに置かれていたチーム目標
「総力戦」というチーム目標に加え，チームのシンボルである鶴が描かれている．よく見ると羽の1枚1枚にメンバーの個人目標が記載されている．チーム目標達成のために，メンバー一人ひとりがどのように貢献できるかを考えるチームビルディングで作成された．

担したりする.さらに,チーム内に「われわれ意識」が生まれ,そのチーム固有の規範（例：ルール）が生まれる.その結果,他の集団（チーム）とは明確に区別されるようになる（図14.1）.

（2）チームワーク

チーム目標の達成のために,メンバーが相互に作用し合いながら,異なる役割を共同して遂行すること（分業的協働）を**チームワーク**と呼ぶ.チームワークは,リーダーシップ,集団のサイズ,指向性（競技指向かレクリエーション指向か）など様々な要因の影響を受ける.また,チームワークのあり様が,チームのパフォーマンス（例：競技成績）や成員の満足度に強く影響する.

社会心理学の研究によれば,個人の能力の総和は,必ずしもチーム力と同じにならないことが知られている.たとえば,多数で作業をしていると,知らず知らずに怠ける選手の出てくることがある.これは**社会的手抜き**と呼ばれる集団の抑制現象であり,この場合,チーム全体のパフォーマンスは,個人の能力の総和よりも低下する.

一方集団には,チームメイトをライバルと認識して切磋琢磨したり（**共行動効果**）,お互いに励まし合ったりすること（**応援効果**）で個人の努力量が増す,社会的促進現象のあることも知られている.以上から,強いチームをつくるためには,チームのメンバーが相互にどのように関わり合いながら分業的協働を遂行しているのか,つまりチームワークが重要な要因となる（図14.2）.

社会的手抜き
集団で作業すると,一人で作業するときよりも努力量が減る現象.集団ロープ引き実験では人数が多くなるほど,一人のロープを引く力が弱まることが確かめられている.個人の努力量がチーム全体の成果に反映されづらいときに起きやすい.したがって社会的手抜きを予防するためには,個人の役割を明確にして,チームへの貢献度を客観視できるようにすることが重要と思われる.

インプット要因

〈個人レベル〉
・個人の競技力
・動機づけの程度
・対人スキル,ほか

〈集団レベル〉
・リーダーシップ
・集団のサイズ,ほか

〈環境レベル〉
・目標の困難度
・競技指向性,ほか

プロセス要因

〈チームワーク〉
・構成員の相互作用
・役割受容
・分業的協働,ほか

アウトプット要因

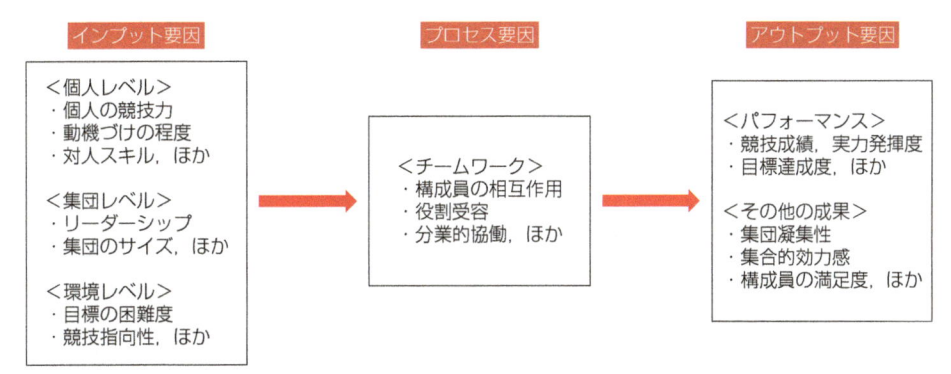

〈パフォーマンス〉
・競技成績,実力発揮度
・目標達成度,ほか

〈その他の成果〉
・集団凝集性
・集合的効力感
・構成員の満足度,ほか

図14.2　チームワークのインプット要因とアウトプット要因
山口裕幸編著,『コンピテンシーとチームマネジメントの心理学』,朝倉書店（2009）をもとに作成.

（3）リーダーシップの重要性

チームワークに最も影響を与えるのが**リーダーシップ**である．スポーツチームの場合，優れたコーチがリーダーシップを発揮すると，チーム目標の達成のために個々のメンバーが異なる役割を受け入れ，相互補完的な活動を遂行するようになる．メンバー間のコミュニケーションも活発になり，長所を伸ばしたり，短所を補ったりするようになる．チーム内で社会的手抜きが起こりにくくなり，その結果試合では個人の能力の総和以上の力を発揮しうる，強いチームをつくり上げることができる．優れたリーダーは，チームワークを高めることができ，その結果チームのパフォーマンスは高くなると期待できる．

PM 理論によれば，リーダーシップには，① 目標達成機能（performance：P 機能）と ② 集団維持機能（maintenance：M 機能）の二つがあるとされている．**P 機能**とは，チームのパフォーマンスを上げるために，メンバーに対して目標を達成するよう働きかける行動に代表される．他方，**M 機能**はチーム内の人間関係を円滑にするため，小集団の対立を防ぎ，メンバーをチームにとどまらせようとする行動に特徴づけられる．PM 理論では両機能の重要性が主張されており，大学の体育会系サークルを対象とした研究でも，P 型や M 型に比べ，PM 型のリーダーの下でチームワークの高いことが明らかになっている（図 14.3）．

> **PM 理論**
> 社会心理学者．三隅二不二（1924〜2002年）によるリーダーシップ理論．

課題達成（P）機能を重視する行動例	集団維持（M）機能を重視する行動例
メンバーを最大限に活動させる	メンバーを支持・理解・信頼する
練習量や規則を厳しくする	好意的に気軽に話しかける
指示や命令を頻繁に与える	能力発揮の機会を配慮する
犯したミスの原因を追究する	よいプレーは認める
活動の経過報告を求める	公平を心がけ，集団内に問題が起きたときは耳を傾ける
計画を綿密に立て細かく指示する	気まずい雰囲気があるときは，ときほぐす心配りをする

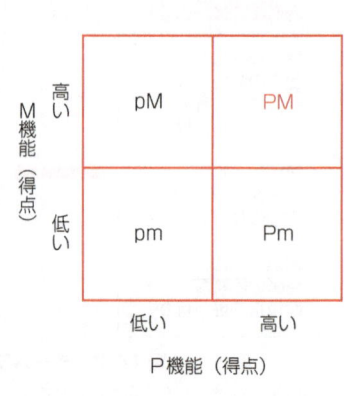

	P機能低い	P機能高い
M機能 高い	pM	PM
M機能 低い	pm	Pm

図 14.3　PM 機能別に見た具体的な行動例と 4 類型

3 チームビルディングの理論

（1）チームビルディングとは

チームビルディング（team building）とは，チーム目標達成のために，訓練を受けたスポーツ心理学の専門家がチームに働きかけてメンバー間の相互作用を改善し，チーム目標達成に向けてチーム力を発揮できるよう支援する，計画的で系統的な心理サポートのことである．

スポーツ選手の心理サポートを担当するスポーツ心理学の専門家のうち，日本スポーツ心理学会が認定する**スポーツメンタルトレーニング指導士**（以下 SMT 指導士と略）はチームに帯同することも少なくないので，選手個人のサポートだけでなく，チーム全体への心理サポートの一環として，チームビルディングを要請される事例が増えている．

（2）チームはどのように成長するか

スポーツチームはコーチやキャプテンのリーダーシップの下，シーズンを通じてチームワークを高めながら成長を続け，チーム目標の達成を目指す．そこには①**形成期**，②**混乱期**，③**規範期**，④**生産期**という，特徴的な四つの段階がある（図 14.4）．

したがってチームビルディングでは，各段階における課題を上手く解決し，生産期においてチーム目標を達成できるよう支援することが指針となる．

> **スポーツメンタルトレーニング指導士**
> スポーツ心理学の大学院を修了すること，自身の実践についてスーパービジョンを受けることなどが認定の要件となっている（日本スポーツ心理学会，2005）．スポーツ心理学をベースとした心理サポートの専門家として，ラグビー日本代表チームをはじめ，さまざまな実践例が増えている．

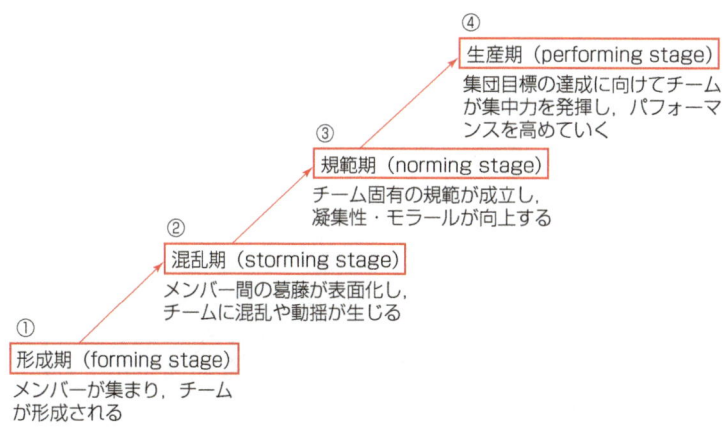

④ 生産期（performing stage）
集団目標の達成に向けてチームが集中力を発揮し，パフォーマンスを高めていく

③ 規範期（norming stage）
チーム固有の規範が成立し，凝集性・モラールが向上する

② 混乱期（storming stage）
メンバー間の葛藤が表面化し，チームに混乱や動揺が生じる

① 形成期（forming stage）
メンバーが集まり，チームが形成される

図 14.4　チームの成長を表す四つの段階

（3）二つのタイプのアプローチ

スポーツ心理学の専門家（SMT指導士）が行うチームビルディングにはさまざまな方法があるが，そのアプローチは大きく二つに分けられる．

① 直接的アプローチ

直接的アプローチとは，コーチやキャプテンから依頼を受けたSMT指導士が，チームに出向いてメンバーに直接働きかける方法である．活動の内容は，担当者の理論的背景の違いによってさまざまであるが，野外活動や冒険教育（例：プロジェクト・アドベンチャー），集中的グループ体験（例：構成的グループ・エンカウンター）の要素を取り入れたものがある．そこでは，チームに課題を与え，その解決に向けた試行錯誤の過程でチームワークを高めようとするものが少なくない（図14.5）．理論的に見れば，メンバーに安全な形で「混乱期」を体験させ，チームの成長を推し進めるアプローチと理解できる．

② 間接的アプローチ

これは**組織風土へのアプローチ**ともいわれ，チームのリーダー，すなわちコーチやキャプテンへのコンサルテーションが活動の中心となる．ここでは，来談したコーチやキャプテンに対して，情報提供やワークショップを通じてリーダーシップ機能（例：PM機能）の向上，あるいはメンバーとのコミュニケーション・スキルの改善が目指される．つまり，スポーツカウンセラーやSMT指導士がチームのメンバーに直接働きかけなくても，彼らの行動変容を通じて，チームの組織風土の改善ならびにチームワークの向上がもたらされる（表14.1）．

> 構成的グループ・エンカウンター
> 用語解説参照（p.224）

図14.5　チームビルディングの様子
フラフープを人差し指に乗せ，指から離れないようにしてフラフープを下げる．フラフープから指が離れないように意識しすぎるとついつい上へ押し上げてしまい，なかなか下がらない．相互にコミュニケーションを取り，全員が息を合わせると徐々に下げることができ，チームの一体感も増す．

4 実践例の紹介

効果的なチームビルディングを行うためには，計画的で系統的な実践が求められる．具体的には，チーム状況のアセスメント（事前評価）を通じてプログラムを立案し，実際にプログラムを実施した後に，振り返りを通じてその効果を確かめる必要がある．

以下では，著者がスポーツカウンセラーとして関わった，あるチームビルディングの実践例を紹介する．

（1）アセスメント

この実践例では，スポーツカウンセリングルームにて，女子運動部のキャプテンよりチーム運営に関わる相談を受けた．彼女によれば，学年間で意志の疎通がなされておらず，チームとしてのまとまりにかけているとのことであった．また，直前に参加した地域大会においてチームの実力が十分に発揮されず，目標とする大会（インカレ）に向けて大きな危機感を抱いているとのことであった．そこで，質問紙調査を通じてチーム状況のアセスメントを実施したところ，**集団凝集性**（チームとしてのまとまり）や**モラール**（チームの士気）を高める必要のあることが明らかとなった．

（2）チームビルディング・プログラムの実施

キャプテンに対して，チームビルディングには二つのアプローチがあることを説明したところ，インカレに向けて彼女自身もプレーヤーとして競技に専念したいとの意向から，チームビルディングはスポーツカウ

> **アセスメント**
> チームビルディングに先立ちチーム状況を調査・査定すること．チームのスタッフやメンバーに聞き取りを行ったり，質問紙調査を行ったりしながら，チームの強みや改善点を把握する．その結果に基づき，チームビルディングのアプローチや具体的なプログラムを決定することで，そのチームに適したチームビルディングが実施できる．

表14.1　代表的なチームビルディングの方法

チームビルディングの例	チームビルディングの概要	アプローチ
① リーダーシップ改善をねらいとしたチームビルディング	コーチやキャプテンなど，チームに影響を持つ人物のリーダーシップ行動の変容を通じて，チームビルディングを行う方法である．たとえば図14.2に示したPM行動例をもとに，リーダーシップ行動の改善を試みる，といった方法がある	間接的アプローチが効果的
② チーム目標の設定を通じたチームビルディング	チーム目標を，メンバーの個人目標と関連させながら設定する．たとえばブレインストーミング法により，個人目標として出されたメンバー分の提案を，KJ法により分類・整理して，チーム目標へと図示するような試みもなされている	直接的・間接的アプローチともに可能
③ ソーシャルサポートを強化するチームビルディング	メンバー間の心理的絆（サポートネットワーク）を強化することで，相互信頼関係を構築する方法．ソーシャルサポート機能のほかに，コミュニケーションスキルの改善に焦点を当てたり，対人関係ゲームを用いたりする方法などが見られる	直接的・間接的アプローチともに可能
④ 問題解決を通じたチームビルディング	構成的グループ・エンカウターの「エクササイズ」のように，メンバーに心理的な揺さぶりをかけ，安全な形で本音と本音の交流を促すような方法．擬似的に混乱期を体験することで，チームを規範期，生産期へと成長させることができる	直接的アプローチが効果的
⑤ 野外教育の理論を取り入れたチームビルディング	冒険キャンプで用いるような課題状況を設定し，チームで力を合わせて克服する方法．代表的なものに，プロジェクトアドベンチャーがある．これらは体験学習を重視する野外教育から派生した方法で，近年スポーツチームへの適用が拡大している	直接的アプローチが効果的

14章 チームビルディング

ンセラーが担当する，直接的アプローチが選択された．その際，目標とするインカレにおいて，メンバーが実力を発揮できるようなプログラムを作成してほしいと依頼された．そこで，表14.2に示すような，メンタルトレーニング技法の実習とグループディスカッションを柱とした，独自のチームビルディング・プログラムを作成した．

SMT指導士が合宿地に赴きチームビルディング・プログラムを実施したところ，ブレインストーミング形式のグループディスカッションを通じて，チームメンバー間でコミュニケーションが活発となっていった．しだいにチームのまとまり，すなわち凝集性が高まり，練習にも意欲的に参加する姿が観察された．またメンタルトレーニング技法の実習を通じて，実力発揮への自信を深め，またチーム目標達成への期待感（**集合的効力感**）も高めていった．

（3）振り返り

チームビルディング・プログラム終了後に，アセスメントで実施した質問紙を用いて同様の調査を行ったところ，集団凝集性ならびにモラール得点が有意に向上したことが確認された．またコーチからは，練習への意欲が向上したこと，目標達成への自信を深めていることなどが報告された．そしてインカレでは，それぞれのメンバーが実力を十分に発揮し，結果としてチーム目標を達成した．

振り返りのセッションで収集した内省報告を分析したところ，チームビルディング・プログラムを通じてチームメンバーが，形成期から混乱期，規範期を体験したことが確認された．すなわち，チームビルディング・プログラムに取り組むことで，インカレまでにチームは形成期から

ブレインストーミング
チームメンバー間で，自由な雰囲気の中，様々なアイデアを出し合うための方法．たとえば大学スポーツチームには上下関係が厳しく下級生が上級生に対して意見を言いづらい雰囲気がある．そこで「他人の意見を否定しない」「できるだけたくさんのアイデアを出す」「自由なアイデアを歓迎する」のような取り決めをしておくと活発な議論が誘発される．

表14.2　チームビルディング・プログラムの例

	セッション名	エクササイズの内容	ディスカッション時のおもな話題
#1	オリエンテーション	注意事項，イメージトレーニング方法の説明	セッションの展開について イメージの活用方法について
#2	自己への気づき	ネットワーク分析 描画「今の私」	「今の私」のそれぞれの絵に対するフィードバック
#3	心理的世界の共有	ピークパフォーマンスのクラスター分析	ピークパフォーマンス時における心理的世界の追体験と共感
#4	試合前の心理的準備	不測の事態への対処 積極的思考，ルーティーン	不測の事態の振り返り ルーチンの心理的意味づけ
#5	成功体験のイメージ	目標設定 イメージリハーサル	イメージストーリーについて競技会に向けた今の気持
#6	クローズィングセッション	目標達成の笑顔（記念写真） 別れの花束	別れの花束の感想 体験のシェアリング
	フォローアップ （個人セッション）	#1〜#6までの振り返り セッション終了後の心理的調整について	

土屋裕睦，『ソーシャルサポートを活用したスポーツカウンセリング―大学生アスリートのバーンアウト予防のためのチームビルディング―』，風間書房（2012），p.178.

混乱期を乗り越え，規範期，生産期まで成長し，その結果チーム目標が達成できたと考察された（図14.6）．

5 強いチームの条件

（1）チームのまとまり

強いチームには**まとまり**，いわゆる団結力や結束力があるといわれる．スポーツ心理学では，このまとまりを集団凝集性と捉えてさまざまな調査が行われてきており，おおむねチームのパフォーマンスと正の関係にあることがわかっている．

集団凝集性を調査する質問紙では，課題的側面への凝集，あるいは社会的側面への凝集を別べつに判定することができる（図14.7）．たとえば，チーム目標達成のためにまとまっている場合は**課題的側面への凝集**，メンバー間の人間関係に居心地のよさを感じてまとまっている場合は**社会的側面への凝集**と呼ぶ．さらにそれを感じるのは，集団の一体感からなのか，個人的な魅力からなのかを区別することで，四つの因子が確認できる．

このうち，いわゆる強いチームは，課題的側面に対する集団の一体感の得点がとくに高いことが知られている．たとえば，先の質問紙では，「私たちのチームは一致団結して目標を達成しようとしている」や「私たちのチームは，試合で負けたり成績が思わしくない時は，チームメンバー全員が責任を感じる」のような項目に高い得点をつけるメンバーの多いチームは，いわゆる団結力や結束力のある，強いチームであるといえる．

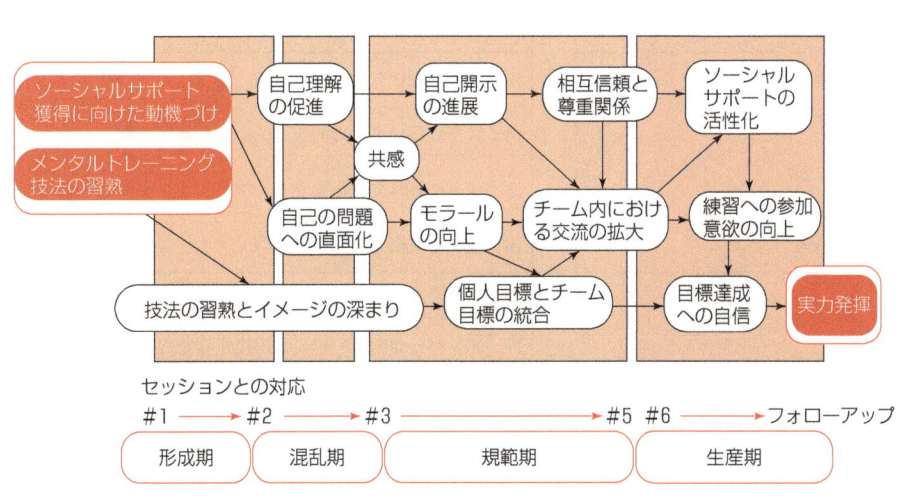

図14.6 チームビルディングのプロセス

土屋裕睦，『ソーシャルサポートを活用したスポーツカウンセリング—大学生アスリートのバーンアウト予防のためのチームビルディング—』，風間書房（2012），p.188.

14章　チームビルディング

■あなたはチームとの個人的な関わりについてどう思っていますか？「全く違う」から「全くその通りだ」までの9段階で回答してください．

社会的側面に対する個人的魅力
1　チームのメンバーとの付き合いは楽しい
2　チーム以外の者との付き合いよりも，チームメンバーとの付き合いのほうが楽しい
3　シーズンが終わって，チームのメンバーと会わなくなると寂しい
4　このチームでの活動は自分が所属している集団の中でも最も大切な集団のひとつである
5　親しい友人がチームの中に数人いる

課題的側面に対する個人的魅力
6　このチームのプレースタイルが気に入っている
7　このチームは自分のパフォーマンスを伸ばす機会を十分に与えてくれている
8　チームが試合に勝とうとする意欲に満足している
9　試合のとき，自分の出場時間に満足している

■あなたはチーム全体に対してどう思っていますか？「全く違う」から「全くその通りだ」までの9段階で回答してください．

課題的側面に対する集団の一体感
10　われわれのチームは一致団結して目標を達成しようとしている
11　われわれのチームは，試合で負けたり成績が思わしくない時は，チームメンバー全員が責任を感じる
12　われわれのチームのメンバーは，チーム目標が一致している
13　われわれのチームは，練習中にうまくできないメンバーがいるとき，メンバー全員でサポートする
14　われわれのチームのメンバーは，試合や練習のとき，それぞれの役割や責任などについて違憲なく話し合う

社会的側面に対する集団の一体感
15　われわれのチームは，シーズンオフの時でもチームのメンバーと一緒に過ごしたいと思っている
16　われわれのチームは，試合や練習以外の時でも仲がよい
17　われわれのチームは，それぞれ出かけるよりも，チームメンバーと一緒に出かけることを好む
18　われわれのチームは，チームのメンバー同士でパーティ（飲み会・食事会など）をよくひらく

現時点での「代表チームの能力」についてあなたはどの程度自信がありますか？目前の試合をイメージしながら「全く自信がない」から「かなり自信がある」までの5段階で回答してください．

能力に対する自信
1　相手チームに勝つ能力
2　相手チームよりも実力を示す能力
3　相手チームよりも技術的に高いレベルのプレーをする能力
4　相手チームよりも優れたパフォーマンスをする能力

努力に対する自信
5　努力を惜しまずプレーをする能力
6　チームが持っている力を出し切る能力
7　熱意を見せる能力
8　心理的な動揺に打ち勝つ能力

忍耐力に対する自信
9　プレッシャーのかかった場面でも実力を発揮する能力
10　困難な状況であってももちこたえる能力
11　チャンスがほとんど無い時でも試合に集中する能力
12　主力メンバーがいなくてもなんとか良いプレーをする能力

準備力に対する自信
13　試合にむけて準備する能力
14　試合にむけて心理的なコンディションを整える能力
15　試合にむけて身体的なコンディションを整える能力
16　優れた戦術を計画する能力

結束力に対する自信
17　メンバー間の言い争いを解決する能力
18　一致団結する能力
19　常に前向きな態度でいる能力
20　メンバー間で効果的なコミュニケーションをとる能力

図 14.7
集団凝集性尺度および集合的効力感尺度の具体例
内田遼介，町田萌，土屋裕睦，釘原直樹，スポーツ集合的効力感尺度の改訂・邦訳と構成概念妥当性の検討，体育学研究，**59**(2)，841（2014）より作成．

（2）チームの自信

　最近になって，集団凝集性のほかに，**集合的効力感**がチームのパフォーマンスを予測することが明らかになってきた（図 14.7）．効力感とはいわゆる自信のことで，その自信を選手個人に対してではなく，チームにまで拡大したものが集合的効力感である．端的にいえば，チームとしての自信ということができる．

　最近の調査では，集合的効力感は，集団凝集性よりもチームのパフォーマンスと強く関係することがわかってきた．スポーツチームの場合，集合的効力感をどのような側面に対して感じるかを調査したところ，能力，努力，忍耐力，準備力，結束力の五つの側面のあることがわかっている．「相手チームに勝つ」，「努力を惜しまずプレーする」，「困難な状況であっても持ちこたえる」，「試合に向けて準備をする」，「一致団結する」といったチームの能力に，「自信がある」と答える割合の高いチームが，すなわち強いチームであるといえる．

（3）チーム状況の可視化の試み

　チームビルディングにおいて最も課題となっていることは，チーム状況をどのように見立てるか，すなわちアセスメントに関わる問題である．先の事例では，集団凝集性に関する質問紙調査を実施し，当該チームの平均値からその課題を探った．しかしながら，この方法では，ダイナミックに変化するチームの心理状態を直接的に把握することは難しく，工夫が求められる．

　この課題に応えるため，メンバー一人ひとりの集団凝集性得点と集合

的効力感得点を二軸上にプロットすることで，**チーム状況を可視化**する試みが始まっている．図14.8（a）に示したとおり，こうすることで，選手の変化が直接的に視認できる．同時に，課題を抱えた選手がいる場合〔例：図14.8（b）のA選手〕，その選手の下位尺度得点に着目すれば，具体的な支援方策を立てることができる．たとえばA選手の場合，スポーツ傷害を抱えて孤立感を深めていたが，その後トレーナーの共感的なサポートにより，集団凝集性を高めていったことが報告されている．

今後，このようなチーム状況を可視化する方法が確立されれば，チームビルディングをより効率的に進める方策が明らかになると同時に，個人の成長に役立つ関わりへの指針も明らかになると期待されている．

6　今後の展望

（1）チームにおける個人の成長

チームビルディングは，チームの成長を助け，チーム目標の達成に寄与する．同時に，チーム環境のあり方は，そこに所属する個人の成長にも大きく影響するはずである．

カウンセリング心理学の研究によれば，集団生活のルールを守りつつ，子どもたちの感情交流を大切にする学級集団では，いじめの発生率が低いだけでなく，個々の生徒の学業成績の高くなることが明らかになっている．このことをスポーツチームにおき換えると，チームビルディングを通じてチーム環境が整備できれば，そこに所属する選手の個人的な成長を支援することにもつながると期待できる．

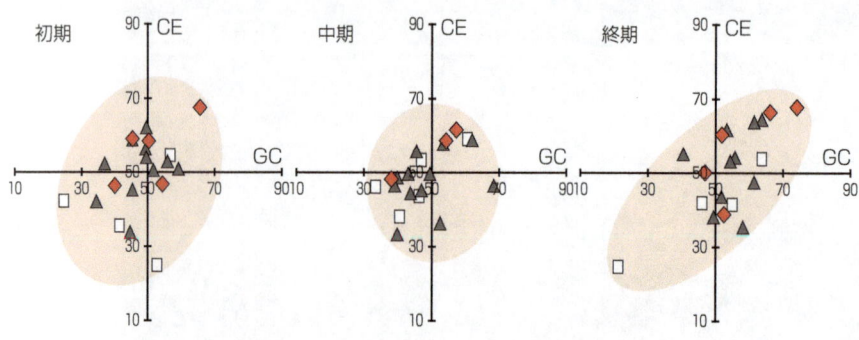

図14.8（a）（b）　チーム状態の可視化の実際例
土屋裕睦，大学運動部におけるスポーツカウンセリング，体育の科学, 64（1）, 21（2014）より改変．

注：集合的効力感得点（CE）と集団凝集性得点（GC）を元に，一人ひとりを座標軸上にプロットすることで，チームのメンバーがチームをどのように捉えているのかの全体像を把握することができる．この図では，シーズンの開始時に比べると合宿時では，メンバーがチームに対して同様の認知を持っていることがわかる．

具体的には，スポーツ指導現場における暴力・ハラスメントの背景に，コーチ自身が選手と同様にさまざまなストレスを抱えている場合がある．SMT 指導士が彼らに寄り添い，心理サポートを通じてストレスへの適切な対処を支援することで，チームの組織風土を改善した事例がある．この事例では，チームパフォーマンスの向上だけでなく，所属する選手の自立性が高まり主体的な取組みにつながったことが確認されており，間接的アプローチによるチームビルディングが，チーム目標の達成だけでなく，所属する選手個人の成長にも役立つ可能性を示唆するものであった．

これまで SMT 指導士の活動は，選手と 1 対 1 の個別の心理サポートが中心であったが，今後はチームビルディングを通じて選手個人の成長を促す試みへと発展することが期待されている．

（2）スポーツチームのためのチームビルディング

現在用いられているチームビルディングのプログラムは，野外教育やエンカウンター・グループなどを応用したもので，必ずしもスポーツチームを対象に開発されたものではない．したがって，これらを通じてチーム内のコミュニケーションは活発になっても，試合における実力発揮に直結するとは限らない．なぜなら，これまで実施されてきたものは，集団凝集性（チームのまとまり）を高める効果はあっても，集合的効力感（チームとしての自信）を高めるような仕組みにはなっていなかったからである．

したがって，スポーツチームのためのチームビルディング・プログラムの開発が課題となっている．表 14.2 で紹介したメンタルトレーニン

> **知っておくと役に立つ！**
> **スポーツ指導における暴力根絶**
> わが国におけるスポーツ指導現場では，体罰や暴言のような暴力行為が後を絶たず，2013 年には文部科学大臣をして「スポーツ史上最大の危機」と言わしめる状況に陥った．調査の結果，指導者が勝利を求めるあまり暴力行為に及んでいる実態が浮き彫りになっており，暴力によらない効果的な指導としてチームビルディングへの期待は大きい．

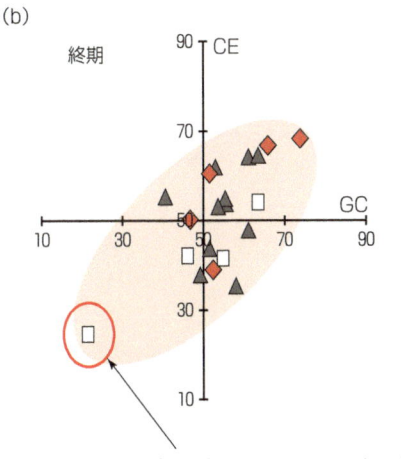

(b)

なぜA選手だけ外れてしまったのか？

A 選手のプロフィール

各項目の得点	初期	中期	後期
集合的効力感	48 点	61 点	32 点
能力に対する自信	7 点	10 点	4 点
努力に対する自信	11 点	12 点	8 点
忍耐に対する自信	10 点	15 点	8 点
準備に対する自信	7 点	17 点	6 点
まとまりに対する自信	13 点	9 点	6 点
集団凝集性	109 点	112 点	75 点
課題的側面に対する個人的魅力	20 点	23 点	17 点
課題的側面に対する一体感	25 点	26 点	17 点
社会的側面に対する個人的魅力	40 点	40 点	25 点
社会的側面に対する一体感	24 点	23 点	16 点

注：チーム内に他のメンバーとは違うチームへの認知を持つ選手がいる場合，外れ値を示す．たとえばA選手の場合，集合的効力感得点と集団凝集性得点のいずれも低いことがわかる．さらに下位尺度のプロフィールに注目することで，A 選手の課題を具体的に把握することができ，支援につながりやすい．

グを取り入れたチームビルディング・プログラムはその課題に応える一例であるが（表14.2参照），さらにスポーツチームが直面するさまざまな状況を想定した，独自のプログラム開発が求められる．

たとえば，東京2020オリンピック・パラリンピックでは，自国開催のため，選手や監督に大きなプレッシャーのかかることが想定される．したがって，それにも打ち勝つ強いチームをつくるためのチームビルディング法の開発が急がれている．

復習トレーニング

次の文章のカッコの中に適切な言葉を入れなさい．
1. 集団とチームの一番の違いは，チームにはメンバーに共通する（　　　）があることである．
2. チームの成長段階には，①形成期，②（　　　）期，③（　　　）期，④生産期がある．
3. スポーツチームのリーダー（コーチやキャプテン）には，目標達成のためのP機能と同様，（　　　）のためのM機能も等しく重要となる．

次の文章で正しいもものには○，誤っているものには×をつけなさい．
4. 〔　〕チームワークのためには，メンバーそれぞれが仲良しであることが重要であり，チームのパフォーマンスを上げるには，みながそれぞれやりたいことを自由にやるのがよい．
5. 〔　〕個人の能力の総和は必ずしもチーム力とはならず，むしろ集団になることで抑制されることもある．

15章

武術の心理学的叡智
：忍術における心身のあり方

15章のPOINT

◆ 相手と立ち合うときの理想的な身構え・心構えのあり方を学びます．
◆ 自己と他者が立ち現われる出来事について理解します．
◆ 歴史的な伝書を繙（ひもと）きながら思考する方法論に触れます．

1　頑張るしかない？

「そうさっ！　100％勇気　もう頑張るしかないさぁ」

このフレーズ，読者の皆さんの世代だときっと一度は歌い，口ずさんだことがあるのではないだろうか．そう，これは，NHK教育テレビで放送されてきている『忍たま乱太郎』の主題歌「勇気100％」のサビである．この歌は，1993年4月に『忍たま乱太郎』が放送開始されて以来，アレンジもされてきたが20年以上にわたり子どもたちを勇気づけてきた楽曲といえよう．ちなみに『忍たま乱太郎』は，話題数が2016年に入り1880を超えて『サザエさん』に次ぐ多さであり，NHKの子ども向けアニメとしては最も長く放映されている作品である．原作は，「朝日小学生新聞」に連載されている『落第忍者乱太郎』で，乱太郎，きり丸，しんべヱの3人組を中心とした忍者のたまご「忍たま」が，忍術学園で立派な忍者になるため学び合う様子を，面白おかしく描いた学園物語だ．

純粋無垢な主人公が数々の試練を仲間たちと乗り越えていく成長譚は物語のテーマになりやすいが，忍者ならではの摩訶不思議な力がそこに加わることで面白さが増していく．これだけの長寿作品となったのは面白さだけでなく，「忍たま」たちの奮闘記を通して試練を乗り越える努力や柔軟な発想力，仲間の絆，掟の大切さなどを，子どもたちが学んでくれることも期待されているからだろう．幼稚園や小学校での生活だけでなく，成長して社会に出るようになっても，努力や発想力，チームワークやルールの大切さは求められる．それは，忍者の話や実社会のことだけでなく，スポーツにもおき換えられるだろう．

さて，スポーツの世界で輝いているアスリートの姿にあこがれ，身近

図15.1　三重県伊賀上野城(左)と忍者に扮装した観光客(右)
伊賀流忍者発祥の地である．
著者撮影（2007年）．

な先生やコーチ，先輩の姿を追いかけながら，一流の選手になるために努力を重ねる日々．そこでは「忍たま」たちのテーマソングのように「頑張るしかない」のだろうか．試練に立ち向かうときに，忍術のような摩訶不思議な術が使えて，もっと強くなれたのならいいのにと思っていた頃もあるかもしれない．

日本だけでなく，今や世界的なヒーロー像の一つとなっている**忍者**（Ninja）．忍者は，無敵になるためにどんなふうに頑張っていたのだろうか．15章では，忍者の修錬とその世界を垣間見るとしよう．（図15.1）

2　第一は敵に近づけ

さて，忍者の修錬する世界を垣間見るといっても，「忍者はマンガやアニメ，映画，物語のことで嘘だよね？」と思われるかもしれない．確かにフィクションではあるけれども，各世代がマンガを通してあげるときりがないほど多くの主人公（NARUTO，あずみ，ハットリくん，サスケ，カムイ，赤影，服部半蔵など）の成長譚に接してきたということは，少なからず私たちに忍者は何かを教えてくれていたのだ．そこで，忍術や武芸の伝書から「忍」の世界を繙き，新たな地平を拓いてみるとしよう．

平安時代末期の武士で源義経の郎党，伊勢三郎義盛（図15.2）は，戦の世において敵陣へ忍び入るための心構えや苦難を耐え忍ぶ心情を歌にして残した．たとえば，「しのびつゝ見たつることを絵図にして　軍者に向談合せよ」のように，忍ぶ様を表したものがある．敵の陣容を

知っておくと役に立つ！

武芸伝書
武芸伝書は，おもに日本の近世である江戸時代に武士が書き記したものである．江戸時代は，長く大きな戦がなかったため武芸に関する技術・思想の研究が広く，深くなされたと考えられる．稽古や修行過程，また相手と対峙した場面を描いた武芸伝書は，現代のスポーツや社会生活における心身問題を考えるのにも示唆に富む

伊勢三郎義盛（？〜1186年）
伊勢三郎義盛は，源義経の家臣で四天王の一人といわれる．1185年の壇ノ浦合戦で平宗盛親子を捕虜にするなどめざましい活躍を見せるが，頼朝と義経の対立により追われる身となり1186年鎌倉方につかまり梟首された．

図15.2　伊勢義盛像
菊池容斎画，江戸時代，『前賢故実』収録．

15章 武術の心理学的叡智：忍術における心身のあり方

偵察して見てきたことを絵図にして作戦を立てていく様は，忍者の活躍を彷彿とさせる．そして，忍者の修錬における指標として詠んだと思われるものに，次の歌がある．

　　しのびにはならひの道はおほけれど　先第一は敵にちかづけ

　遠く離れた土地に忍び入り，見聞したことを絵図にすることを考えてみても，そのためには各地の風土，習俗，言葉をあらかじめ熟知しておかなければならないだろう．その地に赴くための旅に向けて，食料を得る方法，水源や鉱物を探る方法，天候や天文学的知識，危機管理能力，動物や敵に襲われたときの対処法，戦闘術としての武芸十八般など，多様な習いの道がある．忍術の世界では，フィールドでのアクションを通じて相手や自然の状況に対応する叡智が伝承されていた．そのような中で義盛は，忍者の習うべき道は多いけれどもまずは敵に近づくことが，大切だという．それは，どういうことを指しているのだろうか．

　藤林保武は『**萬川集海**』のなかで，義盛の忍歌を取りあげて，敵の隙を窺い危険を顧みずに忍び入る際，その心は刃のごとく堅く鋭くなければ，臆してしまい失敗すると説いている（図15.3，図15.4）．そして，刃の心と書く「忍」をもって術の名とする，とも説く．ということは，敵地へ赴く旅の途上や敵陣に忍び込むために，わずかな動きも見逃さないように神経を研ぎ澄まし，表面だけでは推し量ることのできない機微を察する感性を磨き，敵の出方に冷静沈着に対応できるように心身を鍛えておくことを，「忍」の字が象徴するといえよう．技がさびついてしまわないように，感覚が鈍らないように，鋭い刃のごとく心身を鍛える

武芸十八般
武人に必要とされた18種目の武芸．日本ではふつう，弓・馬・槍・剣・水泳・抜刀・短刀・十手・銑鐺（しゅりけん）・含針・薙刀・砲・捕手・柔・棒・鎖鎌・鋲・隠をいう．

藤林保武（生没年不詳）
藤林保武は，伊賀上忍三家である藤林長門守，服部半蔵，百地丹波の一人藤林長門守の子孫．1701年（元禄14），正式に伊賀者に召されたが，藤堂長門という代官がいたので藤林の姓を遠慮して冨治林と改めたとも伝わる．

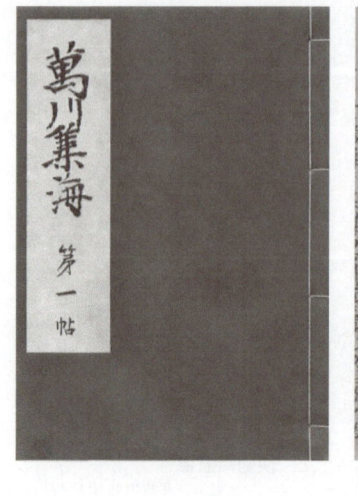

図15.3　『萬川集海』
表紙と「忍」についての記述．
藤林保武，石田善人帙入，甲賀町（滋賀県）：誠秀堂（1975年復刻）．

ことが大切だと説く．そうでなければ，敵に近づけたとしても敵に捕らえられる可能性が高く，任務は果たせず，命も奪われることになる．

3　胆が錬られる

　奥瀬平七郎は，『忍術秘伝』において，忍術を行う者は，第一に機敏であることを説いている（図 15.5）．敵に近づくことよりも，敵に近づいたらどうあるべきなのかを考えているのだろう．敵に近づき臨機応変に対応できるようにするためには，機を見ることを誤らないようにしなければならない．そのためには，平常から精神を鍛える必要があるけれども，技術や知識のみでは鍛えられない．精神を鍛え，機敏になるためには，「胆が錬られる」必要があるという．奥瀬は，忍者は胆を錬るために，体錬で常に身を危険に曝しているという．体錬，すなわち身体を鍛える武術の修錬が，心身を鍛え，整えるというのだ．

　ここで，武術の修錬について理解するために，最後の忍者と称される**藤田西湖**（図 15.6）の遺した数ある武術の中から『**拳法図**』の技を一つ取りあげて，具体的に武術の修錬過程を確認してみる．

　図 15.7 は，『拳法図』として編まれた 59 本の最初の技を表した図である．日本武術研究所では，この図を次のような技として伝承している．まずは，技の内容を解説してみる．

① お互いに立った状態で向かい合う．
② 相手は，右足を一歩進めながら右拳で自分の腹部を突いてくる．
③ 自分は，左手で相手の突いてくる右腕を受け流し，その右肘を自分の右脇に抱えるようにする．

奥瀬平七郎（1911 ～ 1997）
三重県生まれ．早稲田大学政治経済学部卒業．1947 年に上野市役所に入る．忍術研究を進める傍ら，小説も書く．1969 年から 1977 年まで上野市長を 2 期務め，忍術観光の基礎を築く．『忍術秘伝』以外のおもな著作には，『忍法：その秘伝と実例』（人物往来社，1964 年）や『忍術の歴史：伊賀流忍術のすべて』（上野市観光協会，1992 年）など．

藤田西湖（1899 ～ 1966 年）
甲賀流忍術を祖父から受け継いだ忍術家，武術家．甲賀流忍術第 14 世．本名は「藤田勇治」だが，「藤田西湖」と称す．甲賀流忍術以外に南蛮殺到流拳法，大円流杖術，心月流手裏剣術，一伝流捕手術も継承．日本空手道会顧問，日本古武道振興会常任理事，日本武術研究所所長等を歴任．

図 15.4　日本刀
著者蔵，無銘．

図 15.5　『忍術秘伝』表紙
奥瀬平七郎，凡凡社（1959）．

> **日本武術研究所**
> 日本における諸武術の廃類していく様を憂いて藤田西湖が，日本各地に伝わる技そのものから文献や資料などを蒐集し，日本の武術に関する研究と普及のために1951年（昭和26）に開設した．その後を藤谷昌利が引き継ぎ，現在は瀧元昌嗣が第四代所長を務めている．

④ 自分は，左手で相手ののど元をおさえるようにしつつ相手の左襟をつかみ，相手の上体を反らせるように押し込んでいく．

⑤ 自分は，左足裏で相手の右踵を外から内へ刈り，相手の襟をつかんでいる左手はさらに押し込んでいく．

⑥ 相手が，バランスを崩して自分の左側へ倒れてくるので，自分は左ひざをついて，右腕を決め，左手でのどを押し込んで極める．

この六つの段階は，便宜上一連の流れを分けて記載したものであり，技の習得状況に応じて書き方は違ってくる．武術の練習を始めたばかりであれば，先生や先輩の模範を見たとしても何をしているのか見当もつかないだろう．ゆっくりと動きを分節化しながら見せてもらうことで，なんとなくイメージがつかめてくる．そうしたら，見聞きした技の立ち方や姿勢，腕の動きを真似ていく．自分自身の体をコントロールできるようになってくるのも，まずは身体各部からであり，慣れてくると一緒に動かせる．

たとえば，③において，右足を一歩引いて立ち方を整える．そして，左手で相手の突きを受け流す．二つの動作だったものがそのうちに右足を一歩引きながら左手で相手の突きを受け流せるようになる．分節化してコントロールしてきた動きが，一連のものになってくる．左手で相手の突きを受け流すのも，初めは相手にゆっくり突いてもらったうえで掌の触れる場所，手首の返しや肘の動きなどを一つ一つ確認して真似ていく．さらに突きを速くしてもらうわけだが，失敗して突かれると当然痛いので，怖がっているうちは上手に受けられない．突かれたくないので，力を入れて速さに負けないように目いっぱい払いのけてしまう．時には，相手の腕を叩いてしまうことさえ起こり，自分の腕も痛かっ

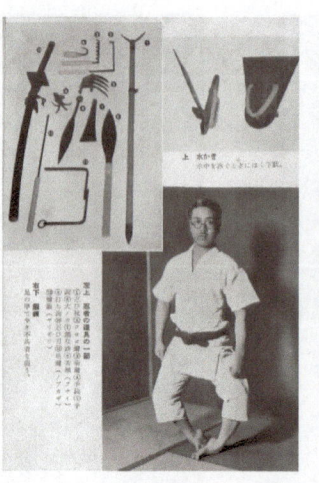

図15.6　藤田西湖近影と忍具
藤田西湖，『どろんろん』，日本週報社（1958）．

りする．回数を重ねて練習を積むなかでは，腕や腹を打ち鍛えることもある．慣れてくれば，怖さも払拭し，叩いたり払ったりすることはなくなり，右腕に触れながら突きの軌道を少しずらせるようになる．そうすると，今度は相手に突きの腕の速さだけでなく，運んでくる足の動きも速く鋭くしていってもらう．拳だけでなく，相手の体全体がぶつかってくるように感じるので，ここでもまた怖さが増してきて，落ち着いて足を引いて態勢を整えて受けることができないこともあるだろう．大きく飛び退いてしまったり，間に合わなくて突きがまともに入ってしまったりする．それでも，突かれることによってかえってタイミングや軌道がわかってくるようにもなる．そして，慣れてくれば渾身の力で突き込んでくるのでさえ，軽く触れて受け流せるようになる．そのような形として，型が伝承されているのである．

同じようにして④，⑤，⑥へと動きがコントロールできるようになってくると，形が整う．形が整う過程で，怖さも克服できて余計な力みもなくなってくる．慣れてくると，胆が錬られて落ち着いて動けるようになってくる．

しかし，これはまだ決められた技の習得段階のことである．では，何をしてくるかわからない相手には，どう対峙したらよいだろうか．

4 敵に成る，敵の心を取る，敵に離るる

心身を鍛錬し，形が整ってくることで胆が錬られていくことを確認した．もう少しつけ加えておけば，前節の技の解説①において相手と立ち合っているところから形を整えることを意識しなければならない．つ

胆を錬る
物事に動じないように心や気力を鍛えること．新渡戸稲造は，『武士道』第四章「勇・敢為堅忍の精神」にて，心の落ち着き，つまり「屈託せず，混雑せず，さらに多くをいるる余地ある心」を得る方法として，胆を錬ることを説いている．

図 15.7 『拳法図』
藤田西湖 編，日本武術研究所（1985）の1本目．

『正忍記』

1681年（延宝9）に藤一水子正武（名取三十郎正澄）によって書かれた，全三巻計百二丁からなる忍術の伝書．1996年（平成8）に，忍術研究家である中島篤巳が解読・解説を施して新人物往来社から翻刻出版されている．中島によれば『正忍記』は紀州流忍術の書とされているが，「楠流軍学の一部であり，項目の内容は斥候・忍び」について記述された書とみるべきとのことである．

藤一水子正武（？～1708?年）

名取三十郎正澄のことで，楠流軍学を学び自ら一流「新楠流」を創始し，1654年（承応3）に紀州藩に仕えた武士．名取家は甲州流軍法（武田流，甲陽流，信玄流など）を家伝としていたが，名取与市之丞正俊がこれらを軸に名取流を極めた．藤一水子正武（名取三十郎正澄）は，その正俊の孫にあたる．

まり，相手と立ち合った時の間合いや構えという意味での形のことである．構えは，立ち方や手の位置だけでなく，心構えも含まれている．

　この身構えや心構えについて，『正忍記』での藤一水子正武が三つの相を説いていることに耳を傾けてみよう（図15.8）．それは，「敵に成る」，「敵の心を取る」，「敵に離るる」の様相である．敵に成るとは，自分が相手になったつもりで心を読み，あらかじめ攻防を想定して構えることである．自分が相手ならばどういう技で攻撃を仕掛けるか考えてから構え，対応していくことである．

　さらにその先に，自分が相手ならばこういう攻撃をするだろうからと想定したうえで，相手が攻撃を仕掛けやすいようにわざと隙をつくったり，動き始めのきっかけを与えたりすることで誘い出すのが，敵の心を取るというものである．

　しかし，いずれにしてもいくつもの技を習得しなければ相手の技をあらかじめ想定できないだろうし，自分があらかじめ想定したものが当てはまれば勝てるだろうけれども，外れた場合にはどうなるかわからない．想定外のことが起きて慌てふためくようでは，ぶざまである．むしろ自分は自分，敵は敵と割り切って，あらかじめ想定するという意味での身構え・心構えを解くことが，敵に離るることである．自分の習得した技のエッセンスの数々を収斂させた無駄のない姿勢で立ち合い，相手からの攻撃に反応して勝ちを収めるのがより優れた段階だと説いている．これが，意識的行為の次の段階といえる．

図15.8 『正忍記：忍術伝書』表紙
藤一水子正武，中島篤巳解読・解説，新人物往来社（1996）．

5　勝負は応用の跡なり

　あらかじめ想定するという意味での身構え・心構えは，自分の習得した技に拠って立つことであって，いい方を変えれば自己中心的で独りよがりになっていることを意味してしまう．自分の考えたとおりに相手は動くだろうと思い，想定内で技を行おうとしているのである．

　別の見方をすれば，自分のイメージの内側に居ついているといえよう．先人たちが築き，伝承してきた技の世界に身を投じて厳しい稽古を積んでいるので，その世界の内側に立っているのも致し方ないかもしれない．ただ，そのときに自分の見ている相手とは，同じ世界に立たせて自分の想定した事がらを元に判断している者だ．その者は，自己完結している世界観の内側で，自分の投影した光に照らし出された自分ではない者であり，それを**非自**といい換えてみてもいい．

　ところが，自分ではない者といっても，そもそも敵とは相手自身であって自分ではない．敵とは自分の想定もかなわないし，何をしてくるかわかるはずもない独立した**他者**なのである．勝負の場では，自分の想定した**非自**ではなく「他者」と立ち合うことが求められている．あらかじめ想定して構えて自己中心的になるのではなく，構えを解き自己をなくして臨機応変に立ち合うしかない（図 15.9）．

　佚斎樗山（いっさいちょざん）は『**天狗芸術論**』で，「勝負は応用の跡なり」と説いている．一所懸命に稽古を積んで心身を鍛錬し，できる限り多くの技を習い，差異のある反復を行いながら自然体になれたとき，本当の意味で臨機応変に体が応答してくれるのだろう．意識的に正しく技を修得し，無意識が働き始めるように準備して臨むと，気づけば応用の技の痕跡が感じられ

　佚斎樗山（1659～1741年）
丹羽十郎右衛門忠明のこと．父定信の代から下総国関宿藩の久世家に仕えていた．江戸時代中期に流行る談義本の代表的作者の一人．談義とは，物事の道理を説き聞かせることであり，風刺的な語り口や親しみやすい滑稽な語り口の中に貴重な教訓を含んでいることが特徴．

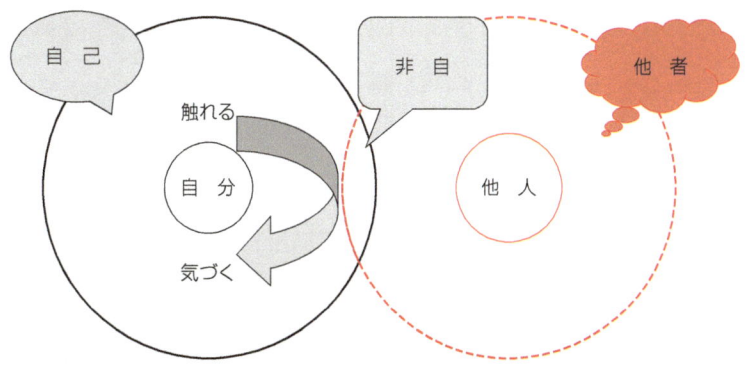

図 15.9　非自と他者の概念図
自分が他人に触れて気づき既知のものとするが，それは自己と他者のイメージが交錯する非自の領域に過ぎない．

るという.

6　無意識が働き始める

　佚斎樗山は，武士としての労務から隠居したのち自分の孫たちに向けて武術の神髄をわかりやすく説くための物語をつくっている．その一つとして，猫たちに立ち合いの本質を語らせているのが『猫の妙術』である（図15.10）.

　ある屋敷にどうにも手に負えないネズミが出現し，ネズミ捕りの修行を積んだ3匹の猫が捕獲を試みるのだが，ことごとく失敗してしまう．3匹の猫とは，俊敏性あふれる若い黒猫と気の満ち溢れた大柄な虎毛の猫，そして和を尊しとする灰毛の猫の3匹である．黒猫は技を磨き，どんなネズミでも捕まえられるだけの俊敏性を身につけていた．虎毛の猫は気勢を練り，どんなネズミでも睨みをきかして身動きできなくさせて捕まえていた．そして，灰毛の猫は技も気も磨いてきたうえで，敵対心をなくして和する心をもってどんなネズミでも引き寄せ捕まえてきた．それなのに，3匹の猫には，件のネズミはどうにも手に負えなかった.

　ところが，その後に登場する古猫は何をするでもなくネズミに近寄るとパクッとくわえてきてしまった．そこで，3匹の猫がその妙を教えてもらうのである．古猫は，黒猫には自分の想定外のネズミに出会ったため，虎毛の猫には必死となって起きる気は意識的に使いこなす気に勝ることがあるため，灰毛の猫には自分の思いによって和しようとしたので自然の感が塞がれたために，それぞれ失敗したのだと諭した．わずかでも意識して立ち合えば，みな意識的行為となってしまい自然体ではなく

「猫の妙術」『天狗芸術論』
佚斎樗山の作品．「猫の妙術」所収の『田舎荘子』は，1727年（享保12）に刊行された．動物の対話という形式を用いて荘子の思想や説話を応用した談義本であり，老荘思想流行の端緒ともなった作品．

『天狗藝術論』は，1729年（享保14）に刊行された談義本．武術書として高い評価を受けているが，技よりも武術の精神問題，すなわち「気」と「心」の問題をおもに扱っている．

図15.10　『天狗芸術論・猫の妙術』表紙
佚斎樗山著，石井邦夫訳注，講談社学術文庫（2014）.

なってしまう，それでは未熟であると．

　たとえば，先に見た拳法図の技にしても，相手からのアプローチがあって技は起こる．形が整っていれば，意識して突きを受けるのではなく，相手の突きによって受けさせてくれるようになる．技を行うのではなく，接触によって技が生まれるという感覚である．本来，相手は何をしてくるのかわからないうえに，相当の速さと攻撃の質をもっているのだから，あらかじめ想定したとおりに意識して受けられはしない．だから，相手からのアプローチに反応する体を準備して，技が起こるのを待つしかない．「無意識が働き始めるような体の状態を正確に準備」しておくと，技が生まれてくるのである．

7　「無敵」になる

　忍者は，必要最小限の装備で命に関わるような危険な任務を遂行しなけなければならなかった．そして首尾よく生きて帰郷することが求められる．困難に遭遇しても耐え忍び，任務を遂げなければならない．そのためには，考えうるだけの知識を身につけ，武術の能力を高めておく．予期せぬ困難な問題にぶつかったとき，動じることなく行動に移せるように，日頃から心身を鍛錬して，準備を怠らないでいる．想定できることすべてに対応する技を修錬しておくのだ．そのうえで大事なことは，敵に近づいたら，敵に対してあらかじめ想定する構えを解いて，自然体で技が生まれるのを待つことである．

　自分という構えがなくなれば，「非自」も意識されない．あるがままの自然体で，これから起こるだろう出来事に身をゆだねるのである．そ

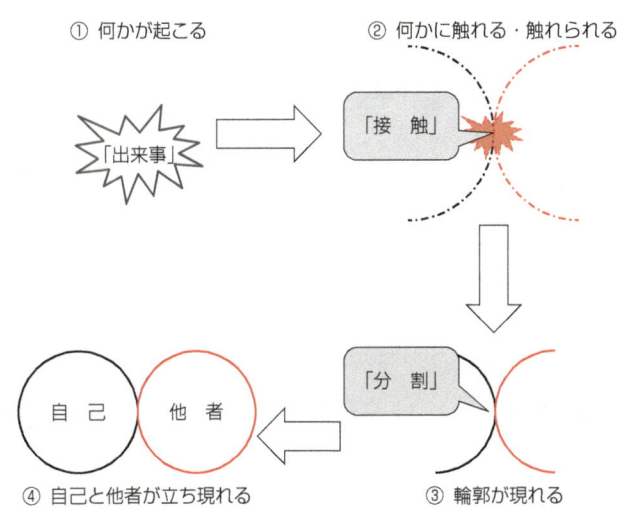

図 15.11　「出来事」の概念図

こで，何かが起こる．「出来事」によって「分割＝分有」がなされ，「出来事」に遅れて「他者」，そして「自己」が立ち現れてくる．したがって，あらかじめ自己ありきで敵に臨むのではない．無敵とは，百戦錬磨で向かうところ敵なしという強さのことではない．敵を想定することなく，想定する自己もなくす，敵も我もない状態が「無敵」なのである（図15.11）．

そうすると，頑張るというのは，頑なに自分を固持するのではなくなる．むしろ自分をなくすことであり，「出来事」に身をゆだねる．構えない「構え」が，「忍ぶ」の本質である．気づいた時になってどちらかが生き残っていたり，制していたりする「わざ」が生まれている．こうした世界観へ至る叡智を，忍術は伝えているのである．

8 「手を出す」と「手が出る」

さて，最後に「無敵」の状態をスポーツ場面でイメージしてみよう．たとえば，野球で「上手くバットが出てくれました」と述解していることがある．まるで主体はバットにあるかのようで，これは「出来事」に身をゆだねている証左だろう．そういえば，「何であんな球に手を出すのだ」と叱られて，「つい手が出てしまいました」と答えることもある．これも無意識に反応できていたのだから，ある意味「無敵」に近い状態かもしれない．ただ，あとはヒットが生まれるように修練するばかり，であろう．

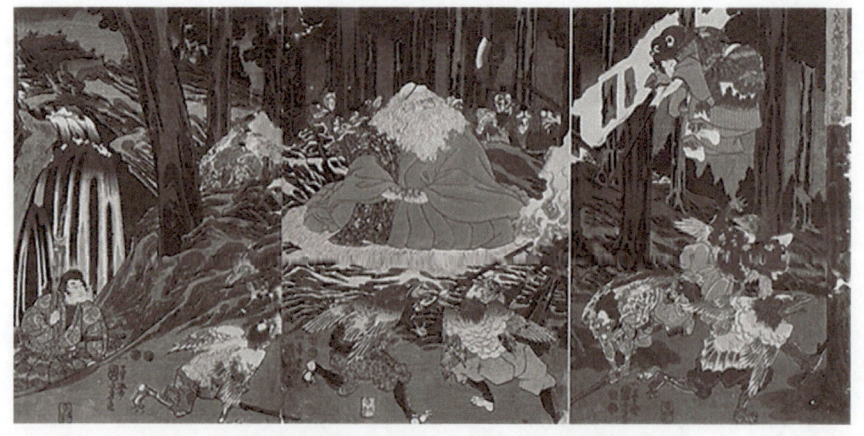

「牛若丸僧正坊隋武術覚図」　歌川国芳（1851 年）
牛若丸こと源義経が京都・鞍馬山にて武術修行をしているのだが，稽古相手は天狗であり超人的な能力が描かれている．

復習トレーニング

次の文章のカッコの部分に適切な言葉を入れなさい.

❶ 藤一水子正武は,『正忍記』で,自分が相手になったつもりで心を読んで備えておく(　　)こと,わざと隙をつくったり動き始めのきっかけを与えたりすることで誘い出す(　　)こと,身構え・心構えを解いて相手に捉われずに攻撃そのものに反応する(　　),この三つの様相を描いている.

❷ 佚斎樗山の「猫の妙術」では,自分の敵について想定した範囲内で,技を施した(　　),気勢に乗じた(　　),和しようとした(　　),この3匹の猫について,意識的行為にとどまるのではなく無意識的な自然体の重要性を説いている.

❸ 忍術では,頑なに自分を固持するのではなく自分をなくして(　　)に身をゆだねて(　　)こと,気づいた時になってどちらかが生き残っていたり制していたりする(　　)が生まれていることが,叡智の一つとして伝えられている.

図版クレジット
＊本文中に表示したものは除く

p.1	1章扉　meunierd / Shutterstock.com
p.15	2章扉　Stefan Schurr / Shutterstock.com
p.16	dotshock / Shutterstock.com
p.18	Maxisport / Shutterstock.com
p.38	Ivica Drusany / Shutterstock.com
p.40	Mitch Gunn / Shutterstock.com
p.41	melis / Shutterstock.com
p.43	bikeriderlondon / Shutterstock.com
p.45	4章扉　Monkey Business Images / Shutterstock.com
p.47	図4.1　wavebreakmedia / Shutterstock.com
p.48	図4.2　dotshock / Shutterstock.com
p.49	図4.3　(a) StockLite / Shutterstock.com
	(b) bikeriderlondon / Shutterstock.com
	(c) Air Images / Shutterstock.com
	(d) Neale Cousland / Shutterstock.com
p.50	図4.4　(a) wavebreakmedia / Shutterstock.com
	(b) Karramba Production / Shutterstock.com
p.53	図4.5　Monkey Business Images / Shutterstock.com
p.57	5章扉　rmnoa357 / Shutterstock.com
p.69	Iakov Filimonov / Shutterstock.com
p.70	Pete Saloutos / Shutterstock.com
p.71	Lilyana Vynogradova / Shutterstock.com
p.103	8章扉　Karramba Production / Shutterstock.com
p.129	10章扉　Antonio Guillem / Shutterstock.com
p.131	Maridav / Shutterstock.com
p.132	Visionsi / Shutterstock.com
p.137	Maxisport / Shutterstock.com
p.141	Diego Barbieri / Shutterstock.com
p.142	Bikeworldtravel / Shutterstock.com
p.147	11章扉　melis/Shutterstock.com
p.156	Jamie Roach / Shutterstock.com
p.157	Denis Kuvaev / Shutterstock.com
p.159	12章扉　dotshock / Shutterstock.com
p.187	14章扉　dsy88 / Shutterstock.com
p.197	Aspen Photo / Shutterstock.com

参考文献・参考情報

1章

日本スポーツ心理学会，『最新スポーツ心理学―その軌跡と展望』，大修館書店（2004）．

日本スポーツ心理学会，『スポーツ心理学辞典』，大修館書店（2008）．

R. S. Weinberg, D. Gould, Foundations of Sport and Exercise Psychology, IL: Human Kinetics（2014），p.3～13．

D. Gill, L. Williams, Psychological Dynamics of Sport and Exercise, IL: Human Kinetics（2017），p.3～22．

2章

C. Ames, J. Archer, Achievement goals in the classroom : Students' learning strategies and motivation processes, *Journal of Educational Psychology*, **80**, 260（1988）．

A. Bandura, Self-efficacy: Toward a unifying theory of behavioral change, *Psychological Review*, **84**（2），191（1977）．

A. V. Carron, Cohesiveness in sport groups: Interpretations and considerations, *Journal of Sport Psychology*, 4, 123（1982）．

E. L. Deci, R. M.Ryan, (Eds.) "Handbook of Self-determination Research", The University of Rochester Press（2002）．

C. S. Dweck, Motivational processes affecting learning, *American Psychologist*, **41**, 1040（1986）．

石井源信，目標設定技術，猪俣公宏 編，『選手とコーチのためのメンタルマネジメントマニュアル』，大修館書店（1997），p.95～111．

西田 保，動機づけの方法，松田岩男・杉原 隆 編著，『新版運動心理学入門』，大修館書店（1987），p.73～81．

西田 保，体育における学習意欲検査（AMPET）の標準化に関する研究：達成動機づけ論的アプローチ，体育学研究，**34**（1），45（1989）．

岡澤祥訓，動好きと自己有能感，体育の科学，**53**（12），905（2003）．

杉原 隆，『新版 運動指導の心理学』，大修館書店（2008）．

徳永幹雄，橋本公雄，心理的競技能力診断検査用紙（DIPCA．2，中学生～成人用），トーヨーフィジカル発行（1994）．

3章

G・オールポート，詫摩武俊ほか 監訳，『パーソナリティ 心理学的解釈』，新曜社（1982）．

花田敬一，竹村 昭，藤善尚憲，『スポーツマン的性格』，不昧堂（1968）．

H. J. アイゼンク，梅津耕作，祐宗省三ほか訳，『人格の構造：その生物学的基礎』，岩崎学術出版社（1973）．

小林晃夫 編，『スポーツマンの性格 性格からみた運動上達への道』，杏林書院（1986）．

W. ミシェル，Y. ショウダ，O. アイダック共著，黒沢 香，原島雅之 監訳，『パーソナリティ心理学：全体としての人間の理解』，培風館（2010）．

ダニエル・ネトル，竹内和代 訳，『パーソナリティを科学する 特性5因子であなたがわかる』，白揚社（2009）．

松田岩男・杉原 隆 編著，『新版 運動心理学入門』，大修館書店（1987）．

大渕憲一，『人を傷つける心：攻撃性の社会心理学 新版』，サイエンス社（2011）．

テオプラストス，森 進一訳，『人さまざま』，岩波文庫（2003）．

二宮克美ほか編，『パーソナリティ心理学ハンドブック』，福村出版（2013）．

杉山哲司，スポーツと攻撃性―スポーツにおける攻撃性の功罪，杉原 隆，工藤孝幾，船越正康，中込四郎 編著，『スポーツ心理学の世界』，福村出版，（2000）．

マーティン・ハガー，ニコス・ハヅィザランティス共著，湯川進太郎，泊 真児，大石千歳 監訳，『スポーツ社会心理学：エクササイズとスポーツへの社会心理学的アプローチ』，北大路書房（2007）．

小塩真司，『性格を科学する心理学のはなし：血液型性格判断に別れをつげよう』，新曜社，（2011）．
杉山哲司ほか，やる気を高める動機づけ教育，石井源信ほか編，『現場で生きるスポーツ心理学』，杏林書院（2012）．
マーティン・セリグマン，山本宣子 訳，『オプティミストはなぜ成功するか』，講談社文庫（1994）．

4章

A. P. Goldstein et al., Skill training approach to teaching prosocial skills, Research Press.〔A. P. ゴールドスタインほか，内山喜久雄 監訳，『スクールバイオレンス』，日本文化科学社（1988）．〕
杉山佳生，スポーツ体験を通して学ぶもの，児童心理，**62**（14），17（2008）．
島本好平，石井源信，運動部活動におけるスポーツ経験とライフスキル獲得との因果関係の推定，スポーツ心理学研究，**37**（2），89（2010）．
榎本博明，『自己開示の心理学的研究』，北大路書房（1997），p.61〜72．
WHO 編，川畑徹朗ほか監訳，心理社会的能力としてのライフスキルの紹介，『WHO・ライフスキル教育プログラム』，大修館書店（1997），p.9〜30．
笹川スポーツ財団，「政策提言―国民が生涯を通じて，それぞれが望むかたちでスポーツを楽しみ，幸福を感じられる社会の形成」，（2011），p.35〜38．
上野耕平，ユース選手を対象としたライフスキルプログラム，体育の科学，**55**（2），101（2005）．
A. LeUnes, J. R. Nation, Saturday's heroes: A psychological portrait of college football players, *Journal of Sport Behavior*, **5**, 139（1983）．
島本好平，東海林祐子，村上貴聡，石井源信，アスリートに求められるライフスキルの評価―学生アスリートを対象とした尺度開発―，スポーツ心理学研究，**40**（1），13（2013）．
島本好平，ライフスキルの獲得と個人の成長と発達，石井源信ほか編，『現場で活きるスポーツ心理学』，杏林書院（2012），p.74〜78．
清水安夫，スポーツにおける自己開示と表現，体育の科学，**53**（12），925（2003）．
田中ウルヴェ京，トップアスリートのアイデンティティ，笹川スポーツ財団 Sport Academy 2014年度開催報告（2014）．http://www.ssf.or.jp/academy/2014/report_06.html

5章

豊田則成，アスリートの競技引退に伴うアイデンティティ再体制化に関する研究―中年期危機を体験した元オリンピック選手―，スポーツ教育学研究，**19**（2），117（1999）．
豊田則成，中込四郎，競技引退に伴って体験されるアイデンティティ再体制化の検討，体育学研究，**45**，338（2000）．
豊田則成，元アスリートが語る「人生の物語」，ビジネスインサイト，**15**（4），22（2007）．

6章

International Society of Sport Psychology, Physical activity and Psychological benefit: A position statement, *The Sport Psychologist*, **6**, 167（1992）．
W. J. Chodzko-Zaiko. ed., The world health organization issue guidelines for promoting physical activity among older person, *Journal of Aging and Physical Activity*, **5**, 1（1997）．
C., Taylor, J. Sallis, R. Needle, The relation of physical activity and exercise to mental health, *Public Health Reports*, **100**, 195（1985）．
橋本公雄，斉藤篤司，徳永幹雄，花村茂美，磯貝浩久，自己快適ペース走に伴う運動中・回復期の感情の変化過程，九州体育学研究，**10**, 1, 31（1996）．
荒井弘和，竹中晃二，岡浩一郎，一過性運動に用いる感情尺度：尺度の開発と運動時における感情の検討―，健康心理学研究，**16**, 1（2003）．
R. J. Sonstroem, L. L. Harlow, L. Josephs, Exercise and self-esteem: Validity of model expansion and exercise associations, *Journal of Sport and Exercise Psychology*, **16**, 24（1994）．
J. D. Brown, Staying fit and staying well: Physical fitness as a moderator of life stress, *Journal of Personality and Social Psychology*, **60**, 555（1991）．
B. C. Long, A cognitive perspective on the stress-reducing effects of physical exercise, In Seraganian, P. (Ed.) Exercise Psychology, John Wiley & Sons, Inc（1993）, p.339〜357．

G. B. Berger, R. Motl, Physical activity and quality of life, In R. N. Singer, H. A. Hausenblas, C. M. Janelle, (Ed.) Handbook of Sport Psychology (2nd ed., pp.636〜671), John Wiley (2001).

T. K. Scanlan, J. P. Simons, The constraction of sport enjoyment, In G. C. Roberts, ed. Motivation in Sport and Exercise, IL: Human Kinetics.(1992), p.199〜215.

G. B. Berger, D. Paragman, R. S. Weinberg, Foundations of Exercise Psychology, 2nd ed., WV: Fitness Information Technology (2007), p.196〜199, p.321〜326.

高見和至，石井源信，体調改善による精神的健康向上の可能性 ― 快食・快眠・快便を媒介要因とした精神的健康モデルの検討 ―，体力・栄養・免疫学雑誌, **13**, 3, 166 (2004).

7章

プロチャスカ，ノークロスほか著，中村正和 監訳,『チェンジング・フォー・グッド』，法研（2005）.

尼崎光洋，煙山千尋，大学生における身体活動への Health Action Process Approach の応用，スポーツ心理学研究, **40**, 125 (2013).

C. Nigg ed., "ASCM's Behavioral Aspects of Physical Activity and Exercise", Lippincott Williams & Wilkins (2014).

8章

日本肥満学会，「新しい肥満の判定と肥満症の診断基準」(2011).

厚生労働省，「平成 25 年国民健康・栄養調査報告」(2015).

http://www.mhlw.go.jp/bunya/kenkou/eiyou/dl/h25-houkoku.pdf

厚生科学審議会地域保健健康増進栄養部会・次期国民健康づくり運動プラン策定専門委員会，健康日本 21（第 2 次）の推進に関する基礎資料 (2013).

http://www.mhlw.go.jp/bunya/kenkou/dl/kenkounippon21_02.pdf

池田千代子，遠藤伸子，女子大生のボディ・イメージの意識調査，保健の科学, **40**, 567 (1998).

丸山千寿子ほか，女子学生における食行動異常に関する研究（第 2 報）―中学生・高校生・大学生におけるダイエット法とダイエットの動機について―，思春期学, **11**, 57 (1993).

American Psychiatric Association 編，日本精神神経学会 日本語版用語監修，高橋三郎，大野 裕 監訳，染矢俊幸ほか 訳,『DSM-5 精神疾患の分類と診断の手引』，医学書院 (2014).

日本摂食障害学会 監，「摂食障害治療ガイドライン」作成委員会 編,『摂食障害治療ガイドライン』，医学書院 (2012).

切池信夫,『摂食障害―食べない，食べられない，食べたら止まらない』，医学書院 (2000).

A. Nattiv et al., American College of Sports Medicine position stand, The female athlete triad, *Medicine & Science in Sports & Exercise*, **39** (10), 1867 (2007).

M. Mountjoy et al., The IOC consensus statement: beyond the Female Athlete Triad—Relative Energy Deficiency in Sport (RED-S), *British Journal of Sports Medicine*, **48**, 491 (2014).

A. M. Prentice, S. A. Jebb, Obesity in Britain: gluttony or sloth? *British Medical Journal*, **311** (7002), 437 (1995).

佐藤祐造，渡辺俊彦，山之内国男ら，運動，スポーツと生活習慣病，臨床スポーツ医学, **16**, 633 (1999).

M. L. Klem, R. R. Wing, M. T. McGuire et al., A descriptive study of individuals successful at long-term maintenance of substantial weight loss, *The American Journal of Clinical Nutrition*, **66**, 239 (1997).

厚生労働省健康局,「標準的な健診・保健指導 プログラム（確定版）」(2007).

http://www.mhlw.go.jp/bunya/kenkou/seikatsu/pdf/02a.pdf

A. G. Marlatt, J. R. Gordon, Relapse prevention: Maintenance strategies in the treatment of addictive behaviors, The Guilford press (1985), p.3〜70.

J. H. ビドル スチュワート，ナネット・ムツリ，竹中晃二，橋本公雄 監訳,『身体活動の健康心理学：決定・安寧・介入』，大修館 (2005), p.117〜133.

内閣府,「統計表一覧：消費動向調査　主要耐久消費財等の長期時系列表 2015

http://www.esri.cao.go.jp/jp/stat/shouhi/shouhi.html#taikyuu

9章

内閣府,「平成26年版高齢社会白書」(2014).
http://www8.cao.go.jp/kourei/whitepaper/w-2014/gaiyou/s1_1.html.

厚生労働省,「人口動態調査」, 平成25年(2013)人口動態統計（確定数）の概況 (2014).
http://www.mhlw.go.jp/toukei/saikin/hw/jinkou/kakutei13/index.html.

L. W. グリーン, M. W. クロイター, 神馬征峰, 岩永俊博, 松野朝之, 鳩野洋子 訳,『ヘルスプロモーション―PRECEDE-PROCEEDモデルによる活動の展開―』, 医学書院 (1997).〔L. W. Green, M. W. Kreuter, Health promotion planning: An educational and environmental approach, Mountain View, Mayfield Publishing Company (1991).〕

進藤宗洋, 厚生省「健康づくりのための運動所要量」について―「身から錆を出さない出させない」暮らしの原理の提案―, 保健の科学, **32**, 139 (1990).

R. F. DeBusk, et al., Training effects of long versus short bouts of exercise in healthy subjects, *American Journal Cardiology*, **65**, 1010 (1990).

I. M. Lee, et al., Effect of physical inactivity on major non-communicable diseases worldwide: an analysis of burden of disease and life expectancy, *Lancet*, **380** (9838), 219 (2012).

厚生労働省,「アクティブガイド―健康づくりのための身体活動指針―」(2013)
http://www.mhlw.go.jp/stf/houdou/2r9852000002xple-att/2r9852000002xpr1.pdf

村上晴香ら, 健康づくりのための運動基準2006における身体活動量の基準値週23メッツ・時と1日あたりの歩数との関連, 体力科学, **61**, 183 (2012).

厚生労働省,「21世紀における国民健康づくり運動（健康日本21）について報告書」(2000).
http://www1.mhlw.go.jp/topics/kenko21_11/pdf/all.pdf.

厚生労働省,「平成24年国民健康・栄養調査」(2014).
http://www.mhlw.go.jp/stf/houdou/0000032074.html

A. Bandura, Self-efficacy: Toward a unifying theory of behavior change, *Psychological Review*, **84**, 191 (1977).

I. L. Janis, L. Mann, Decision making: A psychological analysis of conflict, choice, and commitment, Collier Macmillan (1977).

J. O. Prochaska, et al., Changing for goods, A revolutionary six-stage program for overcoming bad habits and moving your life positively forward, HarperCollins Publishers Inc (2002).

小笠原正志ら. ライフスタイルの変容, 現代のエスプリ 431号,「医療行動科学の発展 心理臨床の新たな展開」, 116 (2003).

10章

G. B. Berger, Psychological Benefits of an Active Lifestyle: What WE Know and What We Need to Know, *QUSEST*, **48**, 330 (1996)

G. B. Berger, D. Paragman. R.S. Weinberg, Foundations of Exercise Psychology, (2nd Ed.). Morgantown, WV: Fitness Information Technology (2007), p.321～326.

C. Bulley, M. Donaghy, A. Payne, N. Mutrie, Personal Meanings, Values and Feelings Relating to Physical Activity and Exercise Participation in Female Undergraduates.-,A Qualitative Exploration-, *Jounal of Health Psychology*, **14** (6), 751 (2009).

村上春樹,『走ることについて語るときに僕の語ること』, 文藝春秋 (2007).

M E. P. Seligman, Authentic happiness: Using the new positive psychology to realize your potential for lasting fulfillment., Free Press (2002).

M. ウェーバー, 矢羽野薫 訳,『トップランナー650の名言』, 三田出版会 (1998).
〔M. Weber, The Quotable Runner (1995).〕

11章

西野 朗, 土屋裕睦,「我が国におけるメンタルトレーニング指導の現状と課題―関連和書を対象とした文献研究」, スポーツ心理学研究, **31**, 1, 9 (2004).

中込四郎, スポーツ臨床と投映法, 小川俊樹 編,『投映法の現在』, 至文堂 (2008), p.229～235,

武田大輔，タレント発掘，中込四郎，伊藤豊彦，山本裕二編著，『よくわかるスポーツ心理学』，ミネルヴァ書房（2012），p.136〜137．

江田香織，思春期のトップアスリートへの心理サポート，体育の科学，**64**，1，26（2014）．

12章

徳永幹雄，スポーツ選手に対する心理的競技能力の評価尺度の開発とシステム化，健康科学，**23**，91（2001）．

D. Takeda, Psychological Characteristics of Elite Athletes from a Psychodynamics Perspective through Expressions of their Body, Asian Conference on Sport Science 2011-Ten Years of Progress in Sports Sciences Proceedings, (2011), p.70〜76..

13章

M. J. Apter, The Experience of Motivation: The Theory of Psychological Reversal. London: Academic Press（1982）．

チクセントミハイ，今村浩明訳『楽しみの社会学：倦怠と不安を越えて』．思索社（1979）．〔M. Csikszentmihalyi, Beyond boredom and anxiety. Jossey-Bass（1975）．〕

ガーフィールド，荒井貞光訳，『ピークパフォーマンス』，ベースボールマガジン社（1988）．〔C.A. Garfield, Peak Performance, Williams Morris Agency（1984）．〕

Y. Hanin, Emotions and athletic performance: Individual zones of optimal functioning model, *European Yearbook of Sport Psychology*, **1**, 29（1997）．

蓑内　豊，情動を活用した心理的コンディショニングについて，メンタルトレーニング・ジャーナル，**5**，49（2011）．

J. B. Oxendine, Emotional arousal and motor performance, *Quest Monograph*, **13**, 23（1970）．

R. M. Yerkes, J. D. Dodson, The relation of strength of stimulus to rapidity of habit-formation, *Journal of Comparative Neurology and Psychology*, **18**, 459（1908）．

14章

三隅二不二，『リーダーシップ行動の科学』．有斐閣（1978）．

山口裕幸 編著，『コンピテンシーとチームマネジメントの心理学』，朝倉書店（2009）．

日本スポーツ心理学会 編，『スポーツメンタルトレーニング教本−改訂増補版』，大修館書店（2005）．

河村茂雄，『本の学級集団と学級経営─集団の教育力を生かす学校システムの原理と展望』，図書文化社（2010）．

土屋裕睦，日本代表チームに対する心理サポートの実践：その現状と課題，スポーツ精神医学，**11**，19（2014）．

土屋裕睦，『ソーシャルサポートを活用したスポーツカウンセリング─大学生アスリートのバーンアウト予防のためのチームビルディング─』，風間書房（2012）．

文部科学省 編，『私たちは未来から「スポーツ」を託されている：新しい時代にふさわしいコーチング』，学研パブリッシング（2013）．

織田憲嗣，山本勝昭，徳永幹雄，スポーツにおける集団凝集性の構造検証ならびにパフォーマンスとの関係，財団法人水野スポーツ振興会スポーツ医科学研究助成報告書（2007）．

内田遼介，町田萌，土屋裕睦，釘原直樹，スポーツ集合的効力感尺度の改訂・邦訳と構成概念妥当性の検討，体育学研究，**59**，2，841（2014）．

小林未季代，内田遼介，土屋裕睦，スポーツ集団の心理状態を評価する枠組みの提案：集合的効力感と集団凝集性による2次元アプローチ（2015），未公刊論文．

國分康孝 編，『続・構成的グループエンカウンター』，誠信書房（2000）．

15章

佚斎樗山著，石井邦夫訳注，『天狗芸術論・猫の妙術』，講談社学術文庫（2014）．

今村嘉雄編，『武道歌撰集』，第一書房（1989）．

今村嘉雄編，『日本武道全集』，人物往来社（1966）．

奥瀬平七郎，『忍術秘伝』，凡凡社（1959）．

藤一水子正武著，中島篤巳解説，『忍術伝書　正忍記』，新人物往来社（1996）．

推薦図書

2章

西田保編,『スポーツモチベーション』, 大修館書店 (2013).

杉原隆,『新版 運動指導の心理学』, 大修館書店 (2008).

3章

小塩真司,『性格を科学する心理学のはなし：血液型性格判断に別れをつげよう』, 新曜社 (2011).

5章

中込四郎,『危機と人格形成』, 道和書院 (1993).

吉田 毅,『競技者のキャリア形成に関する社会学的研究』, 道和書院 (2013).

土屋裕睦,『ソーシャルサポートを活用したスポーツカウンセリング』, 風間書房 (2012).

河野昭典,『「イップス」かもしれないと思ったら，まず読む本』, BABジャパン (2015).

7章

松本千明,『健康行動理論の基礎』, 医歯薬出版 (2002).

チャールズ・デュヒック, 渡海圭子 訳,『習慣の力』, 講談社 (2013).

竹中晃二 編,『運動と健康の心理学』, 朝倉書店 (2012).

13章

日本スポーツ心理学会 編,『スポーツメンタルトレーニング教本』, 大修館書店 (2015).

15章

竹内敏晴,『ことばが劈かれるとき』, ちくま文庫 (1988).

竹内敏晴,『思想する「からだ」』, 晶文社 (2001).

西谷 修,『夜の鼓動に触れる：戦争論講義』, 東京大学出版会 (1995).

西谷 修,『増補新版 不死のワンダーランド』, 青土社 (2002).

コンスタンチン・スタニスラフスキー, 岩田 貴ほか訳,『俳優の仕事：俳優教育システム，第1部』, 未來社 (2008).

ジャン＝リュック・ナンシー, 西谷 修, 安原伸一朗 訳,『無為の共同体：哲学を問い直す分有の思考』, 以文社 (2001).

ベルンハルト・ヴァルデンフェルス, 山口一郎, 鷲田清一 監訳,『講義・身体の現象学：身体という自己』, 知泉書館 (2004).

用語解説

カッコ内に関連するページを示す．

ヴィルヘルム・ヴント（Wilhelm Max Wundt, 1832～1920年）（p.5）
ドイツの生理学者，哲学者，心理学者で，実験心理学の父と称される．ライプツィヒ大学の哲学教授を務めていた1879年に，世界で初の実験心理学の研究室を開設した．心理学史ではこの時期に心理学が学問分野として成立したとされる．彼の元には欧米や日本から多くの研究者が集まった．

国際スポーツ心理学会（International Society of Sport Psychology）（p.6）
スポーツ心理学領域の全世界的学会組織で，1965年にローマで創立された．以後4年に一度の国際会議が開催されている．これまでの学会大会はヨーロッパ各地，北米，アフリカ，中東など世界各地で開催されており，2013年には中国の北京で開催された．近年は日本人研究者の参加者も増加している．

A. マズロー（Abraham Maslow 1908～1970年）（p.17）
アメリカの心理学者．人間性心理学の最も重要な生みの親とされている．動物の行動や病気の人間の行動を研究対象とすることが多かった時代に，正常な成熟した健康的な人間の動機や自己実現について研究するようになった．マズローの人格理論は，「自己実現理論（欲求段階説）」と呼ばれ，心理学のみならず，他の分野からも関心が持たれている．

アンダーマイニング効果・エンハンシング効果（エンハンスド効果）（p.18）
外的な要因が内発的動機づけに影響を及ぼす二つの側面のことを，アンダーマイニング効果，およびエンハンシング効果という．

アンダーマイニング効果とは，外的要因（報酬）を用いることによって，内発的動機づけが低下する現象のことを指す．たとえば，好きでサッカーをやっている子どもに対して，頑張っているので小遣いを与えることを繰り返すと，内発的に動機づけられて行っていたサッカーが，小遣いという外発的動機づけによって行われることになる．そして小遣いが与えられなくなると，すでに外発的動機づけで行うことになったサッカーをしなくなってしまう．小遣いなどの物理的報酬が，内発的動機づけを低減させたのである．

エンハンシング効果とはアンダーマイニング効果の反対で，内発的動機づけが高まることである．たとえば，周囲からの賞賛や承認をされるという外的要因によって，内発的動機づけは高まる．言葉による賞賛は外的な報酬ではあるが，物理的な報酬ではなく心理的な報酬となる．褒め言葉や感謝の気持ちを言葉で伝えることは，動機づけを高めるためにも重要である．

運動嫌い（p.22）
運動嫌いの原因は，学校体育での経験が大きく関係する．運動嫌いには，「恐怖」「能力」「汎化」の三つの要因が影響する．恐怖とは苦しく辛い体験をしたこと，能力とはできないことを叱られた体験をしたこと，汎化とは走るのが嫌いで運動全体が嫌いになったことである．また，運動有能感の欠如が運動嫌いの原因であるとし，運動有能感を高めることが運動を好きにさせるという指摘もある．具体的には，努力することでできた体験，周りの受容的雰囲気が有能感の向上につながる．

チームワーク（p.26）
「チーム全体の目標達成に必要な協働作業を支え，促進するためにメンバー間で交わされる対人的相互作用であり，その行動の基盤となる心理的変数も含む概念」とされている．これをわかりやすく表現すると，チームに共有の目標があり，メンバー一人ひとりに役割があり，メンバー間のコミュニケーションも適切に行われ，精神的にまとまりがある状態となる．集団凝集性や集団効力感などで評価されることもあるが，人間関係を示すものなので客観的に捉えることは難しい．

スポーツマンシップ（p.35）
スポーツをする人が持つべきであると考えられる理念．ルールの遵守（じゅんしゅ），フェアプレー，対戦相手や審判へのリスペクトなどがあげられる．この言葉の意味は歴史的に変遷がある．

特性不安・状態不安（p.40, 76）
特性不安とは曖昧な状況を脅威と解釈する個人の傾向であり，状態不安とはある状況において，性格的な要素と状況的な要素のあらゆるものを考慮したうえで生じる，

用語解説

実際の不安レベル．スピールベルガーによって提唱された．

ペシミズム （p.40）
努力しても結果は伴わないと予想し，悪い結果は自分が原因と考える認知の傾向．オプティミストと対称の傾向である．セリクマンによる学習性楽観の中で取り上げられている．

生きる力 （p.50）
文部科学省が現行の学習指導要領の中で提唱する「『生きる力』を育む」という教育理念の中に出てくる言葉である．生きる力自体は，これからの変化の激しい社会を生きていくために必要な全人的な資質や能力とされ，そのおもな構成要素には，「主体的に考える力」や「豊かな人間性」，「たくましく生きるための健康や体力」があげられる．また，現行の学校教育における「総合的な学習の時間」は，「『生きる力』を育む」という教育理念を実現するために創設されたものである．

WHOのライフスキル （p.54）
広義な概念であるライフスキルの定義自体は複数存在するが，最も引用されているものは本文中に記載しているWHOによる定義である．また，WHOはライフスキルを構成する非常に一般的な基礎的なスキルとして，① 意志決定，② 問題解決，③ 創造的思考，④ 批判的思考，⑤ 効果的コミュニケーション，⑥ 対人関係スキル，⑦ 自己意識，⑧ 共感性，⑨ 情動への対処，⑩ ストレスへの対処という10のスキルをあげている．また，これら10のスキルは，①―②，③―④，⑤―⑥，⑦―⑧，⑨―⑩というように，相互補完的なスキルをペアにし，五つの主領域に分けることが可能である．

ドロップアウト （dropout） （p.61）
「脱落」や「抜け出す」ことを意味する．スポーツの場合，スポーツ集団からの遅れや離脱を意味する．その背景には，興味関心の移行や消失，競技意欲の低下，人間関係の軋轢などがある．

予期不安 （anticipatory anxiety） （p.69）
多くの場合，「失敗したらどうしよう」という不安が頭の中を支配してしまうことを指す．これとは逆に，成功不安（success phobia）は，「本当に成功してしまったらどうしよう」という予期不安である．

身体活動 （physical activity） （p.76）
「骨格筋を用いたエネルギー（カロリー）消費を伴う活動」と定義され，日常生活におけるさまざまな身体を動かす活動の総称である．

運動 （exercise） （p.76）
身体活動のうち，おもに健康を目的として意図的かつ断続的に繰り返される余暇活動．スポーツは，さらにルールの体系化がなされ，組織化して実践されるという特徴を有する運動と位置づけられる．

メンタルヘルス （mental health） （p.76）
人間の身体的，生理的な健康に対する，精神面における健康のことで，精神的健康，心の健康，精神衛生，精神保健という言い方もされている．その範囲も多様であり，精神的疾病の有無から，人間関係に起因するストレスや悩み，また人生観や生きがいを含むこともある．

抑うつ，うつ病 （depression） （p.76, 77）
抑うつとは，気持ちが落ち込んで晴ればれせず，不快な気分状態のことである．うつ病は，抑うつ気分や不安・焦燥，精神活動の低下，食欲低下，不眠などを特徴とする精神疾患で，生活に支障がない軽症例から，自殺企図など生命に関わる重症例までを含む．

気分 （mood） （p.78）
意識して感じられる特定の感情状態で，比較的長時間継続する．自分にとって快適な状態と不快な状態の両面があり，その原因が特定できる場合と漠然としている場合がある．

ランナーズハイ （runner's high） （p.79）
マラソンやジョギングなどで，運動の継続中に苦しさが弱まり，反対に爽快感や高揚感を感じること．近年では，持久性運動による脳内物質の分泌が原因と考えられている．

ストレス耐性 （stress tolerance） （p.80）
ストレスに対する抵抗力のことで，ストレスの感じ方，解消方法や社会的支援の有無などによって異なる．ストレス耐性の違いが，ストレスの大きさや健康への影響を左右する．「感知能力」「回避能力」「根本の処理能力」「転換能力」などから構成される．

ヘルスプロモーション （health promotion） （p.90）
疾病予防のために自分の健康を管理し改善することを可能にする活動のこと．個人を対象とするだけでなく，組織集団や地域，環境全体での取組みが含まれる．

自己効力感 （self-efficacy） （p.93）
バンデューラ（A. Bandura）が提唱した行動を生起させる先行要因の一つ．ある結果を生み出すために意図する行動をどの程度うまく行うことができるのかという，自分の能力に対する自信（信念）のことである．単に「自己効力」とも用いられる．

BMI （p.104）
Body Mass Indexの略称で，体格指数のことである．体重（kg）／身長（m）^{2}で算出でき，体脂肪率との相関が高いため，世界的に肥満の判定に使用されている．

BMI 22前後が最も有病率，および死亡率が低いといわれる．

女性アスリートの3主徴（FAT, female athlete triad）(p.106)
女性アスリートによく見られる摂食障害，無月経，骨粗鬆症の三つの健康障害のことを指す．現在では，摂食障害を利用可能なエネルギーの不足とし，男性アスリートにも共通する健康障害であると考えられている．

逆戻り（relapse）(p.112)
ターゲット行動の変容や修正を試みる中で，破綻や後退することをいう．行動変容の維持には，ハイリスク状況や抑制妨害効果に備え，1度の失敗を完全な停止にしないことが重要な課題である．

ニコニコペース（p.118）
福岡大学の進藤宗洋と田中宏暁が，健康づくりに最適な運動強度である乳酸閾値（lactate threshold）をわかりやすく名付けたもので，最大酸素摂取量の約50%に相当する．文字通り，「ニコニコ」して運動できる強度であり，心拍数は138 −（年齢÷2），RPE（自覚的運動強度）は11（楽である）〜13（ややきつい）を目安にする．

アクティブガイド（p.118）
厚生労働省は，2013年（平成25）からの「健康日本21（第二次）」の開始に合わせ，従来の基準に新たな科学的知見を加えた「健康づくりのための身体活動基準2013」と，その実践手引き「健康づくりのための身体活動指針（アクティブガイド）」を発表した．

メッツ（METs）(p.119)
metabolic equivalentsの略．安静時の酸素摂取量（3.5 mL/kg/分）を基準にして，運動時の酸素摂取量がこの何倍に当たるかを示す運動強度．平地でのウォーキング（分速100 m程度）は4メッツ．消費カロリー(kcal)は，メッツ×時間×体重（kg）で算出できる．

自己効力感（self-efficacy）(p.120)
自己効力感は，アルバート・バンデューラ（Albert Bandura）の社会的学習理論において中核となる概念の一つである．難しい課題の克服に必要な行動をうまく遂行できるかという可能性（効力予期）の認知のことをいう．

モデリング（p.120）
モデリングは，自分自身が実際にしたことがない行動を，他人がうまく行っていることを観察して模倣することにより，適応的な行動パターンを習得し，不適応な行動パターンを消去する学習過程を意味する．自己効力感を高める四つの要因の一つにあげられている．

スピリチュアリティ（spirituality）(p.131)

一般的には宗教性や霊性と訳され，霊魂や神などの超自然的存在を認識し信仰するような思想や実践の総称とされてきた．しかし近年では，特定の宗教やオカルト的な要素を排除し，通常の意識状態では感じることのできない自然界との一体感や自分の存在感を強く認識する個人の心理的な体験そのものや，その体験の意味を表している．

ポジティブ心理学（positive psychology）(p.143)
私たち一人ひとりの人生や，私たちの属する組織や社会のあり方が，本来あるべき正しい方向に向かう状態に注目し，そのような状態を構成する諸要素について，科学的に検証・実証を試みる心理学の一領域と定義される．人間心理の否定的要因の改善よりも，肯定的な要因の強化に着目した心理学の総称である．

風景構成法（p.152）
描画法に分類される投映法である．精神科医の中井久夫（1934〜）により考案され，病院だけでなく，学校，施設など幅広い臨床の場で用いられている．アセスメントや治療的な機能として優れている．アスリートを対象とした心理サポートでは，とくにスポーツカウンセリングのトレーニングを受けた専門家がしばしば用いる．アスリートの描く風景構成法の特徴を分析した研究からは，たとえば山の彩色のこだわりと身体性，動きのあるスティックフィギュアと身体の内在化，太陽と達成志向などの関連性から，アスリート独自の心理的特性が示されている．一般臨床ではクライエントの治癒の意味合いとして評価される技法であるが，アスリートにとっても日常的に行われている身体による自己表現をこのような描画に置き換えることで，内界のイメージが活性され，それが豊かなパフォーマンスの発揮に繋がることが期待される．それはアスリートの心のトレーニングと置き換えることもできる．

イメージ（p.163）
SMT（スポーツメンタルトレーニング）では，基本的には視覚をはじめとする諸感覚,筋感覚や感情を頼りに，パフォーマンスを頭の中で思い描くことを意味し，欧米ではビジュアライゼーション（visualization）を用いることがある．一方，SpC（スポーツカウンセリング）は心理臨床学を基盤とするため無意識を含む心の内容表現をイメージに含む．そのイメージは，描画，箱庭，夢などに現れるとされ，SpCでは積極的に扱われる．

事例検討（p.170）
アスリートとサポート提供者との相互のやりとりについて詳細に記述された資料を用いて，展開されたサポートの中で何が起こっていたのかを多角的に検討するのが事

用語解説

例検討である．報告される事例からは，事例報告者の専門家としての力量を育むだけでなく，その場に参加するすべての専門家それぞれの実践に対しても振り返りが誘発される．そのため一個人のアスリートの事例であっても，深く討議されることで普遍的な知見が導かれる．専門家としてのトレーニングの場ともいえる．

筋弛緩法（p.177）
筋肉の緊張と弛緩を繰り返すことによって，心身をリラックスさせる方法．漸進的筋弛緩法は，身体の一部分に「力を入れる，力を抜く」の過程を繰り返し，その部位を徐々に広げていく方法である．

自律訓練法（p.177）
シュルツによって開発された心身の自己調整方法．自己暗示によって緊張を解き，リラックス状態へと導く．一般的には，背景公式と第1～第6公式を心の中で繰り返し唱え，自分で催眠状態に導く．生理的状態や意識状態に変化が生じることがあるので，訓練のあとは消去動作を行う．

構成的グループ・エンカウンター（p.192）
カウンセリング心理学者である國分康孝により開発された，「育てるカウンセリング」の技法であり，チームビルディングの手法としても注目されている．リーダーの進行により，エクササイズと呼ばれる課題に取り組み，その後メンバー間で体験の分かち合い（シェアリング）を行う．構成的グループ・エンカウンターは，その名のとおり場面や課題を構成することが特徴で，メンバー間で本音と本音の交流を促すことにより，自己理解や他者理解，相互信頼関係の構築を目指す．非構成法（ベイシック・エンカウンター）に比べて，個人への侵襲性が低く，時間内に目標を達成しやすいとされている．スポーツ領域でも，日本代表チームへの適用例などが報告され，その効果が実証されている．

慣れ（p.207）
ヴァルデンフェルス（1934年～．ドイツの哲学者）は，慣れとは私たちにとって世界が成立することを意味していると説く．経験を重ねることで未知のモノゴトを既知の物事へと転換すると同時に，知る主体としての自己，既知の物事をコントロールする主体として自己が成り立つ．慣れによって自己を取り巻く世界を知り，世界の内側で自己が存在するのである．

非自と他者（p.209）
竹内敏晴（1925～2009年．演出家）は，からだが劈いていく段階を解説する中で，他人を非自と他者の二つの相に分けて捉えている．非自は，環境世界と自分とが未分化な状態から自分を立ち現わす者として，自分を投影し感情移入してつくり出された一つの像という．一方，他者は，対自として完結して入り込むことのできない世界であり，不可触の存在として描いている．

索　引

アルファベット

AMPET	25
BMI	104
DIPCA	24, 149
DIPCA-3	161
DIPS	182
DSM-5	105
FAT	106
GAM	42
IZOF 理論	183
JOC	148
METs	118, 119
M 機能	190
National Weight Control Registry	111
PCI	182
PM 理論	190
POMS	41
P 機能	190
QOL	78
RED-S	107
RED-S のリスク評価モデル	109
SMART Goals	98
SMT	148, 160
SpC	167
TSMI	24, 39
well-being	117
WHO	116

あ

愛情・所属の欲求	17
IZOF（アイゾフ）理論	183
アイデンティティ	58, 154
アイデンティティ危機	60
アイデンティティ形成	58, 59, 154
アイデンティティ再体制化プロセス	64
アイデンティティ早期達成	66
あがり	148
アクチベーション	177
アクティブガイド	118
アグレッション	43
アサーション	43
アセスメント	193
安全への欲求	17
アンダーマイニング効果	18
「生きる力」	50
意思決定バランス	124
伊勢三郎義盛	203
一次予防	117
一貫性論争	34
佚斎樗山	209
イップス	68
イメージ想起	164
ウォーキング	127
内田・クレペリン精神検査	24
運動	76, 118
運動依存	84
運動行動	90
運動行動理論	97
運動習慣	94
運動習慣強度	95
運動心理学	4, 8, 13
運動非実践者	98
エクササイズ	120
エネルギー利用率	107
エリートアカデミー事業	154
エンパワーメント	131
応援効果	189
応用スポーツ心理学	7
奥瀬平八郎	205
オタワ憲章	117
オペラント強化	125

か

外的キャリア	62
外的調整	21
介入	97
外発的動機づけ	18
快眠・快食・快便	83
学習意欲検査	25
学習性無力感	22
学習性楽観	41
覚醒	176
覚醒水準	164, 176
課題的側面への凝集	195
課題の明確化	161
カタルシス	42
学校体育	27
ガレノス	31
観察イメージ	163
危機理論	60
気分	41
肝を錬る	207
逆戻り	112
逆 U 字仮説	177
キャリア	62
キャリアトランジション	54, 60
強化	123
競技意欲	161
競技引退	60
競技スポーツ	26
競技のみへの同一化	156
競技力	149
共行動効果	189
競争状態不安	40
競争特性不安	40
協調性	161
記録	164
クライアント	122
クラスタリング	164, 165, 179
グループワーク	123
クレッチマー	31
計画的行動理論	91
計画立案	93
契機動因	96
結果予期	20, 93
欠乏欲求	17
原因帰属	23
健康行動プロセスアプローチ	93

索引

健康スポーツ	26	自信	161	ストレス	80
健康づくりのための身体活動指針	118	死生学	60	ストレスマネジメント	49, 81
言語的説得	19	自然との対話・一体感	131	ストレスマネジメントスキル	49
拳法図	205	質問紙法	24	ストレッサー	80
攻撃	41	自動性	96	スピリチュアルな体験	131
攻撃機能説	42	社会化予期	64	スポーツ	76, 118
攻撃本能説	41	社会的交換理論	65	スポーツ・運動・パフォーマンス心理学	7
行動意思	91	社会的側面への凝集	195	スポーツカウンセリング	148, 167
行動維持機能	17	社会的手抜き	189	スポーツ心理学	4, 12
行動科学的手法	120	社会老年学	60	スポーツと運動	8
行動強化機能	17	習慣, 習慣化	95	スポーツマン	35
行動コントロール感	91	集合的効力感	194	スポーツマン的性格	35
行動始発機能	17	集団	188	スポーツメンタルトレーニング	148, 160
行動のステージモデル	92	集団凝集性	20, 193	スポーツメンタルトレーニング指導士	191
行動の連続モデル	91	集団凝集性尺度	196	スマートゴールズ	98
行動変容	120	集団的効力感	20, 194, 197	スモールステップの法則	121
行動理論	90	集団的効力感尺度	196	生活活動	118
高揚感（ランナーズハイ）	79	自由の実感	131	生活の質（QOL）	78
呼吸法	162, 177	16PF	32	成功体験	19
国際スポーツ心理学会	6	主観的な規範	91	成人移行論	60
国立体育学研究所	8	熟達雰囲気	22	精神的欲求	17
個人的含意	130	熟達目標	21	精神の安定・集中	161
固定化行動	96	主訴	167	成績雰囲気	22
コミュニケーションスキル	47	手段的サポート	100	成績目標	21, 26
コミュニケーション能力	47	情緒的サポート	100	成長欲求	17
コレクティブ・エフィカシー	20	状態不安, 特性不安	40, 76	正忍記	208
		情動焦点型	81	正のフィードバック	123
さ		情動の先行要因	184	生理的喚起	20
サイキングアップ	177	情動プロファイリング	180	生理的欲求	17
済州オルレ	127	情報サポート	100	世界保健機関	116
作業検査法	24	女性アスリートの3主徴	106	摂食障害	105, 106
作戦能力	161	自律訓練法	162	セルフ・エフィカシー	19, 112
三次予防	117	心因性動作失調	68	セルフモニタリング	112, 122
死・加齢への抵抗	131	心性	151	鮮明性	163
刺激因子	122	身体活動	76, 119	早期完了型	59
至高体験	79	身体性	169	相対的エネルギー不足	107
自己開示	51	心的外傷	60	組織風土へのアプローチ	192
自己観察	123	心理サポート	160	ソーシャルサポート	67, 86, 99
自己強化	123	心理サポート担当者の資格	188	ソーシャルサポートネットワーク	166
自己決定理論	20	心理社会的発達課題	58	ソーシャル・ネットワーク	165
自己決定連続体	21	心理的競技能力診断検査	4, 149, 161	ゾーン	175
自己効力感	19, 93, 120	心理的コンディショニング	179	尊敬・承認の欲求	17
自己実現の欲求	17	心理的支援	61		
自己の活性化	131	心理スキル	150		
自己発見	131	心理的な安寧	76		
自己評価	123	親和動機, 達成動機	21		
自浄効果	69	数値目標の設定	48		
		スキル	47		

た

体協競技意欲検査	24, 39
体験イメージ	163
対処資源	81
体調管理スキル	48
態度	91
代理体験	124
代理的経験	19
他者	209
達成目標	26
達成目標理論	21
楽しみや快楽の提供	130
タレント発掘	154
団塊の世代	116
チクセントミハイ	175
チーム状況の可視化	198
チームのまとまり	195
チームビルディング	191
チームワーク	189
中年期危機	64
長期目標の設定	48
直接的アプローチ	192
デュアルキャリア	54
天狗芸術論	209
同一視的調整	21
藤一水子正武	208
動因	16
動機	16
動機づけ	16
動機づけ雰囲気	22
統御性	163
統合調整	21
動作法	178
投資モデル	66
同伴サポート	100
特性	33
特性論	33
取り入れ調整	21
ドロップアウト	61

な

内的キャリア	62
内発的動機づけ	18
ニコニコペース	118
二次予防	117
日本スポーツ心理学会	10
日本体育学会	9
日本体育協会	25
日本武術研究所	206
人間—状況論争	34
人間的強さの態勢	143
認識サポート	100
忍者	203
忍術秘伝	205
認知—情動モデル	65
猫の妙術	210

は

バイオフィードバック	178
ハイデルベルグガイドライン	77
ハイリスク状況	112
箱庭療法	169
『走ることについて語るときに僕の語ること』	132〜144
パーソナリティ	30
パーソナリティ変容	38
パーソナルミーニング	130
パフォーマンス心理学	4, 13
バーンアウトシンドローム	65
汎理論的モデル	92
ピークパフォーマンス	79, 174
ピークパフォーマンス分析	164, 179
非自	209
ビッグファイブ	33
否定的結果	96
一人の時間・内省	131
皮膚電気活動	176
ピークパフォーマンス分析	179
肥満度	104
肥満率	111
評価	165
ファシリテーター	55
風景構成法	152
武芸十八般	204
武芸伝書	203
釜山カルメッキル	127
藤田西湖	205
藤林保武	204
物理的欲求	17
プラス・テン（＋10）	119
プラセボ効果	79
フーリガン	44
ブレインストーミング	194

フロー	79, 175
フローモデル	176
ヘルスプロモーション	117
ポジティブ心理学	143
歩数系	119

ま

マズローの欲求段階説	17
萬川集海	204
無敵	211
無動機づけ	20
メタボリックシンドローム	104
メッツ	118, 119
メンタルペースメーカー	165
メンタルヘルス	76
目標設定技法	164
目標設定スキル	48
モデリング（代理体験）	124
モニタリング	179
モニタリング技法	165
モラール	193
問題焦点型	81

や・ら

ヤーキーズ・ドッドソンの法則	177
誘因	16
抑制妨害効果	113
欲求不満攻撃仮説	42
四気質説	31
四体液説	31
ライフスキル	54
ライフスキル教育	55
ラポール	161
リスク知覚	94
リーダーシップ	190
リバーサル理論	180
リラクセーション	162, 164, 177
臨床スポーツ心理学	167
類型論	32
レディネス	58, 155
ロールシャッハテスト	24
ロールモデル	53

執筆者略歴

葦原　摩耶子（あしはら　まやこ）
早稲田大学大学院人間科学研究科修了
現在　神戸親和大学教育学部
　　　スポーツ教育学科教授
専門　スポーツ心理学，健康心理学
博士（人間科学）

小笠原　正志（おがさわら　まさし）
久留米大学大学院心理学研究科後期博士課程単位取得満期退学
現在　上武大学ビジネス情報学部
　　　スポーツ健康マネジメント学科教授
専門　ヘルスプロモーション，健康心理学，
　　　運動生理学，運動生化学
体育学修士

島本　好平（しまもと　こうへい）
東京工業大学大学院社会理工学研究科修了
現在　法政大学スポーツ健康学部
　　　准教授
専門　ライフスキル教育，スポーツ心理学
博士（学術）

杉山　哲司（すぎやま　てつじ）
東京学芸大学大学院学校教育研究科単位取得満期退学
現在　日本女子大学家政学部児童学科准教授
専門　保健体育学，体育心理学，スポーツ心理
教育学修士

髙見　和至（たかみ　かずし）
東京工業大学大学院社会理工学研究科修了
現在　神戸大学大学院人間発達環境学研究科教授
専門　運動心理学
博士（学術）

瀧元　誠樹（たきもと　せいき）
日本体育大学大学院博士後期課程単位取得満期退学
現在　札幌大学地域共創学群教授
専門　スポーツ史，スポーツ文化論，武道論
体育科学博士

武田　大輔（たけだ　だいすけ）
筑波大学大学院博士課程体育科学研究科単位取得中退
現在　東海大学体育学部教授
専門　臨床スポーツ心理学，スポーツカウンセリング
博士（体育科学）

土屋　裕睦（つちや　ひろのぶ）
筑波大学大学院体育研究科修了
現在　大阪体育大学大学院スポーツ科学研究科教授
専門　スポーツカウンセリング，メンタルトレーニング
博士（体育科学）

豊田　則成（とよだ　のりしげ）
筑波大学大学院体育科学研究科修了
現在　びわこ成蹊スポーツ大学教授
専門　スポーツ心理学，スポーツメンタルサポート
博士（体育科学）

蓑内　豊（みのうち　ゆたか）
筑波大学大学院体育研究科修了
現在　北星学園大学文学部心理・応用コミュニケーション学科教授
専門　スポーツ心理学，健康運動心理学
体育学修士

（五十音順）

| はじめて学ぶ 健康・スポーツ科学シリーズ12 | スポーツ・運動・パフォーマンスの心理学 |

第1版　第1刷　2016年3月15日	編　集　者　髙見　和至
第8刷　2024年9月10日	発　行　者　曽根　良介
検印廃止	発　行　所　㈱化学同人

JCOPY 〈出版者著作権管理機構委託出版物〉

本書の無断複写は著作権法上での例外を除き禁じられています．複写される場合は，そのつど事前に，出版者著作権管理機構（電話 03-5244-5088，FAX 03-5244-5089，e-mail: info@jcopy.or.jp）の許諾を得てください．

本書のコピー，スキャン，デジタル化などの無断複製は著作権法上での例外を除き禁じられています．本書を代行業者などの第三者に依頼してスキャンやデジタル化することは，たとえ個人や家庭内の利用でも著作権法違反です．

〒600-8074　京都市下京区仏光寺通柳馬場西入ル
編集部　TEL 075-352-3711　FAX 075-352-0371
企画販売　TEL 075-352-3373　FAX 075-351-8301
　　　　　　　　　　　　振　替　01010-7-5702
e-mail　webmaster@kagakudojin.co.jp
URL　http://www.kagakudojin.co.jp
印刷・製本　㈱ウイル・コーポレーション

Printed in Japan　©K. Takami et al. 2016　無断転載・複製を禁ず　　ISBN978-4-7598-1712-6
乱丁・落丁本は送料小社負担にてお取りかえいたします．

はじめて学ぶ 健康・スポーツ科学シリーズ

●シリーズ編集委員●
中谷敏昭(天理大学)・鵤木秀夫(兵庫県立大学)・宮西智久(仙台大学)

各巻B5判・200〜240頁・2色刷

★ シリーズの特長 ★

◎ 健康・スポーツ科学,体育系の大学,専門学校で学ぶ1,2年生を対象とした教科書シリーズ.さまざまな専門コースに進む前の基礎づくりに役立つ,必須の科目をそろえた.

◎ 高等学校の生物や物理,保健体育で学んだ内容と,大学の専門分野で学ぶ内容を結びつけられるよう,学びやすい構成に配慮した.

◎ 図表や写真を豊富に取り入れ,各章ごとに学ぶポイントや役立つ知識,復習トレーニングを掲載.大学の講義で学ぶ楽しさと感動が味わえる.

シリーズラインナップ <全12巻>

（■：既刊　■：未刊）

1 解剖学
齋藤健治【編】山田 洋・大山卞圭悟【著】

2 生理学 224頁　定価(本体2600円+税)
須田和裕【編】村上秀明・石津貴之・長谷川博・依田珠江【著】

3 スポーツ生理学 232頁　定価(本体2600円+税)
冨樫健二【編】秋間 広・石井好二郎・大槻 毅・片山敬章・河合美香・川田裕樹・今 有礼・髙橋英幸・瀧澤一騎・西島 壮・前田清司・宮木亜沙子・山口太一【著】

4 スポーツバイオメカニクス 240頁　定価(本体2800円+税)
宮西智久【編】岡田英孝・藤井範久【著】

5 体力学 220頁　定価(本体2500円+税)
中谷敏昭【編】池田達昭・後藤一成・寺田恭子・鍋倉賢治・星野聡子・宮口和義【著】

6 スポーツ・健康栄養学 240頁　定価(本体2800円+税)
坂元美子【編】赤田みゆき・賀屋光晴・武田ひとみ【著】

7 スポーツ医学【外科】
宮川俊平【編】石井壮郎・金岡恒治・金森章浩・坂根正孝・竹村雅裕・西野衆文・野澤大輔・原 友紀・福田 崇・向井直樹【著】

8 スポーツ医学【内科】 232頁　定価(本体2600円+税)
赤間高雄【編】浅川 伸・伊東和雄・内田 直・児玉 暁・坂本静男・清水和弘・曽根博仁・夏井裕明・難波 聡・渡部厚一【著】

9 アスレティック・トレーニング
鹿倉二郎【編】泉 秀幸・岩崎由純・上松大輔・篠原純司・鶴池柾叡・中村千秋・佐保 豊・陣内峻生【著】

10 衛生学：健康な環境づくりを支援する 240頁　定価(本体2800円+税)
近藤雄二【編】奥野久美子・久保博子・坂手誠治【著】

11 健康づくりのための運動の科学 200頁　定価(本体2400円+税)
鵤木秀夫【編】柴田真志・髙見和至・寺田恭子・冨樫健二【著】

12 スポーツ・運動・パフォーマンスの心理学 240頁　定価(本体2800円+税)
髙見和至【編】葦原摩耶子・小笠原正志・島本好平・杉山哲司・瀧元誠樹・武田大輔・土屋裕睦・豊田則成・簑内 豊【著】

詳細情報は,化学同人ホームページをご覧ください. http://www.kagakudojin.co.jp